Os jogos psicóticos na família

Dados Internacionais de Catalogação na Publicação (CIP)
(Câmara Brasileira do Livro, SP, Brasil)

Os jogos psicóticos na família / M. Selvini Palazzoli... et al. [tradução: Lauro Coelho]. São Paulo: Summus, 1998.

Outros autores: Stefano Cirillo, Matteo Selvini, Anna Maria Sorrentino.
Título original: I giochi psicotici nella famiglia.
Bibliografia
ISBN 978-85-323-0554-1

1. Famílias com problemas - Avaliação 2. Psicoterapia em família I. Palazzoli, Mara Selvini. II. Cirillo, Stefano. III. Selvini, Matteo. IV. Sorrentino, Anna Maria.

98-2318   CDD-615.582
                                               NLM-WM 460

Índice para catálogo sistemático:
1. Psicoterapia em família   616.89156

www.summus.com.br

EDITORA AFILIADA

Compre em lugar de fotocopiar.
Cada real que você dá por um livro recompensa seus autores
e os convida a produzir mais sobre o tema;
incentiva seus editores a encomendar, traduzir e publicar
outras obras sobre o assunto;
e paga aos livreiros por estocar e levar até você livros
para a sua informação e o se entretenimento.
Cada real que você dá pela fotocópia não autorizada de um livro
financia um crime
e ajuda a matar a produção intelectual de seu país.

Os jogos psicóticos na família

M. Selvini Palazzoli
S. Cirillo
M. Selvini
A. M. Sorrentino

Do original em língua italiana
I GIOCHI PSICOTICI NELLA FAMIGLIA
Copyright © 1998 by Rafaello Cortina Editore
Direitos desta tradução adquiridos por Summus Editorial

Tradução: **Lauro Coelho**

Revisão técnica: **Tai Castilho**

Capa: **BVDA/Brasil Verde**

Summus Editorial
Departamento editorial
Rua Itapicuru, 613 – 7º andar
05006-000 – São Paulo – SP
Fone: (11) 3872-3322
Fax: (11) 3872-7476
http://www.summus.com.br
e-mail: summus@summus.com.br

Atendimento ao consumidor
Summus Editorial
Fone: (11) 3865-9890

Vendas por atacado
Fone: (11) 3873-8638
Fax: (11) 3872-7476
e-mail: vendas@summus.com.br

Impresso no Brasil

AGRADECIMENTOS

Nosso primeiro agradecimento vai a Giuliana Prata, que compartilhou com Mara Selvini Palazzoli os primeiros e emocionantes anos de experimentação da prescrição invariável.

Queremos expressar um vivo reconhecimento a Maurizio Viaro, cuja colaboração nos foi preciosa, seja na contínua troca de idéias, seja na revisão pontual do manuscrito deste livro.

Cirillo, Selvini e Sorrentino agradecem ainda aos colegas do Centro de Terapia da Adolescência de Milão.*

Lembramo-nos finalmente, com gratidão, de Giuliana Mauro Paramithiotti, por sua preciosa contribuição na elaboração do texto datilografado.

---

*Nesse Centro está sendo conduzida uma pesquisa baseada na colaboração com terapeutas de orientação psicodinâmica para efetuar terapias conjuntas (individuais e familiares) de adolescentes psicóticos pertencentes a famílias socioeconomicamente carentes.

SUMÁRIO

Apresentação 9
Introdução 11
Tabela DSM III R 15

Primeira Parte
As Prescrições Invariáveis

I A insatisfação com os métodos paradoxais 21
II A descoberta da prescrição invariável 36
III A convocação dos pais sozinhos e a prescrição do segredo ... 61
IV A prescrição dos desaparecimentos 75

Segunda Parte
Do Uso da Prescrição Surgem os Primeiros Levantamentos de Fenômenos Recorrentes

V O *imbroglio* 91
VI A instigação 119
VII O jogo do casal genitorial e a modalidade do envolvimento do paciente identificado 158

Terceira Parte
Estabelecimento de Modelos para os Processos Psicóticos

VIII A metáfora do jogo 185
IX A construção dos modelos diacrônicos 198
X O processo anoréxico 214
XI Algumas observações sobre os comportamentos psicóticos
na família 220
XII Psicose na adolescência e impasse do casal 229
XIII Quando o nascimento de um filho é um movimento do
jogo de casal 233

Quarta Parte
A Experimentação dos Métodos Terapêuticos

XIV Condução das sessões e processo terapêutico 241
XV Modos de dispensar das sessões o paciente identificado ... 264
XVI A construção de modelos sincrônicos 272
XVII Autoterapia do casal genitorial 279
XVIII Terapia e mudança 285
XIX A porta trancada do impasse do casal 295

Quinta Parte
Além do Modelo Sistêmico

XX A aquisição do pensamento multidimensional 303

Bibliografia 321

APRESENTAÇÃO

Finalmente chega às nossas mãos o encantador livro de Mara Selvini. Poucas vezes tivemos a oportunidade de nos deliciar com uma leitura ao mesmo tempo tão séria e agradável, cujo conteúdo nos remete, paradoxalmente, a um mundo duro e sofrido como o universo da loucura, as psicoses.

A metáfora do "jogo" nas relações foi estudada por Bateson e é enriquecida por Palazzoli e sua equipe nas suas pesquisas clínicas. A meu ver, constitui o melhor acesso para a compreensão da trama/drama familiar, em que o sofrimento impera em suas formas mais noturnas e libera, numa dança diurna "louca", um jogo dramático simulado e incompreensível.

A metáfora do *"imbroglio"* é brilhante e por meio dela revela-se o "jogo" das relações permeadas pela psicose na família, responsável por roubar momentos únicos do ciclo vital familiar.

Grande pesquisadora que é, Mara Selvini e sua equipe renovam-se constantemente e criam por intermédio de seus aparentes "fracassos". Tratam com seriedade e descontração um assunto denso e difícil, numa linguagem gostosa e de fácil leitura, colorindo a dança do movimento clínico e da pesquisa.

É um livro imperdível, principalmente num mundo onde tantas teorias se desvinculam da prática clínica, ao mesmo tempo que problemas graves como as psicoses e a anorexia recebem pouca atenção das pesquisas. Uma contribuição inestimável para o campo da terapia familiar!

Tai Castilho
Terapeuta de casal e família
Diretora e didata do
Instituto de Terapia Familiar
de S. Paulo

INTRODUÇÃO

Nos últimos vinte anos, com a colaboração de várias equipes terapêuticas, segui um objetivo: lançar um pouco de luz sobre o mistério das psicoses, o mais grave dos assim chamados distúrbios mentais. Concentrei-me na faixa etária juvenil ou por razões concretas de disponibilidade desse tipo de caso na minha prática profissional, ou porque acho que nessa idade se consumam os piores dramas que gostaríamos de ser capazes de prevenir.

A decisão de impor-me tal objetivo veio do entusiasmo pelas novas idéias sistêmicas cibernéticas e comunicacionais com as quais comecei a me familiarizar na década de 1960.

Minha "descoberta" de Gregory Bateson fez com que eu pensasse que era possível operar de um modo radicalmente novo, embora logo ficasse evidente a dificuldade de traduzir as grandes idéias inovadoras em métodos eficientes para a terapia das graves situações que eu enfrentava, diariamente, em meu consultório.

A sensação de estar trilhando uma estrada melhor veio-me, também, do novo modo de fazer pesquisa clínica: trabalhar com uma equipe que concordasse com a supervisão direta, com a co-terapia e com a alternância de papéis entre o terapeuta e o supervisor, e mantivesse entre os seus membros um relacionamento paritário e de colaboração. A equipe desenvolve uma "mente" coletiva, concordando com processos autocorretivos, auto-reflexivos e auto-observativos que, de outra forma, teriam sido impensáveis. A vivacidade intelectual e a criatividade de uma equipe que funciona não tinha termo de comparação com a minha experiência precedente de terapeuta individual que pôde contar, apenas, com momentos de supervisão indireta e de confronto nos seminários.

No início da década de 1970, depois da opção pelo modelo sistêmico e da elaboração das chamadas intervenções paradoxais, surgiram também os primeiros e inauditos sucessos terapêuticos. Eram apenas episódicos, naturalmente, mas com características absolutamente inéditas com relação à minha experiência clínica precedente, que não era pequena.

Mas, com o passar do tempo, à exaltação dos primeiros sucessos contrapôs-se a crescente constatação da tremenda dificuldade de entender o que os determinara, como seria possível aumentar a possibilidade de repeti-los e onde estava o erro nos casos em que havíamos fracassado. Começou, assim, a esboçar-se um novo objetivo com o progressivo abandono dos métodos paradoxais e a invenção de um novo método terapêutico (com a descrição dos quais se inicia o presente volume). Tratava-se de construir um sistema de sinais, um fio de Ariadne que ajudasse o terapeuta a se orientar e a achar o caminho dentro do labirinto das famílias que possuem um filho psicótico. Grandes mestres como Wynne e Haley haviam demonstrado a possibilidade de conceptualizar aspectos importantes do fenômeno esquizofrênico em termos relacionais. Pensem na afirmação histórica do tempo dos pioneiros: "*Whenever there are disturbed children, there is a disturbed marriage, although all disturbed marriage do not create disturbed children*" (Sempre que há filhos perturbados, há um casamento perturbado, embora nem todos os casamentos perturbados criem filhos perturbados) (Framo, 1965, p. 182).

Obviamente, ainda estávamos longe de poder saber, em profundidade, qual era o tipo de distúrbio do casamento e quais os motivos e vicissitudes do processo de envolvimento ativo e passivo do filho, nosso futuro paciente, no distúrbio de casal dos pais. Porém, foi exatamente essa a problemática que sempre me preocupou e continua a caracterizar a minha pesquisa sobre as psicoses: *como ligar o distúrbio de casal dos pais ao distúrbio do filho*. Esse é o fio condutor constante da nossa pesquisa desde os tempos de *Paradosso e contraparadosso*. As mudanças de rota sempre foram feitas a serviço de uma coerência de fundo, de uma continuidade teórica e clínica. Mudam os métodos, as estratégias, os instrumentos, mas o objetivo permanece imutável: a busca de uma etiologia relacional da chamada doença mental.

Para empreender esta pesquisa sobre as psicoses, permaneci fiel também a outra convicção: a necessidade de isolar-me com um pequeno grupo. Eu sentia que me misturar a estruturas hospitalares universitárias, entidades financiadoras, escolas ou demais instituições teria sido letal tanto para a paz interior quanto para a nossa liberdade de formular teorias e experimentos que eu considerava indispensáveis. Isolar-me com um pequeno grupo significava aceitar, como contexto da pesquisa, um simples consultório profissional de terapia familiar. Escolhi, assim, dar à minha pesquisa *uma dimensão totalmente artesanal*, na convicção de que essa aparente debilidade fosse, na realidade, uma força, no sentido de permitir-nos estar livres de qualquer tipo de burocracia, para abrir espaço ao engenho, à invenção, a tudo o que de artístico é *inerente* e *inseparável* do rigor da pesquisa (especialmente a que se faz sobre os seres humanos) e, sobretudo, da reflexão. Além disso, no estado atual dos conhecimentos no campo da psicose, as pesquisas sobre grandes números de pacientes parecem bem menos instrutivas do que o estudo intensivo dos casos clínicos.

Quanto do que foi levado adiante até aqui pode ser considerado científico? Depende do sentido que damos a essa pergunta. Morin (1982), falando da ciência da complexidade, frisa a crise dos conceitos fechados e claros, a crise da demarcação nítida entre o que é e o que não é ciência. Sobretudo, entretanto, devemos ter presente a *especificidade* do homem como *objeto de pesquisa*. A falência de todas as tentativas de colonizar as ciências do homem com modelos trazidos das ciências físicas é, a partir de agora, um fato histórico aceito. Também as analogias biológico-organísmicas, que tanto me atraíram no passado, tiveram aspectos desnorteantes. Um ser humano não pode ser comparado a uma célula, nem a família a um organismo. A complexidade inerente ao caráter auto-reflexivo, autoconsciente e estratégico dos sistemas estudados pelas ciências humanas (indivíduos, grupos com história, sociedade) torna insuficiente e perigoso qualquer reducionismo a modelos físicos e biológicos.

Fica, dessa forma, superada qualquer sujeição em relação às metodologias, assim ditas rigorosas, das ciências exatas: o objeto em observação é qualitativamente distinto. Por acaso, um átomo deseja saber se é uma partícula ou uma onda? E uma célula quer ser aconselhada sobre quando se reproduzir? Nossos pacientes, no entanto, pedem que os estudemos, aconselhemos e transformemos. Mas também em relação a outros ramos das ciências humanas, como a antropologia ou a sociologia, estamos em posição realmente única, pelo fato de trabalharmos em conseqüência a um pedido de mudança. Esta é a diferença substancial, a especificidade do nosso contexto de pesquisa, que é clínico. E é exatamente por isso que a dimensão artesanal é intrínseca à nossa possibilidade não apenas de estudar aqueles com quem estamos pessoalmente envolvidos, mas, ainda, de experimentar. É por isso que sempre reservamos a prioridade ao sacrossanto propósito terapêutico (o qual, deve-se notar, não é realmente limitante porque acompanha sempre o progresso do conhecimento). Até que ponto chegamos, no momento, depois de percorrer esse caminho tão longo? Estamos no ponto de construir modelos gerais, diacrônicos e sincrônicos que, incorporados nas variáveis próprias de cada família, nos ajudam a reconstruir e a entender o processo interativo que desemboca, em determinado instante, em comportamentos indesejáveis de um filho. Modelos gerais mas não genéricos. Nossa idéia fixa é a de conseguir fornecer descrições e definições cada vez mais detalhadas e concretas e, como tais, passíveis de serem invalidadas. Na verdade, é somente o caráter genérico, pretensamente válido em todas as circunstâncias, que protege as afirmações de serem demonstradas falsas. Expondo-nos desta maneira ao julgamento científico, esperamos poder envolver outros colegas e ampliar o fronte de colaboração da pesquisa relacional sobre as psicoses.

Mara Selvini Palazzoli
Milão, janeiro de 1988

TABELA DSM III R

Neste livro utilizamos o amplo e indefinido termo "psicose" como sinônimo de grave distúrbio mental, incluindo aí a maior parte dos casos de síndromes anoréxicas ou bulímicas. Para pelo menos 90% das situações tratadas por nós, consideramos que se possa falar de grave distúrbio mental. Para sermos mais precisos, na tabela que aqui apresentamos estamos especificando o diagnóstico segundo o DSM III R (1987).

Desde junho de 1979 até junho de 1986 tratamos, em nosso Centro, de 290 casos de pacientes propriamente ditos pertencentes à geração dos filhos mas que ainda convivem com seus pais.

Nesta tabela, sintetizamos unicamente os diagnósticos considerados por nós centrais e determinantes para o tratamento do caso. Assim, indicamos aqui um único diagnóstico, sobre o eixo I ou II, para cada caso. Não demos importância, por razões de simplificação, ao tipo de decurso ou de outras especificações que aparecem no quarto ou no quinto número, e tampouco levamos em conta os eixos III, IV e V.

As famílias estudadas são, então, 283, já que houve a presença de sete núcleos que trouxeram dois filhos como pacientes propriamente ditos.

A série invariável de prescrições foi ministrada completamente, ou pelo menos em parte, a 149 das 283 famílias.

Do total de casos, 157 foram tratados pela equipe formada por Mara Selvini Palazzoli e Giuliana Prata, e 133 foram tratados pela equipe constituída pelos autores deste livro.

Diagnóstico	Nº de casos
Abuso de opiáceos	5
Agorafobia	2
Anorexia mental	93
Bulimia	11
Depressão maior	18
Distúrbio autístico	45
Distúrbio bipolar maníaco	6
Distúrbio crônico tipo tique nervoso	1
Distúrbio da ansiedade da separação	1
Distúrbio da ansiedade difusa	2
Distúrbio da conduta	5
Distúrbio da identidade	1
Distúrbio da identidade sexual na infância	1
Distúrbio da somatização	1
Distúrbio de déficit de atenção com hiperatividade	2
Distúrbio distímico	3
Distúrbio esquizóide de personalidade	5
Distúrbio generalizado do desenvolvimento não melhor especificado	4
Distúrbio obsessivo compulsivo	5
Distúrbio opositivo	6
Distúrbio tipo Tourette	3
Encoprese	3
Enurese	2
Esquizofrenia catatônica	3
Esquizofrenia desorganizada	7
Esquizofrenia indiferenciada	9
Esquizofrenia paranóide	16
Esquizofrenia resídua	14
Fatores psíquicos que incidem sobre a condição física	5
Gagueira	1
Mutismo eletivo	1
Tricotitilomania	1
Código V: Condições que pedem atenção e tratamento, mas não são atribuídas a um distúrbio mental	8

Diagnóstico	Idade média ao aparecimento do sintoma	Idade média ao momento do pedido de terapia familiar
Anorexia mental	15,5	18,3
Bulimia	16,4	20,9
Depressão maior	15,6	19,7
Distúrbio autístico	até os 3 anos — 29 casos após os 3 anos — 16 casos	10,0 ⟨ 8,9 11,9
Esquizofrenia resídua	18,1	24,6
Esquizofrenia de outros tipos	18,7	22,2

PRIMEIRA PARTE

AS PRESCRIÇÕES INVARIÁVEIS

I

A INSATISFAÇÃO COM OS MÉTODOS PARADOXAIS

No fim da década de 1970, a nossa atitude em relação aos métodos ditos paradoxais ainda era um tanto ambivalente. Ao lado dos casos que tinham apresentado resultados rápidos e satisfatórios, havia as situações confusas, que não eram poucas, sem falar nos fracassos declarados. Além disso, algumas "recaídas", após terapias que, a curto prazo, tinham sido consideradas brilhantes, tinham-nos deixado perplexos.

Neste capítulo, escrito uns dez anos depois, relataremos as explicações que fomos encontrando para interpretar os reais motivos de nossa insatisfação crescente com as técnicas paradoxais. Começaremos definindo a nossa maneira atual de ver o paradoxo.

O Paradoxo Estratégico

Ao falar do paradoxo, ainda nos referimos à definição operativa dada por Tennen: "táticas e manobras que contrastam, aparentemente, com os objetivos da terapia mas que na realidade são projetadas para ir ao encontro deles" (Rorbaugh et al., 1977, p. 1).

Paradoxais, em poucas palavras, são, portanto, todas as intervenções que prevêem uma prescrição explícita do sintoma ou, pelo menos, o fato de louvá-lo, dar-lhe uma conotação positiva, encorajá-lo, preocupar-se que possa desaparecer demasiado rápido etc.

Evitamos, ao contrário, considerar o paradoxo em termos de "contradição que deriva da dedução correta das premissas coerentes", "confusão de tipos lógicos"(Watzlawick et al., 1967, p.185), assim como evitamos raciocínios do tipo: "deduções coerentes a partir de premissas aristotélicas conduzem a resultados paradoxais porque as premissas estão erradas"[1] (Dell, 1981, p. 40), visto que, no plano clínico, essas abstrações demonstraram ser inúteis e só serviram para nos confundir.

Vamos nos referir, para maior clareza, aos nove exemplos clínicos de paradoxo que encontramos na *Pragmática da comunicação humana* (Watzlawick et al., 1967, pp. 239-48). Passando em revista os exemplos de "duplos vínculos terapêuticos", emergem, além do denominador comum da prescrição do sintoma, dois aspectos principais:
1. *O terapeuta mantém o controle da relação terapêutica.* Por exemplo, o terapeuta toma ao pé da letra as suspeitas de seu paciente e o encoraja a procurar com ele microfones escondidos na sala. Esse tipo de intervenção tem como efeito conseguir discutir com o paciente os seus verdadeiros problemas, os que ele tem com sua mulher.
2. *O terapeuta modifica a solução tentada.* Partindo da constatação de que uma determinada tentativa de resolver o problema piorou o mal-estar, o terapeuta a modifica com várias técnicas:
   a) intervenções visando neutralizar os componentes ansiosos que produzem determinados sintomas (p. ex., insônia, dor de cabeça, cacoetes, enurese, gagueira, pensamentos obsessivos etc.). É uma lógica de *redução* do problema *ao absurdo.* Consiste, por exemplo, em prescrever ao obsessivo que aumente os seus pensamentos perturbadores em determinada hora do dia, ou à vítima de insônia que não durma até determinada hora.[2]
   b) intervenções para a redefinição do problema. No exemplo de Watzlawick, encorajam-se as brigas do casal porque, quanto mais o casal briga, mais se ama.
   c) intervenções visando incidir sobre os comportamentos dos familiares que produzem o sintoma do paciente designado. Watzlawick

---

1. Um argumento importante, mas que excede os limites de nossa abordagem, é o da conexão incerta e escassamente operacional entre teoria e prática em determinadas fases da evolução da terapia familiar: de certos teoricismos de Watzlawick à epistemologia de Maturana (1980), passando por Prigogine (1979), pelas várias cibernéticas, pela astrofísica etc, a *muita* "fumaça" teórica esconde mal o *pouco* "fogo" clínico.
2. Acreditamos que esse tipo de prescrição do sintoma, mais adaptada a um contexto de terapia individual e eficaz para uma certa categoria de sintomas, seja substancialmente *não homogênea* em relação à mais típica provocação paradoxal. De fato, já Rorbaugh e seus colaboradores (1977) tinham distinguido entre as prescrições do sintoma baseadas na expectativa de que o paciente obedeça (as supracitadas, no ponto a) e as baseadas na expectativa de que o paciente desobedeça (todas as outras).

fala da mulher de um alcoolista a quem se recomendou que bebesse, regularmente, um copo a mais do que o marido.

Como esses exemplos evidenciam, o paradoxo estratégico tem grande valor de manobra (estratégica) para o controle da relação terapeuta-paciente. No entanto, nessa estratégia, a relação entre controle do relacionamento e início de uma mudança terapêutica permanece não expressa, de forma que o controle parece um fim em si mesmo. Como se a medida de competência do terapeuta fosse a sua capacidade de colocar o paciente numa situação paradoxal,[3] provocando, como conseqüência lógica, uma mudança terapêutica. Além das velhas polêmicas a respeito do problema de saber-se se é lícito, ou não, manipular o indivíduo sem prepará-lo para a "tomada de consciência", continua viva, em nós, a impressão de instrumentalidade da posição do terapeuta estratégico.[4] Parece-nos que ele também "age sem compreender", visto que não responde à pergunta que, para nós, é essencial: "Por que o paciente, no contexto das suas relações, desenvolveu, em dado momento, um certo sintoma, e exatamente aquele sintoma?" A essa pergunta, o terapeuta estratégico recusa-se a responder, em termos de reconstrução de um processo temporal: "[Os terapeutas estratégicos] negam, deliberadamente, que, para os objetivos da terapia, seja de importância fundamental a descoberta da relação entre os acontecimentos causais do passado (patogênese) e a condição presente (patologia), sem mencionar a necessidade, para o próprio paciente, de perceber essa conexão e, com isso, ter o *insight* (Fisch et al., 1972, p. 315). Ou, então, responde apenas em termos abstratos e genéricos, referindo-se a uma disfunção evolutiva (utilizando analogias biológicas) ou, também, estabelecendo a conexão entre o sintoma, considerado apenas aqui e agora, e as disfunções comunicacionais do sistema (duplo vínculo).[5] *Faltam, em vez disso, explicações específicas que encontrem, no próprio caso, elementos relacionais concretos.*

---

3. A esse propósito é interessante notar como Jackson e Haley (1963) consideram a psicanálise um exemplo paradigmático de técnica psicoterapêutica que, sem estar consciente de fazê-lo, coloca o paciente numa situação paradoxal.
4. Por autores estratégicos, entendemos: Haley (1963) *Estratégias da Psicoterapia* e, sobretudo (1977), *A terapia da solução de problema*, Rabkin (1977) *Strategic psychotherapy*, Weakland et al. (1974) "Brief Therapy: Focused Problem Solution", Watzlawick et al. (1974) *Change*.
5. Veja-se, por exemplo, esta definição: "é possível descrever os sintomas como atos comunicativos que têm uma função no interior de uma rede de relações interpessoais" (Haley, 1977, p. 94).

O terapeuta estratégico não está interessado em qualquer aprofundamento de diagnóstico individual, e isso é conseqüência natural da óptica sistêmico-holística. Porém, na realidade, não está muito interessado, também, num diagnóstico classificatório das famílias, porque sua orientação é realmente pragmática e *intervencionista*. É uma orientação voltada para a descoberta de táticas de sessão e prescrições finais. Para a escola de Palo Alto, trata-se, em geral, de intervenções prescritivas visando modificar a seqüência dos comportamentos que giram em torno do sintoma, levando em conta, particularmente, as tentativas de solução que agravaram o problema.

Uma Concepção Inovadora do Paradoxo

A equipe que produziu *Paradosso e contraparadosso* (Selvini Palazzoli et al., 1975) propôs novamente a idéia do paradoxo terapêutico, inserindo-se na tradição do pensamento estratégico e da escola de Palo Alto, mas com uma elaboração original própria. A abordagem estratégica, na verdade, nunca foi efetivamente experimentada no plano clínico, talvez porque se sentisse, intuitivamente, que ela era demasiado simplista e redutiva.[6]

De qualquer forma a óptica estratégica influenciou sensivelmente o trabalho daquela equipe. Pensemos na forte ênfase posta sobre o *controle, por parte do terapeuta, da relação terapêutica*, evidente no estilo diretivo-prescritivo. A própria idéia de conotação positiva dos comportamentos de todos os membros da família nasce, principalmente, como instrumento de controle da terapia e de defesa para o terapeuta. Nas primeiras experiências de terapia familiar psicanalítica, que a equipe fez entre 1967 e 1971, certas interpretações eram freqüentemente consideradas "ofensivas" pelos pais, que reagiam com hostilidade e abandonavam a terapia. A conotação positiva (além de seu valor mais ou menos satírico-sarcástico) nasce, em primeira instância, da exigência de evitar choques desagradáveis contraproducentes, e de proteger o terapeuta.

Ainda mais profunda é a influência que teve, sobre a equipe, o aspecto *neocognitivista* da óptica estratégica. Em *Change*, Watzlawick parodia Epíteto: "Não são as coisas em si mesmas que devem nos preo-

---

6. A definição de "minimalista" aplicada por Minuchin à escola de Palo Alto (numa entrevista para *Family Therapy Networker* de novembro-dezembro de 1984) nos parece acertada.

cupar e sim a opinião que formamos a respeito delas" (1974, p. 104). O objetivo da terapia passa, portanto, a ser o de modificar a forma como a família vê a si mesma, às dificuldades que tem e ao problema que a levou a fazer a terapia. O conceito de *epistemologia circular* a ser introduzido na família (mediante as hipóteses relacionais, a entrevista circular etc.), em lugar da velha e patogênica *epistemologia linear*, representava o desenvolvimento coerente do filão neocognitivista,[7] da mesma forma que o conceito de intervenção inesperada (Selvini, 1985, p. 126).

Inversamente, tudo o que diferenciava a orientação da equipe da óptica estratégica era a prioridade absoluta dada à pergunta: "O que leva este membro desta família está apresentando este sintoma agora, e exatamente este sintoma?"

Em vez disso, o terapeuta estratégico dá preferência à pergunta: "O que eu posso fazer para induzir o paciente a mudar?", ou "O que, dentro do sistema, está mantendo o problema?" Aquela primeira equipe tinha nascido com *o objetivo de conduzir uma pesquisa clínica sobre um "objeto" preciso: os mais graves distúrbios mentais da infância e da adolescência*.[8] Com esse objetivo, a equipe tinha elaborado intervenções terapêuticas paradoxais, permanecendo primariamente interessada no estudo da família. Seguindo-se o conselho de Kurt Lewin, "se quiser saber como uma coisa funciona, tente mudar o seu funcionamento", tentava-se mudar o funcionamento relacional das famílias em que surgiam os sintomas, com a finalidade de compreender como as suas relações se organizavam. A busca tinha por objetivo principal a família, e não a terapia.

Os autores estratégicos, ao contrário, fazem um trabalho de reflexão que tem por principal "objeto" a própria terapia. Basta percorrer os títulos dos trabalhos mais importantes (ver nota 4). Parece uma diferença pequena, mas achamos que ela é substancial. Propor-se como pesquisador das psicoses, e não formador para as terapias, gera uma maneira de pensar diferente, embora a pesquisa sobre as psicoses seja feita por intermédio das terapias.

---

7. Com respeito a esse filão neocognitivista, vejam-se as observações de Maurizio Viaro e Paolo Leonardi (1986) sobre a forma como a técnica padrão da conclusão de sessões atribui muita importância ao inquérito sobre os *pontos de vista* que os vários membros da família têm do problema.
8. Na verdade, Selvini nunca se desligou inteiramente das definições clássicas *nosográficas* de anorexia, esquizofrenia etc., convencida de que se deve descobrir que processos nas relações levam a que emergências sintomáticas (Selvini Palazzoli, 1983).

O Paradoxo entre Interpretação e Provocação

De fato, em *Paradosso e contraparadosso*, as intervenções paradoxais aparecem como interpretações (explicações) de *por que o paciente desenvolveu o sintoma*. Trata-se, como se sabe, de redefinições relacionais do sintoma como comportamento de proteção/sacrifício, por parte do paciente, em favor de outros membros da família. Durante um longo período, ficou pouco claro em que medida a intervenção paradoxal espelhava a autêntica interpretação, por parte da equipe, da situação familiar e das causas para o mal-estar; ou, inversamente, em que medida havia uma provocação visando estimular reações de mudança.

Naquela época, a equipe compartilhava a convicção de que, para chegar ao pensamento sistêmico, deve-se deslocar a atenção das presumíveis intenções (intrapsíquicas) para os efeitos pragmáticos evidentes (observáveis no sistema). Essa passagem parecia tornar-se necessária a partir da contraposição entre a obscuridade/indecisibilidade e a clareza/observabilidade dos efeitos. Esse critério behaviorista (observar entradas e saídas na caixa preta), adotado pela equipe como um antídoto a seu próprio condicionamento causal anterior, inspirou as investigações durante a sessão sobre o efeito pragmático do sintoma. As perguntas do tipo "quem se preocupa mais", "o que faz a mãe quando o paciente age assim ou assado, o que faz o pai" etc., faziam constatar que os distúrbios dos filhos tinham levado a uma reaproximação dos pais, ou a um hiperenvolvimento da mãe, ou a outra coisa. Nesse ponto, os terapeutas da equipe, contradizendo a si mesmos, voltavam às intenções supostamente indecisíveis e afirmavam que o efeito pragmático do sintoma não era outra coisa senão a secreta (e às vezes inconsciente) intencionalidade do paciente. Bloqueando a sua própria autodenominação, ele está se sacrificando pela unidade entre os seus pais (ou pela sobrevivência psicoemotiva de sua mãe, ou por outra coisa qualquer). Fazendo assim, a equipe não se apercebia de ter caído numa explicação tautológica: um filho perturbado é sempre um filho que não adquire a autonomia e obriga, inevitavelmente, os pais a conservar e enrijecer o seu papel. Porém, é inverossímil pensar que esse inevitável efeito sobre o ciclo vital da família corresponda às reais intenções do filho, que é o paciente propriamente dito. Vejamos uma situação bem típica.

Numa determinada família, na qual um dos membros da fratria desfruta de um prestígio especial, outro irmão (ou irmã) desenvolve, em certo momento, comportamentos psicóticos intoleráveis. É verossímil

que tais comportamentos possam ser considerados, do ponto de vista de sua intencionalidade, uma série de manobras estratégicas visando:
a) castigar os pais pela preferência (negada) em relação ao irmão/irmã;
b) induzir o outro irmão/irmã a se afastar.

O efeito pragmático obtido, porém, é exatamente o contrário: o irmão/irmã fica, porque acha que, naquele momento, é indispensável. Isso pode corresponder ao desejo de um dos pais. Mas é totalmente inverossímil que o paciente pretendesse favorecê-lo. É preciso, portanto, manter a bem clara distinção entre intencionalidade e efeito pragmático. A intenção que move um comportamento pode dar origem a efeitos pragmáticos opostos.

Raciocinar em termos de efeitos pragmáticos foi, no passado, muito útil, em termos de treinamento mental[9] para sair dos limites da óptica psicodinâmica, até mesmo em suas correntes mais atentas aos aspectos relacionais. De fato, não só Guntrip (1961), o psicólogo do Ego, ou psicólogos sociais como Sullivan (1940, 1953) e Horney (1937), mas também o tradicionalista Berne (1964), continuam a afirmar a *prioridade lógica e causal* das estruturas individuais da personalidade, subordinando as variáveis relacionais às intrapsíquicas. A ênfase dos efeitos pragmáticos comportou, porém, a queda num reducionismo sistêmico-holístico: do exclusivo interesse pelas causas intra-individuais (estruturas e, portanto, intenções ou necessidades) passou-se, de fato, ao exclusivo interesse pelos efeitos pragmáticos, vistos como indicadores de presumíveis necessidades do sistema (entre os quais o primeiro é o gasto conceito de homeostase).

À confusão histórica entre os efeitos pragmáticos e a intencionalidade de um comportamento sintomático, veio juntar-se uma outra: considerar a intervenção de *reframing*.* Paradoxal como uma interpretação, e não uma provocação. Está claro que as analogias sistêmico-biológicas (todos os subsistemas do organismo têm como finalidade a sobrevivência do todo) e as relativas à primazia cibernética (primado do *feedback* negativo "conservador"), copiosamente utilizadas na década de 1970, avalizaram a idéia de que o paciente, talvez de forma inconsciente, se sacrifique verdadeiramente pelo sistema.

---

9. De fato, ver-se-á, na p. 137, como indagar em termos de "quem o paciente deseja crucificar mais", o que nos fornece uma preciosa indicação para achar o fio da meada do jogo familiar.

*Este termo tem sido utilizado em inglês pelos profissionais da área. Por essa razão decidimos mantê-lo, uma vez que as diversas alternativas de tradução não têm a mesma precisão do termo original.

Não era assim. No interior da mesma equipe, tinha-se pensado que o *reframing* paradoxal funcionasse para o paciente propriamente dito como uma provocação capaz de impeli-lo, sob o feito da raiva, a mudar. No entanto, durante muitos anos, por causa da aceitação religiosa do tabu da caixa preta, que vetava as hipóteses intrapsíquicas, a equipe não ousou dizê-lo. Preferia-se não falar sobre isso e deixar que os outros pensassem como quisessem. Foi somente em um artigo publicado depois que os seus colegas se separaram que Mara Selvini Palazzoli explicitou tais hipóteses como móveis da mudança do paciente propriamente dito (1985b).

Os Paradoxos nas Primeiras Sessões

Os primeiros anos de trabalho paradoxal provocaram grande entusiasmo. Posteriormente, os resultados terapêuticos imediatos pareceram tornar-se menos tranqüilizadores ou, em outros casos, revelaram ser pouco duradouros. A verificação dos resultados induziu um intenso trabalho de revisão autocrítica: tratou-se de procurar sistematicamente o erro que podia explicar o insucesso.

O primeiro erro a ser denunciado foi o da arbitrariedade, do caráter genérico e estereotipado da intervenção paradoxal proposta à família (o risco de dizer a todos, rotineiramente, que o paciente está se sacrificando pela família!)

De modo inverso um paradoxo parecia ter efeitos terapêuticos apenas quando se encontravam justificativas altamente específicas — se possível, até mesmo únicas — para aquela determinada família, para explicar as razões (positivas) do sintoma.

Tratava-se de pôr em conexão o tipo de sintoma e o mal-estar dos pais ou de qualquer outro familiar. Assim, por exemplo, apresentar o sintoma como uma tentativa de reconciliar os pais podia funcionar nos casos em que um casal, em conflito e à beira da separação, tinha-se reaproximado em decorrência do problema com o filho. Em vez disso, no caso de um casal não abertamente conflituoso, no qual só a mãe parecia ter-se envolvido com o problema, enquanto o pai continuava a parecer ausente e periférico, era mais difícil diferenciar os dois pais, sublinhando como o paciente se sacrificava, de certa forma, pela mãe (saturando, por exemplo, os seus valores oblativas) e, de outra, pelo pai (por exemplo, deixando-o livre para seguir seu ideal, enquanto ele mantinha a mãe ocupada). Depois, eram possíveis muitas outras variações, como compensar o desaparecimento de um membro importante da família (Selvini Palazzoli et al., 1975, pp. 87-92) ou permitir o afastamento de um irmão (ibidem, pp. 107-13).

Era, portanto, considerada determinante, para a eficácia terapêutica, a *especificidade* do paradoxo. O problema seria superar o efeito "moda", isto é, a tentação de repetir, outras vezes, uma determinada intervenção, por causa dos efeitos positivos obtidos com ela anteriormente (Selvini, 1985, p. 230).[10]

Essa atenção à especificidade trazia de volta o problema da coleta de informações e, principalmente, de que informações selecionar como decisivas. Mais tarde, em 1983, numa carta que Mara Selvini enviou a Bebe Speed, foi enfatizado o quanto é essencial não descambar para o genérico: "Muitas vezes, quem quer fazer terapia familiar está apressadamente em busca de receitas para intervenções, e tudo o que faz torna-se totalmente ineficiente, porque é genérico. *O estabelecimento do modelo de jogo que está em ação dentro da família deve considerar todos os membros dessa família em sua posição atual e específica*, exatamente como se tivéssemos de montar um quebra-cabeças. Se falta uma peça, ou se ela é colocada no lugar errado, é exatamente por aquela lacuna que a família há de fugir"(Speed, 1984).

Outra área de pesquisa do erro foi a relativa à qualidade do pedido de que seja feita terapia: é óbvio que nenhuma intervenção paradoxal pode ser efetuada sem que haja um pedido de ajuda claramente expresso. E esse é o problema central do paradoxo em casos em que o prestígio do terapeuta é frágil. As experiências de alguns de nós, num centro psiquiátrico público, na periferia de Milão, não parece diferir muito da do Mental Health Center Morrisania (Bronx/Nova York), descrita em uma série de entrevistas para a revista *Family Therapy Networker*.[11] As intervenções paradoxais, em tais contextos, deparam freqüentemente com um muro de surdez total por parte do ouvinte, e produzem o abandono da relação com o Centro. No que diz respeito à eficiência das terapias paradoxais, portanto, é de importância decisiva o papel de quem envia à terapia familiar. Alguns fracassos são explicados exatamente com base nisso (Selvini Palazzoli et al., 1980a; Selvini Palazzoli, 1985b).

---

10. Da mesma forma, para os aprendizes da terapia familiar sistêmica, o problema era não copiar servilmente as intervenções de *Paradosso e contraparadosso*. Para alguns exemplos bastante originais de terapias paradoxais, ver os trabalhos de Ettore Savagnone (1978, 1982), o qual, tendo percebido o conceito, usa de forma brilhante sua capacidade inventiva pessoal.

11. *Family Therapy Networker*, jan./fev. de 1986, p. 23.

Lado a lado com a questão da especificidade do paradoxo, sempre se afirmou mais a idéia de que certos fracassos deviam ser atribuídos a intervenções que não tinham sido "sistêmicas", no sentido de que não tinham levado em conta *todos* os membros da família. Chegou-se a pensar que quanto mais abrangente o paradoxo, isto é, ligando os comportamentos de todos os familiares (inclusive, talvez, algum avô ou tia importante), isto é, maior o crescimento de sua eficiência terapêutica (Selvini Palazzoli et al., 1975, p. 145). Procurou-se, então, evitar construir intervenções que conotassem um sacrifício do paciente apenas por causa de um membro particular da família. Porém, andar nessa direção criava outros problemas. Por exemplo, podia ficar clara a vantagem que um dos pais recebia do sintoma, enquanto era bem menos clara a utilidade que dele podia vir ao outro genitor ou aos irmãos. Querer descobrir, a todo custo, por que o sintoma era um sacrifício também favorável a todos os outros expunha ao risco de intervenções fantasiosas e levava a afirmações arbitrárias, em prejuízo da credibilidade.

Um perigo posterior foi identificado na possibilidade de alimentar "o vitimismo" do paciente identificado, e pronta a tirar proveito desse rótulo (Selvini Palazzoli, 1985, pp. 173-9).

Uma outra ordem de explicação dos fracassos foi de tipo lingüístico-comunicativa. O problema lingüístico-comunicativo (isto é, falar como as famílias, usar as suas palavras e expressões, de modo a tornar-se imediatamente compreensível) liga-se ao da especificidade das "justificativas" dos conteúdos do paradoxo: trata-se de evitar a estereotipia também das expressões lingüísticas utilizadas.

A idéia que prevalecia, então, era a de que a mensagem terapêutica transmitida no fim da sessão devesse ser sintética e essencial. O conteúdo fundamental da intervenção devia ser dito em primeiro lugar, de modo a imprimir uma sacudidela violenta e tornar difícil para a família contradizê-lo. Teorizou-se, porém, que o terapeuta, mal tivesse enunciado a intervenção, deveria subtrair-se o mais depressa possível à interação com a família, a fim de não lhe permitir confundir ou abrandar a mensagem.[12]

---

12. Esquivar-se rapidamente da interação com a família parece-nos, hoje, um sinal de *fraqueza e mal-estar*.

O Recurso ao Paradoxo Após a Terceira Sessão

As reflexões sobre a primeira sessão e sobre os possíveis erros nessa fase tiveram, porém, um peso inferior, no que se refere às questões de fundo que emergiam no prosseguimento da terapia. No caso de as intervenções da primeira sessão não terem produzido resultados decisivos, a forma de continuar a terapia transformava-se num grande problema. Insistir em repetir as mesmas intervenções paradoxais era inútil e, às vezes, até mesmo grotesco. Com freqüência eram feitas variações para substituí-las, atraindo a atenção ora para um dos membros da família, ora para outro, com a sensação, porém, de estar-se avançando às cegas. Em conseqüência, todo o processo acabava tornando-se *incoerente*. Era como se cada sessão fosse de novo a primeira. As diversas sessões transformavam-se sempre numa vasta gama de possíveis primeiras sessões, como em *Se um viajante numa noite de inverno...*, o romance de Italo Calvino (1979) em que os diversos capítulos são exemplos dos possíveis primeiros capítulos de outros romances. Só que as histórias das terapias não são histórias inócuas, que se possa variar *ad libitum*.

Em busca de uma solução, a equipe optou por terapias realmente brevíssimas: na segunda ou terceira sessão, principalmente se a família não parecia muito acessível, o terapeuta formulava um *reframing* paradoxal de intensa dramaticidade. Ou tentava induzir uma crise na família, dispensando-a com uma justificativa do tipo: "São tantos os riscos [para os assim chamados sadios] que, como psiquiatras sociais, não temos vontade de arriscar curar um membro da família e, depois, causar problemas mais graves aos outros..." O intento era o de jogar antecipadamente com o risco de multiplicar intervenções incoerentes com a conseqüente desistência da família. Por outro lado, uma visão do tipo "ou vai ou racha" não era mais aceitável num momento em que, em vez de ser exceção, tornava-se quase a regra. Nesse sentido, *o reframing paradoxal mostrou-se adaptado somente para as terapias de poucas sessões, porque ou funciona ou, se não funciona, é inútil insistir*. Por outro lado, na nossa experiência, se a intervenção paradoxal chegava depois de uma série de sessões pouco gratificantes, não era verossímil.

Não é verdade que muitos terapeutas familiares tenham acolhido com entusiasmo as propostas de *Paradosso e contraparadosso*, mas a utilizaram em seu trabalho apenas como a "terapia da terapia", ou como um meio particular de superar um impasse. Weeks e L'Abate (1982, p. 64) e Stanton (1981) aconselham começar a terapia com uma abordagem tradicional (prescritiva ou estrutural), isto é, com técnicas diretas e colaborativas, para recorrer ao paradoxo apenas como recurso extremo, quer não se tenham obtido resultados, quer o cliente tenha-se oposto a ela.

Um outro caminho tentado pela equipe, para recolher resultados concretos, análogo ao de muitos autores estratégicos, constituiu em fundamentar a terapia, e principalmente a sua continuidade no tempo depois da primeira sessão, em *prescrições*. Não se tratava, salvo raríssimas exceções, de prescrições paradoxais, mas de tarefas que, se cumpridas fielmente, fariam a família experimentar uma mudança. As terapias mais bem-sucedidas eram as em que se encontrava um equilíbrio entre paradoxos e prescrições, e em que a terapia tinha um desenvolvimento lógico e coerente no tempo. O redimensionamento do intervencionismo dos paradoxos de fim de sessão, a favor das prescrições, veio juntar-se à hipótese de possíveis efeitos terapêuticos, além das informações inerentes a certas modalidades de condução da sessão.[13]

Num segundo momento, como se verá mais adiante, Selvini Palazzoli e Prata, depois da cisão da equipe, julgaram essa hipótese irreal, principalmente em relação ao conjunto dos casos em tratamento. Centraram-se integralmente na experimentação de uma estratégia prescritiva, abandonando aos poucos o recurso aos *reframings* paradoxais. Certas intervenções de tipo paradoxal foram utilizadas até 1983, no decurso das sessões iniciais. Às vezes, no início da primeira sessão, mais como instrumento de "fascínio" da família do que por confiança nos efeitos de mudança. Veja-se a primeira sessão da terapia de uma família com paciente anoréxica, que assim se tornou depois do divórcio dos pais.

Terapeuta: E você, Palmira, como é que chegou... a compreender... quando é que você entendeu que tinha de inventar a anorexia para oferecer ao seu pai — ao seu pai está claro, quanto à sua mãe eu não sei, pode ser que a todos os dois — a ocasião de continuarem se vendo, mesmo depois de separados? [...] E aí, com essa história de que você está sempre vomitando, eles se vêem sempre... talvez até

---

13. Veja a conclusão do artigo "Ipotizzazione, circolarità, neutralità" (Selvini Palazzoli et al., 1980b). Trata-se da máxima explicitação dessa óptica pragmática e cognitivista a que já fizemos referência, e à qual permaneceu fiel a escola de Boscolo e Cecchin, além de outros autores, como Lyrn Hoffman.

com prejuízo seu, porque você é quem não se diverte muito. Como é que você conseguiu entender que precisa oferecer-lhes uma ocasião para se verem, para se encontrarem e se falarem... quando foi que você intuiu isso?
Paciente: Eu? (Quase rindo) Mas eu não tenho nada com isso. Não tenho, eu não... como entendi? Agora é que não entendo mais nada... (Viaro e Leonardi, 1986).

Quanto ao verdadeiro *reframing* paradoxal como intervenção paradoxal, Selvini Palazzoli ilustrou e teorizou o último deles, repetidamente aplicado com sucesso, reservando-o para a terapia de uma certa situação detalhadamente especificada (Selvini Palazzoli, 1985b).

O Paradoxo Como Revelação de Um Jogo Familiar

A originalidade dos *reframings* paradoxais elaborados pela primeira equipe e, em seguida, pela que foi formada por Selvini Palazzoli e Prata, consistiu no fato de ela fundamentar-se numa análise detalhada e específica das relações familiares. *O aspecto de revelação de um jogo familiar e de uma intencionalidade encoberta do paciente propriamente dito era, ao contrário, totalmente ausente dos paradoxos estratégicos.*

Veja-se o que Lynn Hoffman observa, muito agudamente, a propósito do *"Milan approach"* (a abordagem milanesa): "O que começa a ficar claro é a importância de 'ler' as políticas internas (e externas) da família. Devem-se estudar as coalizões, os aparentes equilíbrios de poder ou os desequilíbrios em relação ao sintoma. Por isso, pode acontecer que a contribuição mais importante do grupo de Milão não seja a coisa mais óbvia, o paradoxo sistêmico, e sim, o trabalho de investigação para construir uma hipótese que explique a presença de um sintoma na família e a sua conexão com o conjunto" (1981, p. 239).

De fato, as intervenções paradoxais punham sempre em conexão o sintoma do filho e as dificuldades pessoais ou de casal dos seus pais. Até mesmo na atmosfera benévola da assim chamada conotação positiva (nenhum dos pais pediu ao paciente que se sacrificasse etc.), a intervenção comportava um importante aspecto de revelação: as relações perturbadas entre os membros ditos sadios da família tinham incidido negativamente sobre o paciente em questão.

As justificativas então utilizadas para dar crédito às redefinições paradoxais eram consideradas, naquele tempo, de maneira instrumental, quase como se não passassem de meros artifícios retóricos. Hoje, ao contrário, somos levados a reavaliar a agudeza daquelas primeiras tentativas de revelação dos jogos familiares.

Os Paradoxos Tormam Mais Inacessível o Caminho Para a Complexidade dos Jogos Psicóticos

O processo de abandono dos métodos paradoxais foi silencioso até bem recentemente. As razões de fundo da insatisfação e da busca de outros instrumentos permaneceram, durante muito tempo, confusas. Em seu lugar, foi determinante o critério pragmático da escassa relevância numérica e da insuficiente estabilidade dos resultados. Diante dos fracassos, foram procuradas explicações *ad hoc*, no sentido do mau uso de um bom instrumento. Daí todo o trabalho sobre as precisões técnicas dos métodos paradoxais que passamos em revista.

Hoje, está claro para nós que a insatisfação com tais métodos estava substancialmente ligada à natureza hipercomplexa do objeto da pesquisa: os jogos psicóticos dentro da família. A casualidade e o caráter quase totalmente imprevisível dos efeitos de uma intervenção paradoxal não facilitavam, certamente, o progresso do conhecimento. Comparar uma terapia com a outra era praticamente impossível.

Portanto, o desencorajador não era tanto o número de insucessos e sim a constatação de que, ao progressivo refinamento de procedimentos e técnicas, não correspondia um significativo incremento cognoscitivo. Esse tipo de busca não parecia aperfeiçoar substancialmente as hipóteses de fundo sobre as psicoses nas quais a equipe baseava a sua própria atividade. O balanço era o de ter inventado muitas técnicas (ou estratégias), obtido resultados parciais e produzido pouquíssimas idéias originais sobre as raízes relacionais das psicoses. A esse motivo fundamental de insatisfação voltaremos mais detalhadamente na Quarta Parte deste livro, assim como voltaremos a outras razões de insatisfação para os métodos paradoxais.[14]

---

14. Trata-se, como veremos mais adiante, do problema da reticência do terapeuta (dualismo e duplo binário entre a hipótese do terapeuta e a intervenção apresentada à

Com tudo isso, a experiência das terapias paradoxais foi certamente de grande interesse clínico e, talvez, para nós um degrau indispensável. Hoje, à luz das experimentações atuais (e da metáfora do jogo), algumas características de fundo das terapias paradoxais tornam-se mais claras para nós e permitem-nos refletir com maior pertinência sobre as nossas táticas e estratégias terapêuticas.

Passamos, agora, a apresentar o novo método do qual emergiram novos conceitos. Fazemos isso para respeitar também, nesta exposição, o ritmo cronológico do percurso da pesquisa.

---

família), do espírito de contestação que costuma dominar a relação terapêutica, da excessiva "tecnicização" da relação terapeuta-paciente.

II

A DESCOBERTA DA PRESCRIÇÃO INVARIÁVEL

O Caso Marsi

A família Marsi, que surgiu no caminho da equipe Selvini Palazzoli-Prata em fevereiro de 1979, foi exatamente aquela que desencadeou um processo de descoberta. Tratava-se de uma família da pequena burguesia na qual marido e esposa, havia vários anos, vinham se debatendo com graves problemas de relacionamento. A filha mais velha, Maria, com vinte anos na época, sofria de anorexia crônica e fazia o ambiente familiar ficar ainda mais pesado com suas dramáticas tentativas de suicídio.

As três primeiras sessões, bastante caóticas, essencialmente colocaram em evidência a forma agressiva pela qual as três filhas, adolescentes tardias, se intrometiam nos problemas dos pais. Foi de forma vã que a equipe se empenhou em compreender o jogo global da família. No final da terceira sessão, vendo que resultavam inúteis todos os esforços, a equipe resolveu que, na próxima sessão, receberia somente o casal. Fez o convite de forma velada e sem explicar o motivo para separar o grupo. É que se desejava encontrar uma maneira não-verbal de bloquear a interferência das filhas nos problemas dos pais. O resultado foi a elaboração da prescrição abaixo, entregue ao casal na sessão seguinte:

> Observem absoluto segredo a respeito de tudo que está sendo dito na terapia. Se as filhas de vocês perguntarem alguma coisa, respondam que a terapeuta aconselhou que o que é falado nas sessões deve

ficar, apenas, entre vocês e ela. Pelo menos umas duas vezes, logo antes das próximas sessões, vocês devem sumir de casa antes do jantar, sem qualquer aviso prévio e deixando, somente, um bilhete tipo "Esta noite não ficaremos em casa". Vocês devem ir a lugares onde imaginam não encontrar conhecidos. Se, ao voltarem, as filhas quiserem saber onde diabos se meteram, respondam com um sorriso: "Isso interessa só a nós dois". Além disso, numa folha de papel que vocês vão manter escondida, cada um de vocês vai anotar, separadamente, as reações de cada filha diante deste comportamento diferente de vocês. No nosso próximo encontro, ainda só com vocês dois, vocês vão ler o que escreveram.

Um mês depois, os resultados eram surpreendentes. O casal vinha cumprindo, escrupulosamente, tudo o que se havia pedido; Maria tinha abandonado o comportamento sintomático e todo o clima da família mostrava-se bem diferente. Nesse momento, a equipe considerou incoerente com a lógica da intervenção chamar as moças de volta. A terapia continuou, por outras três sessões, somente com os pais, que realizaram "desaparecimentos" sempre mais prolongados, enquanto as filhas iam se tornando cada vez mais independentes e até melhoravam o relacionamento entre elas. O acompanhamento a distância, feito por um ano, confirmou a estabilidade dos resultados conseguidos: Maria havia retornado aos estudos e atividades esportivas, nas quais vinha obtendo brilhantes resultados. Três anos mais tarde, o casal informou à equipe que essa filha havia se casado e estava feliz.

A Prescrição Torna-se Inviável

Até esta etapa não houve qualquer desenvolvimento da pesquisa: simplesmente arquitetou-se uma prescrição que fez desmoronar um jogo de família que estava obscuro, e confiou-se que sua execução faria com que esse jogo mudasse radicalmente de direção. A virada deu-se logo em seguida, no sentido de considerar-se que tal prescrição, agindo sobre múltiplos níveis de relação, poderia interromper nós de jogos sem que fosse indispensável decifrá-los previamente.[1] Desse momento em diante, essa mesma seqüência de prescrições, entregue de modo siste-

---

1. Selvini Palazzoli tentou frisar esses conceitos mediante o título da conferência que apresentou ao Congresso Internacional de Terapia Familiar, de Lyon, em 1980: "Rumo a uma Metaterapia: uma prescrição em níveis múltiplos"(ver o próximo parágrafo)

mático a todas as famílias em que havia filhos psicóticos e com anorexia, recebeu o nome de "prescrição invariável".

Como veremos, esta aplicação assinalou um grande progresso não apenas na eficácia terapêutica, mas ainda — e talvez mais — no caminho da pesquisa. Menos de um ano depois (maio de 1980), Selvini Palazzoli e Prata comunicaram ao Congresso Internacional de Terapias Familiares, realizado em Lyon, a guinada corajosa que tinha sido dada a toda a pesquisa, e convidaram outros a supervisionar a experiência delas.

Rumo a Uma Metaterapia: Uma Prescrição em Níveis Múltiplos[*]

Mara Selvini Palazzoli, Giuliana Prata

Introdução

Estou feliz pela oportunidade que me foi oferecida de apresentar, nestas "jornadas lionesas de terapia familiar", algo de realmente novo. Trata-se de uma novidade em pesquisa, iniciada juntamente com Giuliana Prata, um ano atrás, acerca de um problema que vínhamos arrastando, durante anos, sem conseguir solução: que fazer com os pais do paciente propriamente dito, quando o separamos do resto da família? De fato, havíamos experimentado, em vários casos, como a denominação de "pacientes" para os pais, deixando em casa a última geração, teve efeitos terapêuticos rápidos no paciente propriamente dito.

Isso, porém, nos expunha a outras dificuldades. O casal de pais, invariavelmente, se colocava como um caso desesperador, exibindo um relatório irremediável. Assim, fomos obrigadas a compreender que tínhamos pela frente uma lógica perfeita: os pais se recusavam a aceitar uma acusação praticamente explícita. Se o filho deixasse de ter o sintoma mas o conflito deles permanecesse, a conexão causal entre conflito conjugal e sintoma seria desmentida.

A prescrição em que pensamos representa, portanto, o esforço de fazer uma intervenção, o mais velada possível, evitando, de forma precisa, acusar os pais e entregar esquemas pedagógicos de como deve comportar-se ou agir um "bom" casal. A ênfase terapêutica é

---

[*] Esta conferência ao Congresso Internacional de Terapia Familiar, de Lyon, em 1980, foi distribuída em fotocópia aos setecentos participantes mas nunca foi publicada. As notas de pé de página são comentários *a posteriori*.

deslocada para a última geração, e baseia-se na hipótese de que os filhos tenham-se intrometido nos problemas dos pais e tendem a colocá-los um contra o outro. Uma vez que a confusão, ou, pior ainda, o desaparecimento das distinções entre as gerações é fenômeno constante em famílias com pacientes chamados graves, essa prescrição mostrou-se eficaz em restabelecê-las.[2]

Preparativos para a prescrição

Devemos colocar como premissa que, em nossa prática atual, chegamos à verdadeira e própria prescrição por meio de uma fase preparatória que se concluiu com a segunda sessão. Vamos rever essa questão desde o início.

Toda segunda-feira pela manhã, das nove às onze horas, há um terapeuta da equipe recebendo os telefonemas de interesssados em reserva para uma eventual terapia familiar. A secretária limita-se a orientar as famílias que telefonam em horas e dias diferentes a discarem naquele determinado horário. Nesse primeiro contato telefônico, o terapeuta procura recolher informações concernentes às relações entre os *conviventes* (incluindo-se os avós e demais parentes que moram na mesma casa) que sempre, e de qualquer forma, serão convocados para a terapia.

O terapeuta, entretanto, não se limita apenas a isso; ele indaga se há, no círculo, outras pessoas de importância ainda que não sejam *conviventes*. Em alguns casos, é comum alguns avós pertencerem a esta categoria. Ou porque moram no mesmo prédio e criaram ou tomaram conta das crianças ou porque, afinal das contas, parecem ocupar uma posição significativa na interação familiar. Neste caso, o terapeuta, tendo marcado o dia da primeira sessão, convoca, além dos conviventes, também tais pessoas "suspeitas". Se for necessário, insiste com firmeza no fato de que a presença delas será, certamente, muito útil. Para sublinhar melhor a importância do comparecimento de determinada pessoa, ele se dispõe até mesmo a modificar a data do encontro.

Se, quando a família se apresenta, está faltando um dos conviventes, a sessão é adiada. Se, ao contrário, a falta é de alguém não convivente que foi convocado, a sessão ocorre. Tal ausência, apesar das desculpas explicativas, será considerada pelo terapeuta uma importante informação que ele, com habilidade, vai considerar e aprofundar. Na nossa experiência, os avós não conviventes costu-

---

2. Foi essa frase do texto que fez muitos colegas concluírem, apressadamente, que Selvini Palazzoli havia-se convertido ao estruturalismo.

mam se apresentar. O terapeuta concentra neles grande parte da sessão, e trata-os com grande consideração e respeito.

Efetuamos o fechamento dessa primeira sessão da forma que se segue. Depois de uma discussão em equipe, o terapeuta volta à sala e se dirige aos membros que não fazem parte da família nuclear (conviventes e não-conviventes) com estas palavras: "É comum, no final da primeira sessão de terapia, sermos capazes de dizer se há ou não a necessidade de uma terapia familiar. No entanto, desta vez, apesar da participação feita de bom grado por todos (isso vai ser dito mesmo no caso de extrema reticência de alguém), não estamos em condições de concluir algo. Precisamos de uma outra reunião que está marcada para o dia tal a tal hora. Na próxima sessão, vocês vão ficar em casa. Estaremos aguardando somente a família. Agradecemos calorosamente a presença e a profunda colaboração de vocês". Na hora que os clientes estão para ir embora, o terapeuta reitera com mais agradecimentos a despedida definitiva dos excluídos.

Consideramos tal prática uma intervenção importante que tem dois efeitos: um terapêutico, e outro de informação.

O efeito terapêutico consiste no fato de a família experimentar, talvez pela primeira vez, uma irrevogável delimitação das próprias fronteiras como família nuclear. No caso de famílias que sofrem graves disfunções — como, nesta ordem, as que apresentam crianças psicóticas, jovens esquizofrênicos, anoréxicos-bulímicos e anoréxicos de evolução rápida —, esse tipo de delimitação da família nuclear provoca, às vezes, efeitos surpreendentes: o paciente propriamente dito volta incrivelmente melhor à próxima sessão. O terapeuta, ao efetuar a separação, de maneira inequívoca precisou quais são e quais *não são* os membros da família nuclear, recolocando o paciente no seu núcleo familiar como membro com plenos direitos.

Quanto ao efeito de informação, ele vai derivar das retroações imediatas de cada uma das pessoas presentes e, particularmente, daquelas que foram excluídas. As retroações atrasadas serão, ao contrário, recolhidas durante a segunda sessão. De fato, essa sessão vai ser essencialmente centrada nos seguintes pontos: a) perguntar quais foram as reações e eventuais comentários por parte das pessoas excluídas. Isso deve ser feito de forma amável e familiar, nunca em tom de inquérito; b) observar o comportamento dos vários membros em relação à sessão anterior. Se, na ausência dos excluídos, eles se mostram ou mais à vontade ou mais tensos, mais comunicativos ou mais reticentes. Há vezes em que um ou outro dos participantes resolve desabafar em relação a um ausente, e há vezes em que, ao contrário, alguém, ou todos, coloca-se numa posição de defesa; c) acrescentar perguntas a respeito de pontos eventualmente omitidos ou não esclarecidos na sessão anterior. Durante todo a sessão o terapeuta coloca-se inteiramente neutro e evita, de maneira cuidadosa, qualquer tipo de censura.

No caso de não existirem conviventes ou não-conviventes suspeitos, somente a família nuclear será convocada para a primeira sessão. Também nesse caso, no final, o terapeuta declara que a equipe não se sente em condições de dar um parecer acerca de indicação de terapia e, para isso, deverá marcar nova reunião. Também a segunda sessão, tal qual a primeira, tem a dupla finalidade de recolher informações e cativar a família mediante a forma inesperada com a qual o terapeuta as recolhe. Isso é importante para todos os participantes, mas principalmente para os filhos, que, depois de oferecerem ao terapeuta um relatório significativo, serão excluídos em definitivo. Já que falamos especificamente a respeito da maneira de conduzir a sessão em publicação anterior (Selvini Palazzoli et al., 1980b), não vamos nos prolongar sobre o assunto aqui. Vamos diretamente à própria e verdadeira prescrição.

A prescrição

1. Ao concluir a segunda sessão com a família nuclear, o terapeuta volta à família depois da discussão com a equipe e anuncia: "Desta vez podemos dizer que a equipe concluiu que há uma clara indicação de terapia familiar. A próxima sessão ficou marcada para dia tal e tal hora. Você/vocês (chamando pelo nome o filho ou os filhos, em ordem de idade) vai/vão ficar em casa. Somente os pais é que vão comparecer". Depois disso, há a despedida. O observador ou os observadores tomam nota das retroações imediatas, verbais ou não-verbais, dos vários membros.

2. A sessão seguinte, somente com os pais, estrutura-se sobretudo nas perguntas a seguir:[3]
   a) "Logo após nossa sessão, e nos dias que a seguiram até hoje, como foi a reação dos filhos A, B, C... (ou o filho tal, se ele for único) ao fato de somente vocês dois terem sido convocados?" Dá-se a palavra a um e, depois, ao outro.
   b) (A um por vez) "E qual foi a *sua* reação diante desta convocação? Qual explicação você se deu para isso?"
   c) "Vocês comentaram, entre os dois, a respeito?"

---

3. Atualmente, não damos mais importância à parte estruturada da entrevista, pois a modalidade de despedida da última geração de sessões mudou muito (ver o capítulo xv).

41

3. Ao concluir essa sessão, após a discussão com a equipe, o terapeuta torna a voltar aos pais e anuncia em tom grave e enfático: "Chegamos à conclusão de que hoje é mesmo indispensável dar a vocês uma prescrição. Discutimos a fundo para elaborá-la principalmente porque temos consciência de que será bastante difícil para vocês segui-la. No entanto, é necessário que vocês dêem conta de obedecer à prescrição porque isso é muito importante para o nosso trabalho. Ela é complexa e se articula em quatro pontos.

4. "De volta a sua casa, vocês devem se empenhar em manter segredo absoluto a respeito da sessão. Se um dos dois, separadamente, for interrogado por um ou mais filhos acerca do que aconteceu na sessão, deverá responder exatamente com estas palavras: 'O doutor X prescreveu-nos que o que foi dito na sessão tem de ficar reservado entre ele e nós dois. O tom deve ser bastante calmo. No caso de vocês serem interrogados juntos, o que se sentir mais disposto é que deverá responder. A mesma coisa deve ser dita a quem mais (pais, parentes, médico da família, amigos etc.) interrogar vocês. O segredo deve valer para todos.

5. "Cerca de uma semana depois desta sessão, vocês devem começar a sair de casa, à noite, durante algumas vezes que vou determinar. As saídas vão se desenvolver da seguinte forma. Depois de entrar em acordo sobre a noite escolhida, vocês devem marcar um encontro fora, no final da tarde, enfim, antes da hora em que costumam jantar. Em casa, na mesa da cozinha, vocês vão deixar apenas um bilhete com as seguintes palavras: 'Esta noite estaremos fora'. Esse bilhete deve ser escrito uma vez por um de vocês, outra pelo outro, mas sem assinatura alguma. Vocês não devem voltar antes das onze da noite. Não devem deixar pronto o jantar e devem retornar já tendo jantado. Organizem as noitadas de vocês da forma que quiserem. O essencial é que não freqüentem locais ou pessoas que venham a saber onde estiveram ou o que fizeram. Isso vocês não devem contar nem para mim." Dito isto, o terapeuta vai precisar o número prescrito das saídas. Esse número vai ser calculado em proporção ao intervalo que se pretende dar entre a terceira e a quarta sessões. Julgamos conveniente que o intervalo seja meio longo, de, no mínimo, cinco semanas.

6. "A uma eventual pergunta do(s) filho(s) sobre onde vocês estiveram e o que andaram fazendo vocês devem responder em tom bem tranqüilo: 'Isto diz respeito somente a nós dois'.

7. "Finalmente, cada um de vocês deverá providenciar uma caderneta, escondida de forma a ser inacessível aos filhos, onde vão anotar, com a data, os comportamentos verbais e não-verbais de cada um dos filhos, ou de alguém que vocês considerem provocado

ou relacionado com a execução desta prescrição. Recomendamos o máximo de seriedade nas anotações; é extremamente importante que vocês não esqueçam nada. Na próxima sessão, vocês virão, ainda uma vez, sozinhos, com as cadernetas para nos informar tudo."

A essa primeira "etapa" da prescrição (se o casal afirmar tê-la seguido), seguirá uma etapa posterior que englobe alguns finais de semana com o desaparecimento de casa de uma ou duas noites, depois de ter deixado a mensagem escrita "Voltaremos dia ... depois das onze da noite".

A última etapa é aquela de um sumiço prolongado, de uma semana a um mês, deixando tão-somente a mensagem escrita de sempre e sem dar qualquer outra informação ou entrar em contato com alguém durante esse período.

Comentário a respeito da prescrição

Vamos comentar, agora, ponto por ponto, a prescrição e, com isso, especificar as bases teóricas e indicar os objetivos em termos de efeitos pragmáticos e terapêuticos.

Veremos como esta prescrição, articulada em uma série de comportamentos e expressões verbais padronizadas com um ritmo temporal bem preciso, capta um conjunto de informações recíprocas que vão, aos poucos, formando o sistema constituído pela família mais o terapeuta.

A impressão para nós que a elaboramos (como de hábito, num relance intuitivo e com efeitos de imediato surpreendentes), para em seguida aplicá-la aos diversos casos, é a de que encontramos um trampolim para saltar diretamente no núcleo do problema, passando por cima de uma infinidade de detalhes que só servem para que a gente se perca nos becos sem saída que cruzam os trajetos lineares.

O aspecto novo dessa prescrição é que ela logo foi considerada, por nós (mesmo antes que estudássemos as justificativas teóricas), uma fórmula fixa, como se fosse a fórmula de um remédio que não é modificada ou retocada dependendo do caso, mas ministrada a um grande número de diferentes casos com o registro dos efeitos. Exatamente o oposto, portanto, da especificidade, caso a caso, de um comentário paradoxal ou de um ritual familiar. Mais próxima, portanto, à prescrição ritualizada como a que denominamos "Dias pares e dias ímpares", que também se aplica, sem variações, aos diversos casos [Selini, 1985, p.145]. O que ambas têm em comum é um alvo preciso a ser atingido. "Dias pares e dias ímpares" deseja atingir a interferência recíproca do pai e da mãe em relação ao problema de "o que fazer com o filho", fenômeno regularmente pre-

43

sente no caso de crianças difíceis de serem educadas. A prescrição que estamos apresentando aqui tem como alvo o fenômeno universalmente patogênico da confusão das fronteiras entre as gerações. Todavia, em termos de eficácia, as duas prescrições não podem ser comparadas. "Dias pares e dias ímpares" é freqüentemente desqualificada e desobedecida, especialmente pelas famílias que possuem rígida disfunção. A prescrição aqui apresentada, se oferecida de modo correto, é raramente desqualificada e desobedecida, e possui efeitos surpreendentes. Explicamos a eficácia dessa prescrição pelo fato de tê-la elaborado nos mínimos detalhes, tempos, seqüências, com a finalidade de marcar o contexto terapêutico e os subcontextos, com tal clareza, que reduza ao mínimo a possibilidade de fugas e manipulações.[4]

Vamos passar, agora, ao comentário dos vários pontos da prescrição.

Ponto 1

"Desta vez podemos dizer que a equipe concluiu que há uma clara indicação de terapia familiar. A próxima sessão ficou marcada para tal dia e tal hora. Você/vocês (chamando pelo nome o filho ou os filhos, em ordem de idade) vai/vão ficar em casa. Somente os pais é que vão comparecer."

O efeito "bomba" (às vezes observável nas retroações não-verbais imediatas) da convocação dos pais sozinhos deve-se ao fato de a exclusão dos filhos ser totalmente inesperada: não acabamos de falar da indicação clara de terapia familiar? A ausência de qualquer explicação induz os vários membros da família a conjeturar explicações diversas acerca da decisão tomada pelo terapeuta. O que poderá dar acesso, logo em seguida, a muitas informações.

É fundamental que o terapeuta se atenha, em detalhes, ao "ritual" exposto, que foi propositadamente estudado para obter, com estilo despojado e decidido e a importância crescente das instruções — data do encontro, nome dos excluídos, designação dos convocados —, seja um efeito de dramatização, seja uma demonstração da grande segurança do terapeuta. É importante que nos atenhamos literalmente à expressão verbal por nós especificada, pois até mesmo uma pequena variação poderia indicar que a convocação apenas dos pais valeria somente para a sessão seguinte. Como ocorreria,

---

4. Com o prosseguimento da pesquisa, tornou-se claro, para nós, que muitos pais, principalmente de esquizofrênicos, não seguem a prescrição independentemente da seriedade do terapeuta.

por exemplo, se o terapeuta dissesse: "Na próxima sessão deverão comparecer, apenas, os pais." Ao contrário, a seqüência verbal estudada por nós dá margem a todo tipo de interpretação.

Ponto 2
    a) "Logo após nossa sessão, e nos dias que a seguiram até hoje, como foi a reação dos filhos A, B, C... (ou o filho tal, se ele for único) ao fato de somente vocês dois terem sido convocados?" Dá-se a palavra a um e, depois, ao outro.
    b) (A um por vez) "E qual foi a sua reação diante desta convocação? Qual explicação você deu para isso?"
    c) "Vocês comentaram, entre os dois, a respeito?"

Esta sessão foi estruturada com o objetivo de recolher informações específicas. No que concerne à primeira pergunta, geralmente nos dizem que os filhos reagiram de forma positiva, com alívio ou até mesmo satisfação. Ao contrário, as respostas à pergunta sucessiva são dadas em tom de cansaço e diferentes em seu conteúdo. Este é, para os pais, o momento mais "quente" da sessão. Quanto à terceira pergunta, fica claro que é bastante raro que o casal tenha, realmente, discutido junto o assunto.

Todavia, o fato a ser destacado é o seguinte: as informações de tal modo recolhidas não são, em absoluto, utilizadas pelo terapeuta, para a conclusão da sessão (e isso em contraste com nosso habitual estilo de trabalhar, que baseia a opção terapêutica nas informações obtidas).

Por que, então, dar lugar a uma sessão estruturada dessa forma? A primeira justificativa, a mais banal, é porque, antes de uma prescrição, normalmente faz-se uma entrevista. Por isso, com o objetivo de não mudar o nosso ritual, não importa perder um certo tempo com uma entrevista pré-ordenada cujas informações, em todo caso, não deixaremos de levar em conta para uma melhor compreensão do conjunto. Essa foi, durante algum tempo, a nossa opinião. Mas, com o aprofundamento de nossa experiência, nos persuadimos de que a entrevista estruturada funciona no sentido de facilitar, aos pais, a aceitação da prescrição que virá em seguida.

De fato, as perguntas pré-ordenadas, sobretudo a segunda, evidenciam nas respostas dos pais, no modo em que são formuladas ou nos comportamentos não-verbais, a expectativa cultural de receber críticas pelos erros cometidos e diretivas para parar de cometê-los. Tal expectativa, *de per si* desagradável, mesmo se não confirmada pelo terapeuta que investiga, é, entretanto, *mantida* no ar pelo próprio tipo das perguntas. Com expectativa semelhante, a prescrição que se segue constitui uma enorme surpresa que, mesmo por contraste, assume um caráter liberatório.

Ponto 3

"Chegamos à conclusão de que hoje é mesmo indispensável dar a vocês uma prescrição. Discutimos a fundo para elaborá-la principalmente, porque temos a consciência de que será bastante difícil para vocês segui-la. No entanto, é necessário que vocês dêem conta de obedecer à prescrição porque isso é muito importante para o nosso trabalho. Ela é complexa e se articula em quatro pontos."

O preâmbulo exposto neste ponto é estudado em vista de seu efeito pragmático. Se o terapeuta parecesse estar impondo, do alto de sua autoridade, uma prescrição que ele considera realmente viável, as formas de sabotá-la seriam infinitas. Ao contrário, a atitude do terapeuta é a de um especialista de certo modo obrigado, pela *necessidade* terapêutica, a dar, a contragosto, aos próprios clientes, uma prescrição que ele sabe ser difícil de ser seguida. E é sempre em nome dessa *necessidade* que ele os estimula a se empenharem em segui-la. Dessa forma, o terapeuta coloca-se em posição complementar diante da necessidade. Não é de se espantar, pois, o fato de, com freqüência, pelo menos um dos cônjuges no final se preocupar em assegurar ao terapeuta que a prescrição, afinal, não é lá tão difícil assim...

Por último, ressaltamos que o preâmbulo é formulado de forma a fazer parecer que a prescrição foi estudada *ad hoc* exatamente para aquela família, e não como esquema de rotina.[5]

Ponto 4

"De volta a sua casa, vocês devem se empenhar em manter segredo absoluto a respeito da sessão. Se um dos dois, separadamente, for interrogado por um ou mais filhos acerca do que aconteceu na sessão, deverá responder exatamente com estas palavras: 'O doutor X prescreveu-nos que o que foi dito na sessão tem de ficar reservado *entre ele e nós dois*.' O tom deve ser bastante calmo. No caso de vocês serem interrogados juntos, o que se sentir mais disposto é que deverá responder. A mesma coisa deve ser dita a quem mais (pais, parentes, médico da família, amigos etc.) interrogar vocês. O segredo deve valer para todos."

Com isso, o terapeuta aparentemente entra no conteúdo da prescrição, no sentido de que manda fazer algo enquanto, no metanível, ele estabelece um contexto. De fato, por esse algo, ele está estipu-

---

5. Mais tarde, essa prática foi abandonada. Ao contrário, explicamos aos pais que o método é de eficácia comprovada.

lando um contrato entre ele mesmo e os pais. A estipulação de um contrato é uma marca de contexto que dessa forma é definido e estruturado como contexto de colaboração, dentro de uma territorialidade definida e bastante precisa, a dos três contratados, com a exclusão radical de quem quer que seja a mais. A exclusão é ratificada pela obrigação, aceita e, aparentemente, declarada, de custodiar para sempre o segredo de tudo quanto ocorreu e ainda vá ocorrer no relacionamento com o terapeuta. A manutenção declarada do segredo vai se transformar na comunicação aos outros de que foi estipulado um contrato com o terapeuta.

Com a intenção pragmática de favorecer a execução do contrato, acrescenta-se um estímulo encoberto à competição recíproca: "o que se sentir mais disposto é que deverá responder".[6]

Pontos 5 e 6

"Cerca de uma semana depois desta sessão, vocês devem começar a sair de casa, à noite, durante algumas vezes que vou determinar. As saídas vão se desenvolver da seguinte forma. Depois de entrar em acordo sobre a noite escolhida, vocês devem marcar um encontro fora, no final da tarde, enfim, antes da hora em que costumam jantar. Em casa, na mesa da cozinha, vocês vão deixar apenas um bilhete com as seguintes palavras: '*Esta noite estaremos fora*'. Esse bilhete deve ser escrito uma vez por um de vocês, outra pelo outro, mas sem assinatura alguma. Vocês não devem voltar antes das onze da noite. Não devem deixar pronto o jantar e devem retornar já tendo jantado. Organizem as noitadas de vocês da forma que quiserem. O essencial é que não freqüentem locais ou pessoas que venham a saber onde estiveram ou o que fizeram. Isso vocês não devem contar nem para mim.

"A uma eventual pergunta do(s) filho(s) sobre onde vocês estiveram e o que andaram fazendo vocês devem responder em tom bem tranqüilo: 'Isto diz respeito somente a nós dois'."

Esses pontos da prescrição correspondem a uma virada essencial: os dois tornam-se um casal. Convocados como pais, são mandados de volta a casa, primariamente, como casal. A constituição do casal como entidade definida e separada tem lugar, ainda desta vez, mediante o segredo, respeitado até mesmo pelo terapeuta, o segredo que expressa o mesmo significado de todas de seqüências comportamentais prescritas. De fato, não é importante o que o casal

---

6. Também essa idéia de estimular veladamente a competição foi mais tarde abandonada para privilegiar o espírito de cooperação do casal.

vai fazer. O importante é que se organize de forma a não dar acesso a informações de retorno. O bilhete que deve deixar em casa avisando a ausência, num típico estilo de adolescentes, expressa a radical recusa em aceitar qualquer tipo de controle da parte dos filhos ou de quem quer que seja, ao passo que a convivência dos dois componentes do casal fica indicada pela alternância das respectivas grafias.

No nível hierárquico das marcações de contexto pode-se fazer, a esta altura, a seguinte observação. Uma vez delimitado o contexto pais-terapeuta como hierarquicamente superior, já que o terapeuta prescreveu o silêncio a respeito dos conteúdos das sessões terapêuticas, as saídas secretas vão constituir a marcação de um subcontexto, o do casal que, dessa forma, está comunicando aos filhos o direito de um espaço privado. Esse subcontexto, hierarquicamente, é menos "forte" do que o anterior, pois as saídas do casal têm lugar em nome do próprio casal, e não do terapeuta. A nova prova disso são as retroações dos excluídos. De fato, no primeiro caso, exatamente quando os pais comunicam que o terapeuta prescreveu que tudo quanto ocorreu na sessão deve ficar reservado ao casal e ele, os filhos reagem, na maioria, com um "Ah" que pode querer dizer tantas coisas mas que, rapidamente, se resolve com aceitação e respeito. No segundo caso, ao contrário, manter em segredo as saídas provoca, com freqüência, curiosidade, insistência, perseguições, protestos, indignação, sarcasmo, além da alusão, mais ou menos explícita, ao fato de a situação ser "respeitável" só se prescrita pelo terapeuta. Todavia, tal inferioridade hierárquica provoca um efeito favorável visto que pode provocar represálias: "Já que vocês têm segredos, eu também tenho direito de tê-los". Pode-se, assim, ver que para conseguir-se que pais concedam aos filhos um espaço privado, o caminho é o de obrigá-los a tomá-lo sozinhos.

Ponto 7

"Finalmente, cada um de vocês deverá providenciar uma caderneta, escondida de forma a ser inacessível aos filhos, onde vão anotar, com a data, os comportamentos verbais e não-verbais de cada um dos filhos, ou de alguém que vocês considerem provocado ou relacionado com a execução desta prescrição. Recomendamos o máximo de seriedade nas anotações; é extremamente importante que vocês não esqueçam nada. Na próxima sessão, vocês virão, ainda uma vez, sozinhos, com as cadernetas para nos informar tudo."

Este ponto, importantíssimo, reforça posteriormente a marcação do contexto principal, o pais-terapeuta, confirmando-se a qualidade contratual. Os pais não são mais somente obrigados a calar-se em relação aos conteúdos das sessões e a executar um determinado número de saídas secretas: devem trabalhar para o terapeuta, substituindo-o na posição de observador e registrando, minuciosamente, as observações feitas. O objetivo é o de fornecer ao terapeuta informações sobre aqueles que ele excluiu das sessões. *Porém, tais informações são específicas, limitadas às retroações que pareçam provocadas pela execução da prescrição.*

O exercício desvia, posteriormente, a atenção do significado que podem ter, para os componentes do casal, as saídas secretas. Elas aparecem identificadas como provocações dirigidas para estimular, nos excluídos, comportamentos que são reveladores para o terapeuta. Isso possui efeitos pragmáticos de importância fundamental. Antes de tudo, o terapeuta não pode ser desqualificado pelo casal (mesmo por aquele que, tipicamente, se apresenta como "um caso desesperador"), já que ele mesmo é quem prescreve as saídas como sacrifícios. Além disso, e o que mais conta, aliás, é que o exercício, sendo de tal forma destinado aos pais, permite que o terapeuta se mantenha absolutamente enigmático sem, entretanto, prejudicar em nada o caráter colaborativo de seu contrato com os pais.

E, de fato, é freqüente que um dos pais (geralmente o que se mostra mais descontente com a prescrição) interpele o terapeuta com a seguinte pergunta: "Mas o que o senhor propõe com isso?"

Se o terapeuta não houvesse dado o exercício das cadernetas, estaria numa armadilha. De fato, deveria ou "explicar" a que se propõe, anulando, com isso, os efeitos terapêuticos, ou assumir uma posição arrogante ("O senhor não deve preocupar-se com isso, é coisa minha"), em contraste com a marca contratual colaborativa. O exercício das cadernetas permite, ao contrário, que o terapeuta dê uma resposta tranqüila, absolutamente coerente com as marcações do contexto: "O que eu proponho são as observações que vocês vão registrar, para mim, nas cadernetinhas". Uma resposta igualmente tranqüila e coerente poderá ser dada também se houver vários "se". A perguntas do tipo: "E se minha filha, reagindo a isso, piorar ainda mais?", ou "E se meu filho fugir de casa?", o terapeuta poderá, amavelmente, responder: "Anote isso na caderneta, a caderneta é que é importante". As repetidas recomendações para que redijam as cadernetas com cuidado e precisão reforçarão a lógica de toda a intervenção.

Vamos concluir este comentário confirmando, no caso de não ter ainda ficado suficientemente claro, que, uma vez adotada essa prescrição, continuaremos a trabalhar somente com os pais. Não só não vamos mais convocar os filhos para as sessões como, ainda, não procuraremos contatá-los de forma alguma, nem por telefone, nem por cartas.

Retroações à prescrição e avisos ao terapeuta

Durante um ano inteiro em que aplicamos essa prescrição a 22 famílias, não houve qualquer desistência. Até hoje, todos os casais compareceram à sessão seguinte. É claro que as reações de cada um deles foi bem diferente, e elas podem ser classificadas em três grupos.

1. O casal seguiu fielmente a prescrição e tomou notas das reações dos filhos (ou de outras pessoas importantes). A sessão ficou inteiramente dedicada às observações referidas nas cadernetas e ao confronto de eventuais discrepâncias. Os dois foram convidados a expressar suas respectivas opiniões a respeito das reações observadas. O terapeuta intervém de forma bastante prudente.

Quanto àquilo que o casal fez durante as saídas, houve comportamentos de vários tipos. Mais da metade dos casais nada comentou com o terapeuta, outros mencionaram a questão de forma casual. Em poucos casos, um dos cônjuges verbalizou, com clareza, sua satisfação pela melhora do relacionamento. Em um caso, por enquanto único (pais de uma anoréxica crônica, filha única), o casal, regularmente, encontrava-se num pequeno apartamento deixado, em custódia, por uma parente que estava em viagem, e tinham relações sexuais ardentes. O terapeuta recebe tais informações sem aprofundá-las, mostrando, com isso, que as considera secundárias.

As reações do filho (ou dos diversos filhos) à execução da prescrição resultam não só das relações com os pais, de suas descrições e de seus comportamentos espontâneos, mas também das contra-reações dos próprios pais e trazem ao terapeuta informações de importância vital para a compreensão do jogo familiar.

O terapeuta tem a sensação de ter desembocado numa verdadeira "via diretíssima". Isso lhe permitirá, com o tempo, suavizar a tensão das primeiras sessões, decorrente do esforço por compreender o mais possível. Ele saberá, por experiência, que as informações importantes virão até ele pela prescrição, ou melhor, pelas múltiplas respostas a ela.

Ao fechamento da sessão, com os casais deste grupo, o terapeuta vai proceder com um *aumento* da prescrição.[7] Precisamente, a um

---

7. Hoje isso não é mais verdade: o prosseguimento de cada etapa da prescrição depende sempre do êxito da etapa anterior.

certo número de saídas à noite, será acrescentado um certo número de ausências nos fins de semana, também elas organizadas de forma que não haja informações de volta. O casal, se possível, vai desaparecer sem ser visto, deixando o bilhete com um aviso seco: "Voltamos domingo à noite". Ou, então, vai anunciar sua partida alguns instantes antes, mantendo sempre segredo sobre seu destino.

2. O casal seguiu apenas parcialmente a prescrição, no sentido de que observou o segredo, prescrito pelo terapeuta, sobre o conteúdo da sessão, mas efetuou um número menor de saídas justificando-se com doenças no período ou outros obstáculos de caráter prático. Ou, então, foram cometidos "erros", no sentido de que disseram mentiras no lugar de sumirem sem explicações. Houve um caso em que a mãe "se esqueceu" de esconder a cadernetinha que, claro, foi encontrada e lida pela filha. O tom de voz, entretanto, com o qual os casais deste grupo se justifica, não nos parece provocativo, ao contrário, é bem mortificado e desolado.

Nesse grupo, temos de tratar com famílias nas quais o envolvimento entre as gerações é mais grave do que no precedente. A intensidade dos envolvimentos intergeracionais será demonstrada pelas dificuldades do casal na execução da prescrição e também pelas reações vivíssimas e interessantíssimas, algumas vezes até ruidosas, dos filhos diante das tentativas, ainda que parciais, de execução da prescrição por parte dos pais.

Apesar de seu insucesso parcial, o terapeuta não demonstrará impaciência nem irritação, vai recolher o máximo de informações e, privadamente, dará de novo ao casal a mesma prescrição.

3. O casal não seguiu de forma alguma a prescrição (ou a desqualificou dizendo, por exemplo, aos filhos, aonde foi e o que fez) e, principalmente, informa isso ao terapeuta com um tom de voz enfático, irritante e provocador. Nesse caso, o exercício primário do terapeuta é o de não se deixar influenciar: ele deve continuar a recolher as informações de maneira cordial e neutra. Com esse comportamento, que é propedêutico à sua intervenção seguinte, ele metacomunica ao casal: "O problema é de vocês, não meu. Eu fiz honestamente tudo o que podia para ajudá-los, mas posso muito bem aceitar não ter tido resultados. Meu objetivo não é meu sucesso".

Com este terceiro grupo, ficamos conscientes de que o erro não consiste só em cair na provocação. Há um outro risco: o de conseguir manter o controle durante a sessão para vingarmo-nos no fechamento, devolvendo a prescrição ou, até mesmo, aumentando-a.

Vamos tentar explicar teoricamente em que consiste este erro. Exibindo o comportamento provocativo anteriormente descrito, o casal marca o contexto e define a relação de modo bem distinto daquele feito pelo terapeuta na sessão anterior. O contexto não é mais terapêutico, não só porque não foi respeitado o pedido de colaboração mas, sobretudo, porque a relação com o terapeuta, ao nível analógico, aparece definida como opositiva (simétrica). Se o terapeuta não toma consciência disso e insiste como se o contexto fosse, ainda, o de colaboração, o desastre será inevitável. A única coisa correta que o terapeuta pode fazer é a seguinte: tomar a iniciativa de remarcar o contexto e redefinir a relação numa eventual recontratação.

Vejamos como. De volta da discussão em equipe, o terapeuta se senta e diz: "Nós da equipe estamos precisando saber quais são, atualmente, os desejos de vocês" (o tom é amável, acolhedor, como o de uma anfitriã que pede: "E agora, o que vocês desejam como sobremesa?"). "Na verdade, se vocês estão satisfeitos com o modo como as coisas estão indo por ora, devem preferir concluir este nosso trabalho. Nesse caso, vamos respeitar a decisão de vocês e fechamos com esta sessão. No caso de, ao contrário, vocês quererem continuar no esforço de obter uma evolução posterior em relação ao problema pelo qual nos interpelaram, devemos avisá-los de que, para prosseguir, seremos obrigados a dar-lhes ainda algumas prescrições já que as prescrições são o nosso instrumento de trabalho."

Uma mensagem tão inequívoca provoca sempre informações muito importantes, concernentes seja ao sistema familiar, seja ao sistema casal-terapeuta, especialmente no nível de relações. De qualquer forma, o casal pode decidir se vai parar ou continuar.

Há vezes, entretanto, em que o casal vai se mostrar tão hábil (especialmente nos sistemas "esquizofrênicos") que coloca o terapeuta diante de decisões opostas dos dois cônjuges. Nesse caso, o terapeuta decidirá suspender, de qualquer forma, o tratamento, à espera de que os dois possam chegar, calmamente, a uma única decisão. Deve-se abster, com cuidado, de dar a conotação de "bom" a quem dos dois queira continuar, e de "mau" àquele que deseja interromper (por experiência, sabemos muito bem que, em tais sistemas, a distribuição das "obrigações" é provisória, já que o medo da mudança é perfeitamente compartilhado). Acrescentamos sempre, a esse tipo de casal que possui comportamentos discrepantes, um aviso bastante importante não só do ponto de vista prático mas, também, do teórico. Pode ocorrer que, no momento da despedida, um membro do casal, obviamente o "bom", diga ao terapeuta: "Agora tenho de avisar aos filhos o que foi que aconteceu e que não vamos ter um outro encontro!", com o propósito evidente de matar de vergonha o cônjuge "mau". O terapeuta deverá, então, estar pronto para dizer: "De forma alguma! O senhor não deve dizer uma palavra aos filhos, porque o nosso contrato ainda está valendo. Na sessão passada, vocês aceitaram manter segredo de tudo que ocorresse entre mim e vocês. Os filhos não têm nada a ver com o fato. Enquanto isso, vocês terão tempo para refletir juntos e tomar uma única decisão. Eu fico à disposição de vocês".

Assim, a marcação do "contrato" entre pais e terapeuta fica reforçada de maneira forte e sem limite de tempo. Uma comunicação como essa é fundamental. De fato, ela não impede a desistência e, de qualquer forma, deixa aberto o caminho para uma retomada "fisiológica" do tratamento.

Observações conclusivas

Talvez não seja fácil analisar e conhecer integralmente os diversos níveis em que a prescrição aqui exposta se estabelece e age. Vamos fazer tão-somente uma reflexão sobre o *segredo*, mais precisamente sobre a prescrição que o terapeuta faz, aos pais, de declarar e manter segredo sobre os conteúdos da sessão.

Durante muito tempo, não nos apercebemos de que essa prescrição proíbe aos pais somente a comunicação verbal. Não pode impedir os efeitos da mudança eventualmente induzidos pela própria sessão em alguns de seus comportamentos. A sessão aconteceu *de fato*. Não é raro que o terapeuta consiga provocar experiências inesperadas e, portanto, de alto poder informativo, não só para ele próprio como também para os pais. Nesse caso, os pais, tendo voltado a casa depois da sessão, além da verbalização explícita da prescrição do segredo recebida do terapeuta, e da comunicação implícita da ratificação de um contrato com ele transmitirão, com a eventual mudança de alguns de seus comportamentos, exatamente aquelas mensagens não-verbais que, notadamente, acertam o alvo. Ter compreendido isso reforçou em nós a convicção de que a eficácia terapêutica dessa prescrição (como de outras igualmente passíveis) deve-se, em essência, a uma certa ordem hierárquica de comunicação não-verbal.

O Poder Terapêutico da Prescrição Invariável

Vale a pena comentar a relação acima narrada colocando-se em evidência os múltiplos níveis em que *a prescrição age como intervenção terapêutica*.

1. A primazia do casal de pais. Esta intervenção se opera pela manobra da despedida, numa primeira sessão, em relação à primeira geração e, na segunda sessão, em relação à terceira, os filhos.

2. A hierarquização dos subsistemas. Evitando declarações verbais, o terapeuta marca fortemente o sistema terapêutico como sendo assimétrico, enquanto governado por suas próprias opções: entrega a prescrição aos pais sem qualquer explicação. Como conseqüência, também o casal, por meio de suas saídas secretas, vai marcar a assimetria do subsistema pais-filhos, comunicando aos filhos o direito a um espaço e a um tempo só para eles, que se arroga sem exigência de consenso.

3. O contrato de colaboração estipulado com a segunda geração, os pais, pelo segredo. Vai-se, aqui, estabelecendo, com o casal de pais, uma relação terapêutica de qualidade completamente nova em relação ao período paradoxal. Os pais ficam fortemente engajados em um pacto com o terapeuta que, em parte, significa uma explícita "aliança contra" as ingerências (da família extensa, de um lado, e dos filhos, de outro) mas, sobretudo uma "aliança pró" recuperação do filho e do bem-estar de toda a família. Muitas reticências que caracterizavam em sentido reciprocamente manipulatório a relação terapeutas-família, no período paradoxal, começam a cair.

4. A contínua virada da definição do casal. O casal é alternadamente tratado como pais e cônjuges; é implicitamente denominado co-responsável pela patologia do filho paciente identificado e, explicitamente, vítima declarada de seu poder patológico. Já a convocação misteriosa dos pais sozinhos presta-se a várias conjecturas: estão sendo convocados como pais malvados que maltrataram o próprio filho? Ou, quem sabe, o paciente identificado foi deixado em casa para que os terapeutas possam, com mais liberdade, falar dele com os pais? Também a entrevista estruturada nas reações de todos em relação à exclusão dos filhos mantém no ar a expectativa dos pais de serem criticados: no entanto, o que se segue é a surpresa da prescrição de um segredo em que há uma absolvição implícita. Finalmente, os dois, convocados como pais, após a prescrição do segredo, são mandados de volta a casa, de forma primária, como esse casal – que se formou por um respeito comum ao segredo (em cuja esfera o próprio terapeuta vai-se abster de interferir, uma vez que não perguntará o que fizeram durante os desaparecimentos). Além disso, a atenção dos cônjuges fica desviada pela suspeita de que o terapeuta possa estar se propondo, pelas saídas noturnas, tornar idílico o relacionamento deles. Na verdade, o que tem de ser posto em primeiro plano são as suas anotações, isto é, o registro das retroações dos outros provocadas por sua obediência à prescrição.

O Poder Informativo
da Prescrição Invariável

O relatório, apresentado ao congresso de Lyon ainda está dominado pelo entusiasmo relativo ao poder terapêutico da prescrição. A atenção dirigida a seu poder informativo ainda é escassa. Não estava, pois, claro, qual devesse ser a utilização terapêutica das informações que a prescrição fazia brotar, e que iluminavam aspectos do jogo familiar. Parecia que na terapia eram usadas apenas as informações que deixavam prever dificuldades em aceitá-la, com o objetivo de contorná-las.

Um ano e meio depois (outubro de 1981), no Congresso Internacional de Heidelberg sobre Psicoterapia da Esquizofrenia, Selvini Palazzoli e Prata apresentaram um trabalho que documenta um passo à frente na compreensão do tríplice efeito – terapêutico, informativo e de pesquisa – do novo método. A seguir, extraímos do texto original (Selvini Palazzoli e Prata, 1983), inédito em italiano, apenas os trechos mais significativos.

Um Novo Método de Terapia e de Pesquisa no Tratamento de Famílias Esquizofrênicas

Mara Selvini Palazzoli, Giuliana Prata

A partir de maio de 1979, juntamente com a colega Giuliana Prata, empenhei-me em novo programa de pesquisa com as famílias que apresentam pacientes esquizofrênicos. Essa pesquisa, que agora completou dois anos, deve ainda continuar por bastante tempo. Nesse período, tratamos de dezenove famílias das quais seis apresentaram pacientes diagnosticados com psicose infantil crônica, dez apresentaram pacientes esquizofrênicos crônicos e três apresentaram pacientes que, havia pouco tempo, sofriam de delírios. No conjunto dos casos, prevaleciam os bastante graves, para não dizer desanimadores.

Passo, agora, à explicação da hipótese que está na base deste novo programa de pesquisa. (Que fique claro, entretanto, que, mesmo que eu fale de pesquisa, nosso objetivo é sempre o clínico-terapêutico que coloca em primeiríssimo lugar a vantagem das famílias.)

O método com o qual hoje trabalhamos diferencia-se do precedente por um aspecto essencial. Em vez de variar as intervenções terapêuticas com a variação das diversas famílias, damos às diversas famílias uma prescrição idêntica e, em seguida, analisamos a resposta a tal prescrição.[8] [...]

Mas qual é a hipótese que está na base deste novo programa de pesquisa? É a seguinte: o fato de dar às famílias uma prescrição fixa, invariável, estrutura para os terapeutas um contexto que pode se repetir, o único que nos permite descobrir algo sobre a esquizofrenia.

Também desta vez, como tão freqüentemente tem acontecido na história de nosso trabalho, foi Gregory Bateson que nos serviu de guia. Refiro-me a *Rumo a uma ecologia da mente*, em particular ao ensaio "As categorias lógicas do aprendizado e da comunicação". Nessa sua original teorização dos diferentes níveis lógicos do aprendizado, Bateson afirma que a passagem do nível de aprendizado zero ao nível de aprendizado um constitui-se pelo aparecimento do processo estocástico, ou seja, tentativa e erro. Isso ocorre quando uma escolha que se mostrou errônea é substituída por escolha diferente. Escolhas erradas podem, então, transformar-se em erros vantajosos, se fornecem informações ao indivíduo e, portanto, contribuem para o aumento de sua habilidade. Mas, observa Bateson, para que esse aprendizado possa ocorrer, é necessário formular a hipótese de um contexto repetível: "sem a hipótese da repetibilidade do contexto [...] resultaria que o aprendizado seria de um único tipo: precisamente seria sempre um aprendizado zero"(1972, p. 314).[...]

Depois dessas breves cenas teóricas, gostaria de falar-lhes, da forma mais sintética possível, de alguns dos *fenômenos repetitivos* mais salientes observados por nós até agora.

Começamos a partir do que observamos no momento em que o casal de pais respeita fielmente o segredo e segue as etapas progressivas da prescrição. O paciente identificado melhora rapidamente, abandonando de maneira progressiva, os comportamentos sintomáticos. É como se a prescrição interrompesse de imediato um certo jogo sem que os terapeutas, antes disso, ao menos soubessem de que jogo se tratava [...].

Um dos casos que mais nos gratificou foi aquele da família de um jovem de 31 anos, filho único de dois professores de meia-idade, que chegou à terapia familiar em condições crônicas. Tendo sofrido uma primeira crise diagnosticada como esquizofrenia delirante logo depois de seus vinte anos, enquanto fazia o serviço militar, vivia já havia anos ociosamente em casa, acompanhado por um psiquiatra que lhe ministrava fortes doses de psicofármacos. A mais

---

8. A descrição do método com a entrega das várias fases da prescrição foi omitida por já ter sido exposta anteriormente.

excitante atividade dele era a de fazer, de quando em vez, bem trancado em seu quarto, agitados comícios políticos, em polêmica com adversários imaginários a quem atacava e com quem berrava com voz estridente. Os pais, inteligentes e bastante motivados, seguiram fielmente todas as etapas da prescrição. Uma certa melhora, testemunhada pelo fato de o rapaz haver encontrado um primeiro e modesto emprego, foi logo apresentada. Mas a real e verdadeira virada radical verificou-se no momento em que os pais tiveram a coragem de seguir a última etapa da prescrição, desaparecendo de casa sem dar notícias por mais de um mês. Na volta, encontraram um jovem que não só foi obrigado e conseguiu organizar-se como ainda havia encontrado um trabalho mais importante e, mais, também uma moça com a qual tinha relações passionais e tempestuosas. Na décima e última sessão, que teve lugar com os pais sozinhos há três meses, tivemos conhecimento de um fenômeno interessante. Depois de uma briga com a namorada, o ex-paciente propriamente dito, de volta a casa, tentou readotar o comportamento psicótico. Só que não conseguiu. Ou melhor, fê-lo de forma tão desajeitada que ninguém acreditou nele e a situação provocou gargalhadas dos pais.

Todavia, não é apenas dos sucessos que desejo falar. Considero interessantíssimo também relacionar *uma série de observações que foram repetidas* com as diversas famílias. Vou expor os fatos de forma nua e crua, de modo telegráfico, omitindo interpretações e comentários.

Começarei pela observação que se repetiu regularmente com todas as dezenove famílias até o momento tratadas. *Não foi nunca o paciente propriamente dito quem apresentou a reação mais drástica aos desaparecimentos dos pais e à sua recusa em dar qualquer informação.* Diante do desaparecimento do casal e da lacônica e impessoal mensagem escrita "Esta noite não estaremos em casa", da cartola de mágico da família esquizofrênica saía um personagem-surpresa. Às vezes, tratava-se de um irmão ou irmã do paciente propriamente dito. Em outros casos, saía do esconderijo um tipo insuspeito e insignificante, ou até mesmo alguém cuja existência nem havíamos mencionado... Este é o poder informativo dessa nossa prescrição! Eis dois exemplos.

O primeiro refere-se à terapia da família de uma menina psicótica de sete anos de idade. Na primeira sessão, além dos membros da família nuclear, havíamos convidado também uma tia, irmã da mãe: suspeitávamos que fosse um personagem importante pois, morando na casa da frente, mantinha-se em contato estreito com a família. A presença dela na primeira sessão, não obstante o intenso trabalho que a terapeuta centrou sobre ela, não agregou qualquer informação. Como conseqüência, a tia ficou catalogada por nós como mais um membro não importante da família. Porém, quando começamos a trabalhar com o casal sozinho, prescrevendo-lhe um desaparecimento noturno, ocorreu um fato que nos fez mudar de opinião. O casal seguiu fielmente a prescrição, deixando as duas meninas sozinhas em casa, a paciente propriamente dita de sete anos e a sua irmã, de dez. Entretanto, não foram as garotas que reagiram de forma dramática ao desaparecimento, mas a tia. Aparecendo como de costume, às nove horas, na casa da irmã, e encontrando sozinhas as duas irmãs que se arranjaram preparando um jantarzinho modesto, e mesmo tendo lido a mensagem deixada pelos pais sobre a mesa, a tia fez desencadear-se um drama. Concluiu que sua irmã, para inventar uma coisa dessas (sem nem comunicar-se com ela!...), no mínimo estava suicidando-se com o marido. Chamou a polícia e deu o alarme em toda a região, terminando por procurar os cadáveres até no porão da casa. Foi realmente necessária a prescrição para que nós descobríssemos que aquela tia não era, de forma alguma, um membro insignificante da família!

Em outros casos, a entrega da prescrição provoca breves respostas imediatas com alto valor informativo. No caso de uma família que apresentava a paciente propriamente dita, obesa e psicótica, a mãe rapidamente reagiu à prescrição dos desaparecimentos noturnos com estas palavras: "Impossível! Como não avisar previamente a Emília? Ela pode se ofender mortalmente!". Com isso, viemos a saber que a família, ao fazer seu relato pelo telefone, havia, sem mais nem menos, omitido uma prima paterna, anciã, mas extremamente importante, que não apenas sempre convivera com a família nuclear, como ainda mantinha escondidas as chaves da dispensa, mandava na cozinha e preparava todas as refeições (já que a mãe se ausentava para ir ao trabalho).

Esses dois casos me levam a abrir um parêntese importante. Ficou claro que a condução magistral das sessões para recolher informações significativas permanece um elemento-chave do nosso método terapêutico. Nas primeiras sessões, literalmente cativamos as famílias com nossos tipos de perguntas, com a nossa competência. As famílias com membros esquizofrênicos desprezam gente incompetente, aborrecem-se rapidamente e cortam relações. E mesmo assim, não obstante tudo isso, é só pela prescrição que, como já se viu, as famílias assim chamadas esquizofrênicas são obrigadas a dar-nos certas informações que jamais viriam à tona apenas com a entrevista. Esta é uma constatação que, posteriormente, confirma, se ainda fosse necessário, a preeminência do *fazer* em relação ao *dizer*.

Agora gostaria de encerrar apresentando, de forma bem breve, outros dois tipos de fenômenos decorrentes da prescrição que nos parecem importantes.

De dezenove casais de pais, quatro seguiram somente a primeira etapa da prescrição, a dos desaparecimentos noturnos. Mas logo pararam, ou revelando o segredo a um dos filhos, ou respeitando-o mas declarando-se contrários ao prosseguimento. Pois bem, todos esses quatro casais de pais chegaram a nos fazer a seguinte declaração: "Não queremos correr o risco de perder os filhos saudáveis para recuperar o doente". A assim chamada perda que os assustava era evidentemente constituída da possibilidade de que os saudáveis, imitando os pais, desaparecessem eles também, isto é, se tornassem autônomos. De qualquer forma, esta declaração, contundente por sua dose de cinismo, coloca pelo menos em dúvida o apego freqüentemente mostrado pelo paciente.

Obrigados pela prescrição a abrir o jogo, esses casais chegaram até mesmo ao ponto de tentar a troca da prescrição por qualquer outra coisa capaz de fazer melhorar o paciente propriamente dito. Foi o caso de um casal que, com a execução da primeira etapa da prescrição, ficou de tal forma assustado que se sentiu seguro rompendo o segredo. Porém, apresentou-se à próxima sessão com a proposta, até então não pensada, de liberar o paciente de uma escravidão escolástica torturante. O que, posto em prática, produziu efeitos imediatos realmente positivos. Uma quinta família que rompeu o segredo foi dispensada.

Enfim, existem os casos mais difíceis a respeito dos quais temos dúvidas ainda não resolvidas. São aqueles dos casais de pais que, no nosso modo de entender, decidem trapacear. Explico-me. Trata-se de casais de pais (três em nossa casuística) que seguem fielmente a primeira etapa da prescrição e trazem à sessão seguinte a notícia de uma clara melhora do paciente propriamente dito. Porém, com a passagem para a segunda etapa, a dos desaparecimentos mais prolongados, param por causa de uma brusca, e às vezes dramática, recaída do paciente. Nossa suspeita, baseada principalmente nos comportamentos análogos, é de que o casal, ou um de seus membros, tenha rompido o pacto de segredo, confidenciando algo, ainda que de maneira apenas alusiva, a algum membro da família nuclear ou extensa. Todavia, não quer confessar tê-lo feito. A brusca recaída do paciente propriamente dito é, a nosso ver, o efeito pragmático da ruptura do segredo que deveria ser igual para todos. O paciente volta a ser aquele que não *sabe*, enquanto há gente que *sabe*, e volta a sentir-se de alguma forma enganado, reagindo a isso.

Esta história da trapaça, da qual a um determinado momento o paciente propriamente dito suspeita ser o objeto, é a hipótese de trabalho que atualmente estamos verificando, e poderia explicar também a explosão inicial do comportamento psicótico no paciente. Usamos tal hipótese como o fio de Ariadne com o qual avançar passo a passo no labirinto da organização das famílias com filho esquizofrênico.

Não seria cientificamente correto trazer conclusões de resultados obtidos em pouco mais de dois anos trabalhando com dezenove famílias. Esse é o motivo pelo qual decidimos limitar nossa apresentação à descrição nua dos fatos observados, reprimindo a tentação de inserir muitos comentários interpretativos. Os fenômenos que emergiram foram tão evidentes e estimulantes que mereceram, na nossa opinião, esta apresentação preliminar.

Novidades e Limites da Conferência de Heidelberg

O leitor pode observar como, neste trabalho, há uma evolução notável na atenção prestada ao poder informativo do método. Descreve-se nele como a tarefa e a execução das várias fases da prescrição fazem irromper uma série de surpresas. Membros ignorados da família, julgados insignificantes, são trazidos para o palco com comportamentos reveladores que permitem formular hipóteses sobre certos papéis que eles desempenham no jogo. Peças do jogo começam a delinear-se, mesmo que permaneçam desconexas.

Quanto ao aspecto de pesquisa, *aflora a idéia de que se adotou, pela primeira vez, uma metodologia útil para fazer descobertas sobre a "esquizofrenia"*. Ou melhor, para fazer descobertas sobre as relações que coincidem com a presença, numa família, de um membro esquizofrênico. Essa correção metodológica é identificada no uso repetitivo de um método que permita estruturar contextos repetitivos; os únicos, segundo Bateson, que permitem o processo estocástico e, portanto, a apreensão de nível diferente de zero. Na substância, esse procedimento aproxima-se dos cânones de um estudo experimental.

Quanto ao poder terapêutico previsto, o percentual de sucessos obtidos é alto em relação à desanimadora gravidade do conjunto dos casos. O ponto ainda fraco revela-se na hipótese explicativa pelos quatro fracassos, claro resíduo da fé na eficácia miraculosa da prescrição. Em vez de procurar a explicação para o insucesso em erros cometidos pela equipe, tende-se a atribuir a culpa às famílias, pressupondo uma provável ruptura do segredo que permanece, apesar de tudo, não demonstrada.

III

A CONVOCAÇÃO DOS PAIS SOZINHOS E A PRESCRIÇÃO DO SEGREDO

Importante modificação da Prescrição

Em março de 1982, poucos meses após o Congresso de Heidelberg, Selvini Palazzoli e Prata optaram por uma modificação básica em seu método: a prescrição do segredo separou-se da dos desaparecimentos noturnos. Deveria ser entregue antes, e só ela, ao fim da terceira sessão.

A causa ocasional que induziu essa modificação foi uma frustrante ruptura do segredo por parte dos pais de um jovem esquizofrênico crônico. A sensação ruim do insucesso induziu a equipe a decidir que necessitava enfatizar com mais força a prescrição do segredo, entregando-a isoladamente aos pais, e como base de todo o trabalho posterior.

O fato de haver separado a prescrição do segredo da prescrição dos desaparecimentos colocou logo em evidência um fato até então, é incrível confessá-lo, impensado. Os efeitos informativos do método duplicaram. E isso tanto no caso de a prescrição ter sido seguida como no caso de não ter sido seguida. No caso em que era seguida, o comportamento dos vários membros, descritos nas cadernetinhas dos pais, eram inequivocamente as reações dos excluídos da declaração e da manutenção do segredo. No caso em que não era seguida, tornava-se ao contrário evidente que, naquele grupo familiar, declarar e respeitar um segredo era algo inaceitável: conseqüentemente tornava-se fácil perguntar-lhes o motivo e, portanto, inferir partes do jogo subjacente.

De fato, desde que a prescrição tinha sido entregue por inteiro, os pais que não a seguiam, em geral, apresentavam como justificativa a dificuldade de deixar os filhos sozinhos em casa. Separando, ao contrário, o segredo dos desaparecimentos, revelaram-se aqueles casos em que o verdadeiro obstáculo era o próprio segredo, como veremos logo adiante.

Consolida-se a Metodologia Terapêutica

Com essa modificação, tem-se consolidado uma estrutura muito precisa para toda a terapia, ou, pelo menos, para as suas primeiras fases, as mais decisivas. Em síntese, ela começa com uma primeira sessão de consulta que compreende, de hábito, a presença de um ou mais membros da família extensa; prossegue apenas com a família nuclear na segunda sessão de consulta, que se conclui com a declaração de que é indicada a terapia familiar e a dispensa dos filhos. A terceira sessão, só com os pais, termina com a entrega do segredo. Se essa tarefa é respeitada, na quarta sessão os pais são nomeados co-terapeutas e recebem a prescrição dos desaparecimentos noturnos. As sessões seguintes assistirão a um progressivo aumento da duração desses desaparecimentos, se os pais tiverem seguido com sucesso a tarefa precedente, até o desaparecimento do sintoma e a correspondente mudança do jogo familiar.

Tal estrutura foi rigorosamente aplicada ao trabalho terapêutico tanto da equipe Selvini Pallazzoli e Prata quanto da nova equipe que Selvini Palazzoli constituiu, em dezembro de 1982, com Stefano Cirillo, Matteo Selvini e Anna Maria Sorrentino. As duas equipes trabalharam paralelamente, em dias diferentes, aplicando o mesmo programa de pesquisa até junho de 1985, quando terminou a colaboração de Giuliana Prata com Selvini Palazzoli. Prata passou para outros programas autônomos de trabalho e Selvini Palazzoli prosseguiu sua própria pesquisa com os três colaboradores citados.

Elementos Técnicos de Condução da Primeira Sessão

Como já vimos, a terapia começa, habitualmente, com uma primeira sessão de consulta, ampliada para um ou mais membros de uma família extensa. Avaliar o interesse dessa convocação ampliada era, e ainda é, encargo do terapeuta que compila a ficha de informações pelo telefone (Di Blasio et al., 1986). Cabe a ele sondar, com cuidado, as relações do núcleo com as famílias de origem, tentando entender quem, em particular, poderá revelar-se uma fonte preciosa de informações. Temos como princípio que é contraproducente convidar para a mesma sessão representantes dos dois lados diferentes da família — o paterno e o materno —, que, salvo raríssimas exceções, colocariam um ao outro pouco à vontade e se tornariam reticentes. Por isso, é necessário saber escolher se é mais útil convocar, por exemplo, a avó paterna que tem contato constante com a família porque mora no mesmo andar, mas não vai com a cara da nora, ou a avó materna, que telefona todos os dias para a filha de cujos filhos cuidou no passado, quando ela estava fora, no trabalho.

Uma vez convocados, os membros das famílias extensas continuam a ser tratados, por nós, como informadores privilegiados. Dirigimo-nos a eles com consideração e respeito, evitando qualquer censura. Todavia, abstemo-nos, na presença deles, de querer saber o tema das relações entre os cônjuges, gesto que avalizaria a eventual interferência deles (mais que provável em famílias com membros psicóticos). Ao contrário, damos mais valor aos argumentos relativos aos relacionamentos intergeracionais: tipicamente, pedimos ao avô que descreva como viu, no decorrer dos tempos, a variação das relações de cada um de seus netos com cada um de seus respectivos pais. Ao final da sessão, como já dissemos, os que não fazem parte da família nuclear são dispensados, com efusivos agradecimentos, com a finalidade de que permaneçam em casa — possivelmente — como nossos aliados, não como inimigos (incontroláveis e bastante perigosos enquanto não pudermos contar com uma sólida ligação com a família nuclear).

Prestamos bastante atenção, porém, para não declarar, em presença da família extensa, a indicação de terapia, e fechamos a sessão com a fórmula dubitativa citada na conferência ao Congresso de Lyon, de 1980, que relatamos no capítulo II. Seria, de fato, um grave erro fazer um comunicado tão importante e delicado na presença exatamente daquelas pessoas que temos em mente excluir. Este gesto de dispensar os parentes sem apresentar qualquer conclusão, convocando para a próxima sessão somente a família nuclear, é considerado hoje, por nós, uma intervenção terapêutica forte, na qual está implícita a afirmação: "Vocês não fazem parte desta *família*." Obviamente, se a primeira sessão ocorre sem membros da família extensa, cai esse impedimento em declarar que é indicada a terapia familiar caso a equipe considere já estar de posse de elementos suficientes. Em geral, porém, gastam-se duas sessões para a consulta. Entretanto, a família que, por telefone, foi informada do número máximo de dez sessões estabelecido para a terapia, fica avisada, quando reconvocada para uma segunda sessão de consulta, de que esta sessão não modifica o número total dos encontros. Essa informação é essencial em um Centro privado, onde a terapia é paga.

A Segunda Sessão e a Exclusão dos Filhos

A segunda sessão tinha, e continua tendo, um início prefixado, constituído pela investigação estruturada sobre as relações dos parentes dispensados. Não é raro que algum membro da família aproveite para desabafar ao ser confrontado com os parentes, às vezes exatamente aqueles que tinham sido convidados para a primeira sessão. O terapeuta pode aproveitar, então, essa ocasião para recolher informações importantes concernentes ao jogo com membros da família extensa, observando quem fala e quem fica calado, e à manifestação ao nível verbal e analógico de eventuais formações de grupos opostos.

É importante observar que, por muitos anos, *grosso modo* de 1979 a 1985, nos debatemos numa série de incertezas em relação à conclusão dessa sessão. Obviamente, não tínhamos dúvidas sobre dar primazia ao trabalho com os filhos, sabendo que os encontraríamos pela última vez. A tendência que constantemente nos dominou foi a de atraí-los; na verdade, de cativá-los com nossa competência. As dúvidas que nos atacavam referiam-se aos conteúdos. Prudentemente, ativemos-nos por muito tempo à investigação dos relacionamentos com as respectivas famílias extensas, apenas abordando de leve, e por via indireta, a relação entre os pais. Isso comportaria a despedida dos filhos instigados e triunfantes, para convocar para a terceira sessão os *verdadeiros* pacientes a serem tratados.

Essas incertezas, ou mesmo temores, nos fizeram às vezes derrapar em certa atitude passiva, induzida pela espera confiante no poder mágico da prescrição que seria seguida. Espera destinada, em vários casos, a nos desiludir exatamente porque a sessão destinada aos filhos não conseguia ser mais incisiva. Diremos mais adiante, no capítulo XIV, de que modo conduzimos atualmente esta sessão.

A Terceira Sessão Somente Com os Pais

No início da terceira sessão, o terapeuta depara com dois pais confusos e numa atitude defensiva mais ou menos aberta. Não haviam falado de sessões com a família, então que história é essa de chamar só os dois? E por que deixaram o doente em casa? Se essas são algumas das perplexidades que, provavelmente, eles nutrem na esfera silenciosa da próxima manobra do terapeuta, dificilmente o último ponto da investigação estruturada ("O que *vocês* pensaram dessa convocação só dos dois?") conseguirá esclarecer os pais. É verdade que responderão ter achado que talvez o terapeuta, por delicadeza, queira lhes falar do problema do filho na ausência do interessado. Essa convicção é, às vezes, reforçada pelas experiências precedentes de terapias individuais nas quais é de praxe uma entrevista com os pais, se a idade ou o sintoma do paciente o exigem.

Também às outras perguntas da investigação, sobre as reações dos filho a terem sido deixados em casa, eles responderão tentando não dar importância. Há vezes, porém, em que relatarão comentários do tipo: "Agora é a vez de vocês!" ou "Vocês viram que os doentes são vocês?" Ao relatar esses comentários, os pais estão, obviamente, esperando um desmentido do terapeuta que, por enquanto, não virá. Queremos frisar que esta terceira sessão também foi, durante muito tempo, uma fonte de embaraço para nós, pelo temor de entrarmos muito pesadamente nos problemas do casal, prejudicando o relacionamento de colaboração que queríamos manter e firmar, no fim da sessão, com o pacto do segredo. Mas, por outro lado, estava claro que uma sessão intensa e esclarecedora, que nos tornasse bem mais dignos de confiança, teria induzido mais facilmente os pais a se empenharem com a primeira prescrição.

Com o aumento da experiência, aprendemos a conduzir o barco, com habilidade crescente, deixando, também, uma ampla margem de tempo para a entrega da primeira prescrição. Ali, era realmente fundamental não ter pressa. Ter tempo para dispormo-nos a observar (e, se fosse o caso, a indagar com calma e compreensão) as diversas reações dos dois cônjuges à entrega da prescrição.

A Prescrição do Segredo

A prescrição do segredo chega como uma espécie de prêmio para todos, atribuindo ao contexto um caráter diferente do que ele tinha até pouco antes: da investigação verbal passa-se à proposta de uma colaboração factual. O terapeuta volta tranqüilamente para a sala e anuncia aos pais que, agora, terminou a primeira fase da terapia, baseada no "dizer" (para compreender o que acontece na família deles), e começa a fase baseada no "fazer". Os pais concordam aliviados, esperando indicações pedagógicas referentes à área sintomática, e ficam visivelmente mais relaxados. O terapeuta lhes prescreve dizer a seguinte frase assim que chegarem em casa: "O doutor X prescreveu-nos manter o segredo para todos". Para que não se esqueçam, entrega-lhes uma folha na qual a frase foi datilografada. Especifica que tal comunicação *deve* ser obrigatoriamente dada ou em resposta a perguntas sobre a sessão ou, no caso de que ninguém as faça, por iniciativa deles, aquela noite mesmo quando todos se reunirem para o jantar. Essa comunicação deverá ser feita, também, a membros importantes das famílias de origem (que são enumerados) e sempre em presença do cônjuge. O terapeuta acrescenta que frase idêntica deverá ser repetida em resposta a eventuais pedidos de esclarecimento. Dá exemplos: "Mas vocês falaram de mim?" "Ele disse que é um caso grave?" "E deu esperanças?" etc. Se outras pessoas, além dos familiares, estiverem sabendo da terapia, deverão receber a resposta prescrita só se fizerem perguntas. A frase deve ser dita da maneira mais tranqüila possível. Não deve parecer um gesto descortês e, sim, a obediência a uma prescrição, o que de fato é.

Em um de seus trabalhos, Selvini Palazzoli (1986) relatou uma série de casos nos quais, neste ponto, os pais exprimiam sua relutância — ou até mesmo impossibilidade — em declarar o segredo com freqüência a um membro da família extensa. Essa relutância parece ainda mais significativa pelo fato de o terapeuta ter especificado que aquela tarefa representa uma forma de verificar a idoneidade do casal para prosseguir a terapia. Além disso, ele terá declarado que, para casos como o deles, a equipe só dispõe de um procedimento terapêutico do qual o segredo representa a primeira e fundamental etapa. Uma recusa neste ponto, por parte de um dos cônjuges, constitui um indício extremamente importante sobre o qual se deverá trabalhar. O cônjuge que aceita o segredo será, certamente, de grande utilidade, seja com a atitude que adota, seja com as informações que há de fornecer. A recusa revelará uma parte importante do jogo que sustenta o sintoma do paciente identificado. Por esse motivo, as informações assim obtidas poderão oferecer ao terapeuta o ponto de partida para tentar uma intervenção importante indutora de crise.

Como já sabemos, conclui-se a prescrição pedindo a cada um dos cônjuges que registre minuciosamente, em sua caderneta, as reações de cada um à comunicação do segredo. Informa-se aos pais a data fixada para o próximo encontro, ainda para os dois sozinhos, dizendo-lhes que esse é o único conteúdo da sessão não sujeito ao segredo, já que é necessário que todos saibam que a terapia vai prosseguir.

A Quarta Sessão: A Reconvocação dos Pais e a Sua Promoção a Co-Terapeutas do Filho

A quarta sessão assinala uma virada importante na terapia: os pais ficam sabendo, no decurso do encontro, que o trabalho vai continuar só com eles. Não será mais convocado nem o paciente propriamente dito, nem ninguém mais. Esse comunicado costuma ter repercussões complexas na atitude deles quanto à terapia. Antes de mais nada, soa como um sinal de estima. Na verdade, assim que o terapeuta verificou a correta execução do segredo, nomeia-os, solenemente, co-terapeutas. Isso comporta uma absolvição implícita de todas as culpas que eles possam ter tido no passado e os une num empreendimento que, colocando o passado de lado, os compromete ativamente com o futuro. Um detalhe técnico que, nesse aspecto, se revelou importante é o de prever ironicamente as objeções dos sabichões costumeiros, em geral os avós, que acharão muito estranho só se tratar dos pais quando quem está doente é o filho.

Comunicações como essa última, por parte do terapeuta, visam reforçar e valorizar o casal de pais até mesmo porque a equipe terapêutica alia-se, explicitamente, e sem meias medidas, à geração do meio, a qual está na sua frente.

Desse problema, a equipe de *Paradosso e contraparadosso* já havia começado a se aperceber. Vejamos o que escrevia naquela época:

> Nos primeiros anos da nossa pesquisa, cometemos o erro (às vezes obstinado) de acreditar que um adolescente não podia "sarar" se não conseguíssemos mudar as relações intrafamiliares e, sobretudo, a relação entre os pais. Mas, para fazer isso, entrávamos no problema de maneira direta, verbal, mostrando tudo o que acontecia na sessão, seja na relação triádica, seja na do casal, com o objetivo de mudar tudo o que estava "errado". Além do fato de que, assim fazendo, só recolhíamos informações truncadas, pessoas desqualificadas ou, nos casos favoráveis, alguns "treinamentos"

superficiais, o erro mais grave consistia na mensagem que, dessa maneira, dávamos ao adolescente: precisamente a de que a condição *sine qua non* para a sua evolução construtiva era que os pais mudassem. Ainda não tínhamos entendido que a pretensão simétrica de "reformar" os pais constitui o núcleo, talvez o mais importante, dos distúrbios adolescentes, inclusive dos psicóticos.

Na verdade, não há adolescente perturbado que não esteja intimamente convencido de que ele não está bem porque seus pais não estão bem (e vice-versa, já que seus pais pensam o mesmo, só que com a variante de que cada um dos pais está convencido solidamente de que a culpa é do outro).

Acrescente-se que, em sistemas rigidamente disfuncionais como o da transação psicótica, os filhos (e não apenas o paciente propriamente dito) assumem deliberadamente o papel de "reformadores", com a pretensão de castigar um cônjuge insatisfatório, ou de vingar um cônjuge oprimido, ou de prender à família um cônjuge instável, ou, então, como constatamos numa adolescente psicótica, de substituir um pai considerado fraco, incapaz e apresentando comportamentos de "pai do tipo ancestral" violento, vulgar e blasfemador.

Obviamente, um papel assim também pode ser assumido pelos pais, mas sempre de maneira encoberta, e mediante coalizões secretas que são imediatamente negadas à menor ameaça de serem descobertas. (Selvini Palazzoli et al. 1975, pp. 119-20)

No entanto, naquela época, observações tão agudas e importantes não nos tinham induzido a nos aperceber de sua conseqüência metodológica natural: *Se as famílias estão nessa fase do ciclo vital, é um grave erro prosseguir até o fim do tratamento com a família nuclear completa.* Na verdade, consideramos fundamental desvincular, em certo ponto, os filhos adolescentes dos problemas dos pais. Mas não se faz, certamente, uma intervenção terapêutica semelhante explicando ou incitando e, sim, agindo concretamente, isto é, deixando os filhos em casa, depois de duas ou três sessões, para continuar o trabalho só com os pais. *Existe, de fato, o problema central da aliança terapêutica que é indispensável, e que não pode ser feita a não ser com o casal de pais*: salvo raras exceções (que temos de analisar profundamente), em geral são os pais que telefonam para pedir um tratamento (e que, num Centro privado, é bem cobrado).[1]

---

1. É diferente o caso dos pacientes propriamente ditos que se tornaram crônicos e passaram dos vinte anos, pois seus pais ficam totalmente desmotivados. Nesse caso, se o paciente em questão parece motivado, é a ele que oferecemos a aliança terapêutica

Essa escolha nos parece, portanto, marcada por um máximo realismo, pois esta geração, se autenticamente motivada, é a única com que seja ontologicamente sensato contar! De fato, trabalhar com subsistemas transgeracionais poderia reproduzir aqueles padrões trans-hierárquicos tão freqüentes nas famílias disfuncionais. Trabalhar somente com o subsistema dos filhos significaria substituir-se aos pais, acusando-os implicitamente de incapacidade, *pelo menos*. Isto permanece válido, também, para famílias com pai único, se bem que com conseqüências de que falaremos mais adiante (ver no capítulo IV, "Famílias com características estruturais peculiares").

Como se sabe, a escolha de trabalhar com os pais sozinhos pode assumir, como comunicação analógica, significados opostos. Quem participa das sessões pode ser visto, aos olhos de terceiros, mas também aos seus mesmos, como doente ou culpado. Lembremos um episódio divertido que, porém, está fora deste conjunto de casos. Tratava-se do marido de uma jovem senhora, mãe de dois garotos e doente já havia dois anos, de uma grave psicose delirante. Após duas sessões com avós e filhos, fomos obrigados (pela declarada falta de motivação da mulher em intervir nas sessões) a decidir prosseguir o trabalho só com o marido. Tínhamos construído um modelo do jogo em vigor que formulava a hipótese de que ele induzia inconscientemente os comportamentos delirantes de sua mulher. A terapia funcionou à perfeição. Foi o próprio cliente, no final do tratamento, que nos contou ter-se transformado no alvo das brincadeiras de seus amigos do botequim, que lhe diziam sempre: "Desde que você começou a se tratar, a sua mulher melhorou muito!"

Em síntese, diremos que o trabalho com os pais conduz a uma tomada de responsabilidade que, enfatizando os seus poderes salvadores em relação aos patogênicos, estimula a colaboração terapêutica.

A Execução Incompleta da Prescrição do Segredo

Deixamos claro que a promoção dos pais a co-terapeutas ocorre depois de verificada a correta execução da tarefa por eles. Vejamos, porém, o que pode acontecer em caso contrário. Se o segredo foi quebrado, a relação se interrompe. Com o continuar da experiência, não tivemos mais

---

(ver capítulo XV, "Exceções importantes à dispensa do paciente propriamente dito").
Ao contrário, no caso em que o único motivado é um membro da fratria, ver Selvini Palazzoli (1985b).

casos desse gênero. São freqüentes, porém, os casos de execução parcial. Às vezes, um dos cônjuges "esquece-se" de comunicar o pacto do segredo a um membro da família extensa. Essa omissão pode escapar ao terapeuta, especialmente se tratar-se de um membro sem significação. As omissões, entretanto, são sempre percebidas como um sinal e questionadas cuidadosamente, porque, não raro, ocultam importantes informações.

Outras vezes, ao contrário, um cônjuge declara (com tom indiferente de voz, ou mortificado, ou provocativo) que não se preocupou em informar um parente que havia um segredo porque não lhe interessa colocar esse parente a par de sua terapia. Isso coloca à equipe um problema espinhoso: se o nosso objetivo é excluir interferências das famílias extensas no jogo do casal, tem sentido insistir com uma declaração que envolva nas questões da família os que deverão ficar de fora? De um modo geral sim, visto que freqüentemente se trata de familiares com quem a pessoa em questão tem uma relação muito importante. Como um pai de meia-idade que, até hoje, sofre pela pouca estima de que a sua já mãe muito velha sempre o fez objeto, e que não se arrisca em informá-la da terapia por puro medo de receber uma resposta desdenhosa. Só que esse seu problema que, certamente, se reflete inclusive em sua família, teria ficado oculto se a incompleta execução de prescrição não o houvesse feito emergir, permitindo-nos que o trabalhássemos!

O material informativo nascido das modalidades de execução da prescrição do segredo torna-se sempre objeto imediato de investigação. As informações que vão surgindo, revelando aspectos do jogo familiar até então desconhecidos, permitem ao terapeuta intervir com eficácia, obtendo resultados que vão além dos efeitos conseguidos graças à pura e simples manutenção do segredo. Isso vai ajudar a equipe até na decisão do tipo de intervenção a pôr em prática no final da quarta sessão: suspensão motivada pela terapia ou, então, nova proposta da prescrição do segredo seguido apenas parcialmente, ou passagem à etapa sucessiva da prescrição, isto é, os desaparecimentos que marcam a mudança na definição do casal que passa de pais a cônjuges (assunto a que nos dedicaremos no próximo capítulo). E é exatamente a declaração do segredo que vai consentir nesta virada.

O Segredo é o Matrimônio!

A declaração explícita de ter aceito do terapeuta a prescrição do segredo e o fato de respeitá-lo fazem do casal uma instituição e a consolidam com força ainda maior do que ritos e documentos legais. Constatamos isso muitas vezes. E citaremos, aqui, um caso bastante persuasivo.

Um casal em união livre, ambos na casa dos trinta anos, com aspecto desesperançado, pediu ajuda para Alex, um rapazote magro de dez anos de idade que, havia muito tempo, apresentava de forma crescente, em casa e no colégio, comportamentos inaceitáveis e já bem próximos da psicose. Alex era filho somente da mulher; e ela o tinha colocado no mundo quando extremamente jovem. Era fruto de uma paixão tempestuosa com um coetâneo, um pilantra preso várias vezes por furto que bem cedo a havia abandonado. Essa jovem professora, proveniente de uma respeitável família de pequenos burocratas, parecia ter tomado gosto em provocar, primeiro com a desonrosa aventura já mencionada e, em seguida, convivendo com outro homem, as regras de sua respeitável ascendência.

Porém, o trabalho terapêutico colocou em evidência que as coisas não eram exatamente dessa forma. Por anos, Isabella mantinha com sua mãe (que, tendo enviuvado, cuidou do Alex por períodos até longos) uma ligação extremamente intensa: telefonemas diários, almoços dominicais, brigas desgastantes e até dependência econômica. Tudo isso veio à tona na primeira sessão, quando se descobriu que era a avó quem fornecia o dinheiro para a terapia (coisa que a terapeuta havia proibido). Giuseppe, que convivia com a jovem professora havia uns sete anos, era um funcionário da Prefeitura modestamente remunerado, que tinha de contar, para as despesas extraordinárias, com a generosidade da avó de Alex, a qual, por sua vez, nunca deixava de dar a entender o quanto lhe custava subvencionar o casal.

Embora convidada para a primeira sessão, a avó não se apresentou, alegando mal-estar. Nas três primeiras sessões, a terapeuta trabalhou com o trio e teve dificuldade em entender como é que os dois conviviam estavelmente, havia tantos anos, sem se casarem. Parecia-lhe estranho que uma professora ainda em início de carreira e um funcionário de uma Prefeitura do interior, onde as pessoas não eram muito propensas a admirar a falta de preconceitos, desafiassem durante anos a opinião pública. Mas Isabella era claríssima: não lhe importava a mínima seguir as regras. Quanto a Giuseppe, suas explicações eram confusas. Parecia que eles estavam adiando o casamento para depois que Isabella regularizasse sua carreira e passasse a receber salário normal.

Diante da reticência de ambos, talvez em decorrência da presença de Alex, a terapeuta abandonou essa discussão e decidiu aproveitar a presença do menino para verificar uma hipótese que lhe ocorrera. Se

Isabella sentia prazer em provocar a mãe com o seu desprezo pela respeitabilidade, não poderia dar-se o caso de que ela estivesse se vingando, instigando Alex contra Giuseppe? Assim, Alex tornava-se, de todas as maneiras, intolerável para Giuseppe, na tentativa de obrigá-lo a decidir. Desse modo, Isabella se tornaria respeitável e digna de voltar a viver com o filho na casa da avó. Essa hipótese pareceu convencer Giuseppe bem mais do que a Isabella. Alex, ao contrário, ficou impassível. Não admitiu coisa alguma, nada confessou. Seu comportamento na sessão foi o de um menino confuso e pouco inteligente.

Chegou-se, assim, de mãos vazias à terceira sessão, a que precedia as férias de verão. A terapeuta, de acordo com a equipe, havia decidido utilizar aquela sessão para entender quais eram as relações entre Alex e Giuseppe por trás das aparências. Para isso, convidou os membros do trio a imaginar uma situação: se Alex conseguisse, com suas provocações, fazer Giuseppe sair de casa, como é que ele se comportaria ao ficar sozinho com a mãe? Enquanto os dois adultos pareciam incertos, Alex reagiu àquela perspectiva com um choro longo e desesperado que a terapeuta respeitou em silêncio. O rosto da mãe mostrou-se duro e frio, o de Giuseppe, muito perturbado. A hipótese que a terapeuta formulou para si mesma, naquele momento emocionante, foi a de que Alex estivesse ligado a Giuseppe por laços muito profundos que a mãe, porém, vetava de alguma maneira. Em vez de comentar essa hipótese ou, até mesmo, revelá-la, ela decidiu recomendar que, durante as férias de verão, os dois homens praticassem juntos algum esporte. Encarregou a mãe de organizar essa iniciativa, acrescentando uma espécie de previsão paradoxal: nessas ocasiões, ela teria de suportar o sentimento de exclusão e abandono que isso, certamente, lhe causaria. Finalmente, convocou para a quarta sessão apenas Isabella e Giuseppe. As previsões da equipe eram otimistas. Achava-se que aquela choradeira de Alex e a prescrição, que parecia tão adequada, teriam ocasionado mudanças.

Mas a seqüência foi um desastre: em setembro, os dois pareciam arrasados. Pouco depois do início das aulas, o comportamento de Alex era tal que o diretor já pensava em expulsá-lo. Perturbava as aulas sem parar, fazia brincadeiras imbecis, dava gargalhadas sem motivo, beliscava os genitais das colegas e fazia brincadeiras nojentas como sujar de meleca os livros e cadernos. Em casa, seus comportamentos provocatórios haviam-se agravado tanto que Giuseppe tinha medo de perder o controle e bater nele até machucá-lo. Havia chegado a pensar em sair de casa para evitar fazer uma bobagem e acabar indo preso. E a prescrição? Ah... essa eles não tinham podido pôr em prática... nem uma vez... porque Alex adoeceu e eles acharam que o esporte fosse contra-indicado.

A quarta sessão foi dramática. A terapeuta pôs em cheque a disponibilidade dos dois em empenhar-se no tratamento. Declarou que, no ponto em que haviam chegado, era preciso escolher: deixar que Alex se tornasse um anormal, talvez até internado numa instituição, ou colocar as cartas na mesa e verificar quais eram os problemas entre os dois. Foi Giuseppe quem saiu na frente denunciando, com amargura, a ligação doentia de Isabella com sua mãe. Como é que ele poderia se casar com uma mulher cujos humores dependiam das opiniões da mãe? Isabella respondeu, prontamente, dizendo que ele mantinha uma relação de servilismo com a mãe dele, que a desprezava e ao seu "bastardo", e sempre tinha sido hostil à união dos dois. Mas Giuseppe cortou secamente as censuras de Isabella, dizendo à terapeuta que, se fosse necessário, ele estava disposto a ir embora. A terapeuta lhe respondeu que, se ele fosse capaz disso, já o teria feito há muito tempo.

A discussão com a equipe foi muito agitada. Surgiu, entre outras, a idéia de aconselhar aos dois que se casassem. Mas, finalmente, um membro da equipe que, até então, tinha ficado calado, nos disse: "Por que não recorrer ao instrumento que usamos com os casais casados que têm um psicótico em casa? O que está acontecendo conosco? Será que nós também estamos ficando 'respeitáveis'? As encrencas legais são problemas deles. O que eles nos pediram foi para salvar o Alex e, para isso, prescrevemos o segredo. *O segredo é o casamento!* Se os dois conseguirem declará-lo e mantê-lo com suas 'sagradas' mãezinhas, conseguiremos fazer alguma coisa pelo Alex, senão, adeus, já era!" Concordamos com isso, a terapeuta voltou para a sessão e, com a devida solenidade, prescreveu aos dois o segredo e eles o aceitaram.

Pouco depois de um mês, Isabella e Giuseppe voltaram para a quinta sessão. Estavam transfigurados, estupefatos. Havia acontecido um milagre. Alex tinha mudado por completo. Era um menino inteligente com o qual se podia conversar tranqüilamente e que sabia distinguir muito bem quando estava errado e quando estava certo. Um dia em que a mãe insistia com ele para que usasse um agasalho, disse-lhe inesperadamente: "Você que nunca queria decidir nada, tomou, esse mês, decisões importantes. Agora, você deve decidir, também, se quer que eu seja um menino ou gente grande". Essa foi a única vez em que Alex fez uma alusão explícita ao que estava acontecendo. Na escola também havia começado a se esforçar para recuperar o tempo perdido.

Podemos deduzir a razão para a metamorfose de Alex do caderninho em que Isabella havia descrito, eloqüentemente, o que acontecia. Dava para entender que Alex, pela primeira vez na vida, tinha podido ouvir, com seus próprios ouvidos, a mãe tratando Giuseppe como marido e como pai e colocando-o na frente da avó. E que, para fazer isso, não se intimidava nem com lágrimas, nem como recriminações. Eis o que ela escreveu: "Eu mesma contei o segredo a Alex na presença de Giuseppe assim que voltamos para casa. Só que ele não me pareceu lá tão interessado [...] Declarei o segredo a minha mãe no dia seguinte porque ela havia nos convidado para o almoço. Estávamos na cozinha só nós duas. Giuseppe e Alex estavam na sala de visitas mas podiam ouvir tudo porque eu havia deixado a porta entreaberta. Minha mãe reagiu às minhas palavras com indignação. 'Que segredo?', gritou 'É como dizer que *só vocês dois* podem saber? E eu? Com tudo que eu fiz por você? É como se eu fosse uma estranha?' Depois começou a chorar, me suplicou que lhe dissesse tudo mas eu agüentei firme. Foi um dia tremendo. O ar que se respirava em casa de mamãe era pesadíssimo. Parecia que havia uma bomba pronta para explodir de uma hora para outra. Quando nos sentamos à mesa, não dirigiu palavra a Giuseppe nem para pedir-lhe que lhe passasse o sal. Levantava-se ostensivamente para ir pegá-lo. Estava uma fera com ele também".

Quando se despediram, no final daquela sessão, Isabella e Giuseppe informaram à terapeuta de que já haviam dado entrada nos documentos necessários para o casamento.

IV

A PRESCRIÇÃO DOS DESAPARECIMENTOS

Ilustração da Prescrição

Ao final da quarta sessão, depois de ter seguido a prescrição do segredo, os pais, designados co-terapeutas, recebem a prescrição dos desaparecimentos com a fórmula já referida. Como se trata de uma prescrição complexa e articulada, dedicamos certo tempo a uma explicação detalhada e, ao fim, entregamos a eles um sucinto memorial escrito. Mas, antes de tudo, para tirar toda e qualquer dúvida, esclarecemos que *desaparecer* não significa simplesmente sair de casa, mas não se deixar ver quando se sai, e não avisar, com antecedência, a ninguém.

É freqüente ilustrarmos, com exemplos trazidos da experiência de outros pacientes, as estratégias usadas: ficar em casa de chinelos, deixando os sapatos no patamar prontos para serem enfiados no último momento; chamar o elevador alguns minutos antes para evitar de ser pego pelos filhos na porta de entrada, e assim por diante. Esses conselhos servirão, naturalmente, sobretudo nos desaparecimentos subseqüentes ao primeiro, uma vez que os filhos, já de sobreaviso, poderão exercer controle cerrado sobre os movimentos dos pais. A organização de vida de cada família (como as exigências particulares impostas por determinado trabalho, como uma loja que fica aberta até tarde) requer uma discussão acerca das modalidades mais apropriadas para realizar os desaparecimentos.

De qualquer forma, ressaltamos a idéia de que não seja sempre o mesmo genitor que saia de casa para encontrar o outro no lugar marcado. E isso por dois motivos: para que não fique, para os filhos, a idéia de que o responsável por essa "fuga" é somente aquele que está se afastando fisicamente da casa por último, e para que a tarefa mais difícil não sobre sempre para o mesmo. Sugerimos, além disso, que os desaparecimentos (geralmente um número de quatro num período de pouco mais de um mês) ocorram em diferentes dias da semana, de maneira que não se pense em um compromisso fixo. Pelo mesmo motivo, recusamos a proposta de alguns pais de antecipar para a tarde a saída. Preferimos que ela ocorra quando as lojas já estejam todas fechadas, os escritórios e similares também, para que se excluam as saídas para compromissos.

Insistimos com eles sobre a necessidade de deixar o bilhete (escrito alternadamente por um e outro para que fique clara a cumplicidade entre ambos) e de fixá-lo com fita crepe em local que seguramente será visto. Isso, com a finalidade de deixar claro aos filhos que os pais saíram por vontade própria e, portanto, não devem procurar a polícia. De qualquer forma, fica avisado objetivamente que, no bilhete, não deve haver outras palavras que não as indicadas. Com relação ao jantar, recomendamos que deixem as compras normais na despensa e na geladeira, mas não pratos já preparados (tipo um assado ou uma salada pronta). Os pais compreenderão, ao voltar, se e o quê os filhos comeram (especialmente as mães das anoréxicas!), *mas não farão perguntas*, nem a respeito deste assunto nem de outro qualquer. E, de fato, é inútil ouvir esse tipo de resposta dos filhos: "Se quisessem saber de tudo, ficassem em casa!". Ficam obviamente proibidas as visitas a parentes e amigos: é necessário que os pais se dirijam a locais onde não são conhecidos para que ninguém possa contar aos filhos que os viu. Recomendamos que, na volta, façam transparecer um ar de satisfação, mesmo se ficaram o tempo todo em seu automóvel torcendo as mãos de ansiedade porque os filhos ficaram sozinhos em casa.

Às previsíveis perguntas dos filhos, e de eventuais outras pessoas, a respeito de onde estiveram, por que não avisaram e coisas do gênero, invariavelmente responderão: "São coisas nossas", em tom tranqüilo e em nada provocador. A esse propósito, para que se evitem equívocos, esclarecemos como é diferente a resposta prescrita por nós a respeito do conteúdo da sessão ("É um segredo mandado pelo terapeuta.") da resposta sobre os desaparecimentos. Esta deve soar como decisão pessoal da qual o terapeuta não participa em nada. Se alguém explicitamente perguntasse se saíram por ordem do terapeuta (ou afirmasse isso como se fosse algo óbvio), responderiam: "São coisas nossas". Naturalmente, continuarão a responder com a fórmula usual do segredo a eventuais perguntas acerca do conteúdo das sessões. Em suas cadernetinhas, vão registrar, separadamente, seja as reações verbais e não-verbais verificadas no momento da chegada (os filhos estão acordados, alarmados, avisaram os avós ou dormem sossegadamente, a cozinha está arrumada ou está um caos etc.), seja eventuais comportamentos anormais observados nos dias subseqüentes que possam relacionar-se com os desaparecimentos (caras feias, mutismos, comportamentos insolitamente afetuosos, mudanças nos comportamentos sintomáticos e daí por diante). Insistimos, enfim, que sejam registradas as reações de *todos* aos desaparecimentos, e não apenas as dos filhos.

No caso de famílias em que todos os filhos são ainda crianças, pedimos que, em vez do bilhete, o desaparecimento venha precedido da chegada de uma *baby sitter* não conhecida pelos meninos e pelos parentes, solicitada, por exemplo, em uma instituição especializada. A ela os pais vão confiar as crianças, sem dar-lhe qualquer indicação a respeito de onde têm intenção de dirigir-se; assim ela não conseguirá fornecer informações a quem, porventura, telefonar.

Efeitos Terapêuticos das Prescrições

Como a do segredo, também a prescrição dos desaparecimentos possui um duplo efeito: diretamente terapêutico e informativo para os terapeutas.

A eficácia terapêutica dos desaparecimentos fundamenta-se sobre uma série de elementos:

1. os pais saem de casa como dois adolescentes, sem pedir permissão a quem quer que seja e sem dar satisfação sobre seus horários. Colocam em prática um comportamento que, muito freqüentemente, jamais assumiram até esse momento. Não é raro, pois, que reajam à entrega da prescrição com ar de excitação e cumplicidade, ou com exclamações do tipo: "Imagine minha mãe, quando descobrir isso!", acompanhadas de risadas. Por vezes, um dos dois costuma comentar: "Já devíamos ter feito isso há muito tempo."
2. se o segredo ainda não foi eficaz, anulam-se, de uma vez por todas, aqueles vínculos de cada um dos dois cônjuges que interferem na relação conjugal. Comumente é nas famílias de origem, ou no grupo dos filhos, que um cônjuge escolheu o confidente que vai usar como rival contra o outro. Mais raramente,

utiliza-se de um amigo ou de um companheiro de trabalho. A quinta sessão permitirá constatar como raramente as reações mais clamorosas aos desaparecimentos provêm do paciente identificado. É mais freqüente que surjam daquele filho ou daquele parente que gozava de uma posição de privilégio;
3. o paciente propriamente dito fica, portanto, colocado no mesmo plano dos demais, livre de qualquer *"imbroglio"*. De fato, deve-se ressaltar que, se um dos cônjuges mantinha com uma terceira pessoa, um outro filho, por exemplo, uma relação privilegiada, ela perpetuava-se pela tarefa de acudir e ajudar o pobre "doente". O fato de os pais, sumindo de casa, não confiarem o paciente propriamente dito ao irmão prestigiado, livra simultaneamente um do papel de doente, e o outro, do de protetor;
4. nos casos de famílias com mais de um filho, é freqüente assistir-se, durante a ausência dos pais, ao surgimento de uma cumplicidade fraternal, antes desconhecida ou que não existia mais. O fato de serem colocados no mesmo plano e de terem um mesmo espaço de tempo para preencher são a base para uma organização comum e solidária (que virá à tona e se definirá melhor por ocasião dos desaparecimentos mais prolongadas dos fins de semana);
5. em situações de altíssimo e recíproco controle, como tipicamente aquele das famílias com uma filha anoréxica, o abandono do campo (e do controle) da parte dos genitores possui notabilíssimos efeitos. Se o paciente identificado é julgado em condições de, por uma noite, tomar conta dele mesmo, não se percebe o motivo de ele ser vigiado nas outras seis. Isso permite ao filho seguir o exemplo que lhe é dado pelos pais, o de desinteressar-se dos afazeres de outrem para dedicar-se aos próprios.

A Relutância aos Desaparecimentos

A prescrição dos desaparecimentos torna-se bastante informativa para o terapeuta mesmo quando a família se recusa a segui-la, ou manifesta dificuldade em fazê-lo. Já no momento em que é anunciada, a prescrição pode encontrar pais extremamente relutantes em aceitá-la. Um evento como esse abre uma fase delicada da terapia: é necessário explorar delicadamente qual estratégia específica, no jogo dos pais, vai malograr pela execução da prescrição. E, de fato, é evidente que um dos dois cônjuges (ou ambos) percebeu logo o fato de que sumir de casa significa ofender mortalmente o próprio confidente privilegiado, infligindo-lhe uma dupla grosseria: a de tratá-lo à maneira do paciente identificado e, ao mesmo tempo, a de traí-lo desaparecendo com o cônjuge. E isso seria ainda mais grave a partir do momento em que o confidente foi, quem sabe por quantos anos, depositário de suas lamentações em relação ao cônjuge e até iludido a sentir-se, também ele, responsável pelo tratamento e atenções dados ao paciente identificado.

Pode-se compreender como o desmoronamento de uma construção afetiva dolorosamente colocada de pé, dia após dia, como único refúgio às frustrações de uma vida conjugal desafortunada possa causar medo. E mais: renunciar por que motivo? Para sair por quatro horas com um cônjuge de quem já não se suporta mais nem mesmo a presença, sem saber o que falar com ele, expostos, sem poder fugir, a seus sarcasmos, seus silêncios, seus amuos? Tendo-se em vista o quê? A cura do outro filho? E quem garante essa cura, afinal das contas? O terapeuta? Mas a gente pode confiar nesse tal terapeuta?

Em poucos segundos, acreditamos, esses pensamentos se aglomeram na cabeça de cada um dos pais, pregado na cadeira a partir do enunciado da prescrição. Ei-los constrangidos a cumprir uma das escolhas mais difíceis de sua vida. Aceitar significa deixar o certo pelo incerto: desgostar a própria mãe, empurrar para a emancipação o filho predileto que parece disposto a ser o conforto da velhice e colocar tudo isso na aposta — que parece tão improvável — da recuperação de um filho, quem sabe já crônico, quem sabe já totalmente transformado em pessoa exasperante e insuportável. Uma recuperação, além do mais, que deve passar pela reconfirmação (ninguém, melhor do que ele, pode saber quão anacrônica e forçada ela é) da solidariedade conjugal.

O terapeuta deve indagar, com atenção e compreensão, o que realmente se oculta atrás da relutância em acolher a prescrição. O motivo que lhe é explicado, sem exceções, é o medo de deixar a prole sozinha em casa. Ele poderá trabalhar com o cônjuge que se mostrar mais inclinado a aceitar desaparecer, pedir-lhe que o ajude a entender o que realmente amedronta o outro. Pode ser que venha a obter uma preciosa colaboração. Outras vezes, ao contrário, poderá verificar se aquele que se mostrou propenso a seguir a prescrição o fez tão-somente porque estava seguríssimo da recusa do outro.

Se um tal paciente trabalho acaba por suscitar em ambos os cônjuges um genuíno consenso em arriscar, então também nós arriscaremos, entregando-lhes nosso instrumento terapêutico. Caso contrário, sejamos realistas. É preferível, a essas alturas, despedir o casal expressando a esperança de que um dia encontre a motivação necessária.[1] Encontrarmo-nos na quinta sessão com dois pais que sabotaram nossa prescrição de todas as formas possíveis, assistir à pantomina de dois cônjuges que lêem anotações feitas de forma descuidada (das quais intui-se que o filho privilegiado foi várias vezes avisado, mesmo se apenas com suspiros e olhadelas alusivas, de que "até isso sobrou para sua pobre mãe, ter de ficar fora com o desgraçado do seu pai, uma noite que foi um perfeito martírio, mas para o bem de sua irmã aperto os dentes e agüento tudo...") equivale à amargura de ter perdido todo o poder terapêutico. Além disso, esses mesmos pais estarão propensos a jogar sobre o terapeuta o malogro da prescrição, encontrando-se, a cada vez, sempre mais frustrados e impotentes. Por isso, é necessário trabalhar bem antes, com o máximo de empenho, *com a finalidade de suscitar uma colaboração terapêutica autêntica se possível, ou, se não for possível, de percebê-lo a tempo.*

A Negociação do Risco

Há casos em que o terapeuta avisa que as preocupações dos pais de deixar sozinhos os filhos não são totalmente um pretexto. Esta dificuldade apresenta-se especialmente quando os desaparecimentos se tornam mais longos, no fim de semana inteiro. Podem-se, porém, verificar essas preocupações também na saída de uma só noite, quando o caso é com pacientes agudos ou crônicos com comportamentos violentos ou suicidas. Freqüentemente, os pais elaboram profundas fantasias: que o filho se jogue da janela, ponha fogo na casa, destrua todos os móveis ou até mesmo agrida o irmãozinho.

Supõe-se, nesta etapa, um discurso extremamente claro por parte do terapeuta: é inegável que existem riscos e não é tarefa nossa minimizá-los. Entretanto, podemos assinalar que, em nossa experiência de aplicação da mesma prescrição a mais de uma centena de famílias, jamais foram verificados desastres ou incidentes graves. Mas são os pais, e somente eles, que podem decidir se assumem, em total consciência, a responsabilidade dos riscos. Ao decidir devem, no entanto, avaliar tam-

---

1. É muito freqüente acontecer de as famílias que nos procuram prepararem-se para o encontro com a leitura de nossos livros. Por este motivo recusaram, com desenvoltura, a prescrição, convencidos de que vão nos obrigar a tirar da cartola de mágico algum joguinho bem mais inócuo. A despedida funcionava, pois, como uma terapêutica indução de crise.

bém o risco oposto: o de tornar crônico o caso do paciente identificado. E se ele já é crônico, devem considerar, em absoluta liberdade, a escolha que se abre diante deles: vale a pena tentar, à espera de oferecer ao filho uma vida digna de ser vivida mas aceitando, concomitantemente, o risco de que o rapaz escolha, ao invés disso, morrer? Ou é preferível mantê-lo naquela vida miserável, dentro e fora de hospitais, mas, enfim, vivo? Trata-se de um momento dramático da terapia, em que os pais de tão graves pacientes são confrontados com risco da morte, da cronicidade, da desolação sem fim que pode ser a vida do filho e a deles (às vezes, até a dos outros filhos). Com freqüência, decidem conscienciosamente correr o risco. Se não o fazem, muitas vezes – mesmo que não sempre – isso vem a ocorrer por causa das considerações que ilustramos no parágrafo anterior: ao lado da (e sob a) preocupação por um risco mais ou menos real pela saúde do filho, sentem o temor de arriscar toda a sua estratégia relacional. Se isso vem à tona, o terapeuta poderá trabalhar com essa situação de forma verdadeiramente profícua.

Os Desaparecimentos e a Briga Contra o Poder Patológico

Uma vez aceito o duplo risco da prescrição (acerca da estratégia em si e acerca das ansiedades pelo filho), os cônjuges voltarão à quinta sessão tendo já conseguido uma primeira vitória. Se o sintoma do paciente identificado houver melhorado, a vitória fica tangível ainda que os pais, como se sabe, minimizem os resultados ou, até mesmo, não se preocupem em citá-los, prisioneiros como se sentem de novos problemas que devem enfrentar: o destaque da família extensa, a emancipação dos filhos "saudáveis", um relacionamento diferente com o cônjuge... Alguns (ou todos) desses aspectos são, de fato, decorrentes da execução da prescrição.

Porém, mesmo se o sintoma não se alterou em nada (o que impõe, obviamente, à equipe, uma revisão da hipótese do jogo seguido até aí), os pais pelo menos descobriram que conseguem, às vezes, subtrair-se de ficar todo o tempo sendo controlados pelo filho e, ainda, conseguem afrouxar o próprio controle sobre ele.

A sessão será, pois, dedicada em parte ao assunto crucial do poder patológico que o paciente identificado assumiu e das estratégias que os pais podem pôr em prática para impedi-lo.

É somente nesta fase que é possível conquistar-se a colaboração dos pais para que não cedam mais à chantagem da filha suicida "se vocês não agirem assim eu me mato". De fato, eles já provaram, no espaço quase simbólico de uma noite por semana, a possibilidade de certa autonomia tanto para eles como para a filha. E até aceitaram, como princípio da coisa, que a filha pudesse utilizar essa autonomia para levar até o fim seu propósito de morte. Assim, pela primeira vez, estão na condição de suficiente segurança para dizer-lhe, pelos fatos, que a vida é dela e que somente ela tem direito de decidir.

É uma sessão, portanto, em que desmoronam hábitos que foram sedimentados durante anos, hábitos de sujeição dos pais à patologia dos filhos. É de se pensar nos cansativos rituais obsessivos e nas estereotipias dos psicóticos, que tiranizam os pais impondo-lhes suas pretensões incríveis. O fato de ter verificado que é possível esquivar-se da tirania do filho durante aquelas poucas noitadas assegura aos pais que podem ousar insubordinações mais generalizadas (e há alguns que voltam à quinta sessão tendo-as já, espontaneamente, colocado em prática).

É necessário destacar, aqui, a particularidade de nosso contexto de trabalho. Um Centro privado de terapia familiar seleciona *certos tipos de famílias*, isto é, determinada gama de jogos familiares. Salvo raríssimas exceções, foi bem raro que tivéssemos diante de nós, no Centro, famílias em que os pais jogam para o filho-paciente identificado a carta da hostilidade, da violência, da expulsão e a do maltrato aberto. Na grande maioria das famílias a que nos referimos neste livro, os pais atribuem aos filhos uma posição central na família (ver capítulo x). Esses pais vêem, no êxito de seus filhos, um fundamento essencial do sentido de identidade deles e de sua realização como pessoas. Seus laços com os filhos podem, pois, ser descritos com palavras do tipo hiperproteção, apego obsessivo, oblatividade etc.

Ao contrário, é dentro de serviços de saúde públicos, onde vêm endereçados pedidos de controle, medicação e recuperação que, com freqüência elevada, encontramos jogos em que os pais são ostensivamente hostis e expulsivos em relação ao paciente identificado, chegando até à violência física. Em um Centro privado de terapia familiar, exatamente pela prevalência de uma grave dependência dos pais ao poder patológico do filho, torna-se bastante importante unir o casal de pais ao restituir-se ao filho as suas responsabilidades.

É essencial, porém, sublinhar um ponto fundamental. A briga com o poder patológico *não deverá ser o único caminho sobre o qual a terapia pretenderá viajar*. Questionar ativamente o sintoma, desafiar diretamente os rituais, sem oferecer transformações mais radicais ao jogo familiar e de casal pode tornar-se por demais perigoso. Pode-se, de fato, inventar uma escalada dramática, em que o paciente propriamente dito tem sempre a trágica possibilidade de vencer o braço-de-ferro com os pais, exacerbando o sintoma e, até mesmo, chegando aos gestos extremos ditados pela fúria impotente de quem não encontra qualquer outra possibilidade de saída.

A terapia deverá proceder sobre dois caminhos paralelos, continuando a percorrer, inclusive, o caminho principal, o de esclarecimento e modificação do jogo patogenético. As reações anotadas nas cadernetas, a modalidade de compilação dessas mesmas reações por parte de cada um dos dois, as diferentes atitudes deles nos confrontos da terapia constituem um precioso material com que levar adiante o exercício primário: a briga contra o jogo patogênico que tende a se reproduzir a cada sessão, com antigas ou novas modalidades. Quando tal condição é respeitada, a briga contra o poder patológico assume um significado positivo, seja pelo paciente identificado, seja pelos pais. O paciente identificado, que avisa que o jogo está tomando outra forma, encontrará espontaneamente novos espaços e novas manobras, fora do miserável poder patológico ao qual estava agarrado de forma tão obstinada.

Os pais, além disso, não entenderão mal nossos conselhos para que sejam firmes como num braço-de-ferro contra o filho, e conseqüentemente não assumirão perigosas atitudes agressivas e provocadoras. Serão, ao contrário, orientados a escapar das imposições do paciente propriamente dito com decisão, mas sem ares de desafio, alegando, isso sim, certo esgotamento, depressão, ou o conhecimento adquirido de ter falido exatamente por ter procurado apoiar as pretensões infantis. Assim, eles devolvem ao filho a responsabilidade sobre si mesmo.

Os Desaparecimentos dos Finais de Semana

A quinta sessão concluir-se-á com o aumento da prescrição, passando-se do desaparecimento no final da tarde para aquele mais prolongado do final de semana: os pais ficarão fora da noite de sexta-feira à noite de domingo, passando, portanto, duas noites fora de casa. Esta nova prescrição é entregue, ao término da sessão, com a habitual modalidade de conduta: interrupção do colóquio, discussão da equipe enquanto a família espera, intervenção final. Não seguir esta praxe e proceder à entrega das prescrições sem efetuar nosso costumeiro intervalo significa incorrer no erro, em que talvez caímos, de considerar os desaparecimentos do fim de semana uma continuação mecânica da prescrição precedente. Permanecer fiéis a esta praxe responde a duas diferentes exigências: primeiramente, lembra a nós mesmos a necessidade de avaliar com cuidado a motivação dos pais a prosseguir (com base nos indícios que já recordamos), para não cair na tentação de passar automaticamente de um estágio a outro da série prescritiva; em segundo lugar, define com clareza à família a diferença entre eventuais conselhos ou diretivas de comportamento, que foram dados durante a sessão relativa à briga com o poder patológico (indicações que são confiadas à capacidade deles de alienar-se, ambos, de tal diretiva), e a prescrição final que, ao contrário, tem o caráter de obrigatoriedade.

Aumentar a dose do nosso remédio serve para que se consolidem os resultados conseguidos, quando já existem, ou para atingi-los por um sinal, sempre menos equívoco, sobre os aspectos que mencionamos anteriormente (definição de um espaço incontestável para o casal, rescisão dos laços que interferem com ele, atribuição ao paciente propriamente dito da mesma posição da de seus irmãos, oportunidade de estabelecer um relacionamento paritário, abandono do controle sobre o sintoma por parte dos pais com uma paralela subtração do controle por parte do paciente identificado).

É evidente que o desaparecimento mais prolongado reforça todos esses significados da mensagem: bastará agora enfatizar a alusão à intimidade conjugal implícita na ausência de casa por duas noites, ou então o longo tempo que os filhos, especialmente os adolescentes, podem aproveitar, com total autonomia, durante a ausência dos pais. O bilhete, na verdade, assegura-os de que eles voltarão, mas, ao mesmo tempo, assegura-os do fato de não estarem de volta antes de "domingo tarde da noite"! Assim, enquanto com as famílias com crianças novas é freqüentemente durante os desaparecimentos noturnos que percebemos efeitos positivos (relacionados normalmente com a informação que tal desaparecimento dá às famílias extensas), nas famílias com filhos adolescentes, ou adultos jovens, os resultados mais evidentes se observam, sobretudo, assim que se chega aos desaparecimentos dos finais de semana.

A série invariável das prescrições prevê, ainda, um desaparecimento mais prolongado, de até um mês, para aqueles casos de adultos jovens já crônicos a quem inequivocamente entregarmos a absoluta autonomia sobre suas próprias escolhas, inclusive viver ou morrer (mas nestes últimos quatro anos não tivemos mais necessidade de recorrer a este último estágio).

Famílias com Características Estruturais Peculiares

Na casuística agora já rica com que experimentamos a série invariável das prescrições, deparamos com algumas situações que nos puseram algumas dificuldades: famílias com um único genitor, famílias reconstituídas, famílias adotivas.

Na maioria dos casos, a família onde há um genitor viúvo não coloca obstáculos insuperáveis. O genitor recebe (e mantém) sozinho o segredo, é nomeado co-terapeuta do filho, pode desaparecer sozinho de casa. Também neste caso, a prescrição tem a possibilidade de alcançar aspectos nodosos do jogo (e, simultaneamente, revelá-los). Tivemos um resultado excepcionalmente favorável com uma família que apresentava uma filha, de vinte e dois anos, anoréxica crônica, alcoolista e incontinente. A mãe da moça havia morrido depois do início da anorexia da filha, ainda não agravada pelos outros sintomas. A moça era a irmã do meio entre dois irmãos homens, ainda solteiros e que moravam com ela e o pai, embora estivessem quase sempre ausentes de casa por causa do trabalho. Os desaparecimentos foram ilustradas ao pai como sinal revelador de uma sua vida amorosa secreta. Isso teria desmentido, lhe contamos, a idéia errônea que a filha havia feito dele: que ele, homem ainda forte e participante, desejava que ela, até eroticamente, tomasse o lugar da esposa falecida. A perfeita cura da moça, presumivelmente, liga-se de forma específica à cessação da alusiva sedução paterna que ela devia, de qualquer modo, acolher, visto que providenciava tornar repelente a própria cama com as bebedeiras e a conseqüente incontinência. De famílias com um só genitor tratamos, por este método, cinco – quatro com sucesso e uma com total fracasso, por não ter prestado atenção a um problema de encaminhamento.

Quando os pais, ao contrário, são separados, procedemos à consulta conjunta, preferindo sucessivamente trabalhar com o pai que convive com o paciente identificado: mas apenas no momento em que nos resulte uma genuína motivação à terapia.

Nas famílias reconstituídas, em que o genitor responsável convive com nova pessoa ou cônjuge, encontramo-nos na difícil situação de impor o ônus dos desaparecimentos também a esse que não é o pai. Antes de tomar uma decisão do gênero, é necessário recolher bastantes informações e estudar cuidadosamente a situação, para evitar uma escolha contraproducente.

Da família com um único genitor e daquela reconstituída falaremos de novo, mais difusamente, no próximo capítulo.

A família adotiva é, para nós, um problema-nó. É raro que os pais adotivos aceitem, de verdade, toda a responsabilidade implícita em nosso método. Para eles, está sempre aberta, de fato, uma porta de saída de sua responsabilidade: os sintomas do filho adotivo provêm dos cromossomos dos pais naturais, ou são decorrentes de seus primeiros e traumáticos anos (meses) de vida? Por esse motivo a terapia está arriscada a fracassar e não deverá ser encaminhada sem um atento exame retrospectivo da origem da patologia do filho adotivo.

O Lugar de Honra às Cadernetas dos Pais

Desde o início, estamos atribuindo o lugar de honra, também em sentido formal, às anotações prescritas aos pais. De fato, a partir da sessão seguinte à entrega do segredo, o terapeuta iniciava, dizendo: "Vamos começar pelas cadernetinhas de vocês. Quem quer começar a ler?" Fazíamos isso para não entrar em contradição com nossas próprias afirmações. As verdadeiras informações eram, para nós, aquelas escritas nas cadernetas, assim como o eram, também, as maneiras pelas quais as cadernetas tinham sido redigidas (ou absolutamente não redigidas). Começar a sessão com notícias a respeito do paciente identificado desconectadas das informações sobre o modo de execução, por parte dos pais, das etapas da prescrição, e sobre as retroações dos vários membros a esse modo, teria sido, além de uma autodesvalorização, um erro de método.

É por isso que prestamos extrema atenção à *atitude* dos cônjuges em relação a esse dever. Anotações telegráficas ou mesmo desleixadas, especialmente por parte de pessoas cultas, indicam uma atitude negativa, ou não-colaboradora. As anotações podem, também, ter sido registradas de forma insolitamente incompleta e apressada por parte de apenas um dos cônjuges ou, então, um deles pode até mesmo nem ter escrito coisa alguma por nada ter percebido de diferente, ou sob o pretexto de que, afinal, o outro já estava escrevendo. Esta "diferença que faz a diferença" é, obviamente, um farol que nos guia na busca seja no jogo original do casal, seja as recentes vicissitudes deles induzidas pela prescrição.

Quanto ao conteúdo das anotações, as reações eventualmente diversas em extremo dos vários membros da família (nuclear e extensa) nelas descritas nos sugerem hipóteses de controlar as respectivas posições no jogo. Anômala, suspeita e, portanto, passível de indagação é uma eventual apatia ou, mesmo, ausência de reações por parte dos familiares.

De tudo isso se encontrarão exemplos nos casos clínicos apresentados no texto.

Como já foi dito, cada um dos pais é convidado a ler, em voz alta, suas próprias anotações que, então, ficam esclarecidas, ampliadas e aprofundadas pelas perguntas do terapeuta. No final da leitura, as anotações são incluídas na ficha clínica. Depois, o terapeuta que redigiu a ata da sessão relê atentamente também as anotações, dando ênfase às partes significativas.

Esta praxe deu lugar a surpresas. Em um caso que, por enquanto, é o único, a mãe de um rapaz em estado gravemente psicótico serviu-se daquelas anotações (que, evidentemente, esperava que fossem relidas pela terapeuta) para expressar, contra o marido, lamentações e observações ferozes que havia deixado de ler durante a sessão. Em outro caso, o pai de um garoto de quinze anos recheou as próprias volumosas anotações (que, porém, ele honestamente leu na sessão) de acusações contra os pais de sua esposa, alertando o terapeuta a respeito do fato de ela lhes haver realmente contado o segredo. Em outro caso, ainda, uma mãe aproveitou a presença mediadora do terapeuta para incluir, nas próprias anotações, mensagens ardentes ao marido.

Mas, além desses casos excepcionais, o leitor poderá apostar como as transcrições das anotações dos pais, inseridas aqui e ali neste volume, são testemunhos autênticos e, claro, mais persuasivos do que qualquer interpretação ou reconstrução *a posteriori*.

SEGUNDA PARTE

DO USO DA PRESCRIÇÃO SURGEM OS PRIMEIROS LEVANTAMENTOS DE FENÔMENOS RECORRENTES

V

O *IMBROGLIO*

> *O imbroglio é inseparável da conivência.*
> *A instigação é inseparável da sedução.*
> *Nos jogos humanos, comportamentos aparentemente*
> *opostos convergem, inseparavelmente,*
> *num mesmo processo interativo.*

Da Hipótese de Uma Traição à Descoberta da Conivência

Depois de alguns anos de uso sistemático da prescrição, começaram a vir à tona os primeiros fenômenos recorrentes.

A intuição do *imbroglio* foi, historicamente, a primeira a emergir, no ponto da confluência de duas observações recorrentes. Uma provém das preciosas informações que nos são fornecidas pela execução da prescrição. Acontecia — e com freqüência inesperada — que, quando os pais desapareciam a primeira vez de casa, quem se indignava ou se afastava não era o paciente propriamente dito e, sim, um seu irmão ou irmã, ou, então, outro parente que, apesar do bilhete deixado bem à vista pelos "desaparecidos", telefonava para a polícia e os hospitais. Tal comportamento equivalia, para nós, a uma comunicação implícita: se eles não *me* avisaram, é porque deve ter acontecido alguma coisa terrível com eles. Tal comunicação indicava, portanto, que ele ou ela era o verdadeiro privilegiado por um dos pais. A outra observação recorrente vem do trabalho durante as sessões: os familiares descreviam o filho (ou a filha) que apresentava o sintoma — ou nós o descobríamos durante o inquérito — como o que tinha tido um relacionamento de certa maneira privilegiado com um dos pais. No entanto, essa relação parecia dissolvida nas interações da sessão, em que o paciente propriamente dito tratava o "genitor preferido" com uma indiferença próxima ao desprezo ou, às vezes, com reações passionais que lembravam a de um amante traído. Depois de comparar vários casos, formulamos a hipótese de que essa reviravolta fosse o efeito pragmático de uma traição que o paciente tivesse sofrido por parte do "genitor preferido". Formulamos, além disso, a hipótese de que tal traição tivesse precedido por pouco a explosão do sintoma; até mesmo de que ela tivesse sido a ocasião que a desencadeou. E batizamos esse fenômeno recorrente com o nome de *imbroglio*.

Como sempre acontece quando se está tentando dar um nome a fenômenos conceitualmente novos e complexos, esbarramos no problema lingüístico. O termo *imbroglio* já tinha entrado antes no nosso jargão de equipe referindo-se a um evento diádico, precisamente o do engano e da traição que o paciente suspeita ter sofrido por parte do genitor que era mais próximo dele. Mas à medida que nossa pesquisa prosseguia, e com o aprofundamento mais detalhado dos processos interativos que pareciam confluir nos sintomas, *atribuímos ao termo "imbroglio" um significado interativo global*. Queremos dizer com isso, precisamente, o conjunto integral dos comportamentos-comunicação que os vários membros da família intercambiam a partir de um certo movimento que designamos como inicial. Nessa nossa acepção, o termo adquire um significado composto, a meio caminho entre o termo anglo-saxão *imbroglio*, que indica apenas intriga e confusão, e o italiano, que na verdade, significa uma trapaça. Tentaremos dar dele a definição mais precisa possível.

Por *imbroglio* entendemos um processo interativo complexo que parece estruturar-se e evoluir em torno de uma tática comportamental específica posta em prática por um dos pais, caracterizada por *ostentar como privilegiada uma relação diádica intergeracional* (pai-filho) *que, na realidade, não existe*. Esse aparente privilégio não é afetivamente autêntico, pois trata-se do instrumento de uma estratégia voltada *contra* alguém, em geral o outro genitor. Vamos tentar esclarecer com um exemplo concreto.

Um pai pode manifestar uma grande estima pelo bom comportamento e a seriedade da filha primogênita com o objetivo de fazer chegar implicitamente à mulher — que, na sua opinião, é culpada de desatenção em relação a ele — uma mensagem de pouca estima. Para que uma tática desse tipo se transforme num jogo complexo, é necessária a conivência, bem como os comportamentos subseqüentes de todos os membros da família, cada um deles por motivos diferentes.[1] Com o seu comportamento, a mulher pode não só não hostilizar mas até mesmo respeitar a relação "privilegiada" pai-primogênita, com um duplo objetivo: o de não dar ao marido a satisfação de ver que ela está sofrendo com isso, e o de desfrutar a relação autêntica, fácil e agradável, que tem com a segunda filha. Quanto à primogênita, ela é conivente com o pai, por um lado porque a lisonjeia a sua atitude em relação a ela (que considera autêntica e se esforça por merecer, a fim de obter uma recompensa que lhe é prometida de forma alusiva) e, por outro, porque procura, dessa maneira, castigar a mãe pela relação invejável que ela tem com a irmã, cujo lugar ela gostaria tanto de ocupar.

Na teoria, um tal equilíbrio estacionário, entre dois casais intergeracionais estáveis e suficientemente satisfeitos, poderia perpetuar-se sem o comparecimento de sintomas. Para que a ruptura desse equilíbrio aconteça, são necessários fatos que manifestamente desmintam a autenticidade da relação privilegiada entre o pai e a primogênita, tais como:

a) a primogênita perceber a enorme importância que a mãe tem para o pai e, com isso, deixar aflorar nela a intuição de ter sido usada como um objeto e enganada;

b) nascer um autêntico interesse do pai pela segunda filha. Isso se observa, com mais freqüência, com a entrada desta última na pré-adolescência ou na adolescência. Na fase em que se esboça a personalidade biológica e psíquica da filha, é fisiológico o fato de o pai enamorar-se dela. Mas, neste nosso caso *imbrogliato*, outros motivos podem ser identificados. Por exemplo, a segunda filha pode ter-se tornado sedutora no relacionamento com o pai. Às vezes, o faz habilmente, com a cobertura tática da "evasividade", tornando-se psicologicamente intocável e cercando-se de um mistério que desperta o interesse do pai. Essa segunda filha poderia estar sendo levada a fazer isso pela vontade de dar uma lição naquela irmã metida a santa, pegando para

---

1. A instigação é tanto patogênica quanto *não-aparente*. Como um tumor maligno num órgão interno, trabalha silenciosamente e prepara a queda. Revendo os casos fracassados de terapia familiar concluídos, no passado, apercebemo-nos pelos indícios, que, na época, não tínhamos condição de perceber que tais insucessos deviam ser atribuídos à nossa ignorância desse fenômeno.

si, debaixo de seu nariz, aquele pai que não se cansava de elogiá-la. Quanto à mãe (já o constatamos várias vezes), ela pode fingir que não está vendo as tramas de sedução que a segunda filha tece em torno do pai, por diversos motivos: ou porque seja vantajoso para ela que, ao lisonjeá-lo, essa filha consiga segurar em casa um homem que, tendo passado dos quarenta, ainda não está sexualmente "desarmado"; ou porque lhe agrade ver que a segunda filha a está vingando por todas as humilhações que a primeira lhe infligiu.

Como já dissemos antes, o equilíbrio entra em crise, e o comportamento sintomático explode, quando a filha pseudoprivilegiada intui ter sido usada como um objeto, enganada e "molestada" pelo pai. Mas é a partir desse momento que a sua situação torna-se impossível. E isso acontece por vários motivos. O primeiro e, na nossa opinião, o fundamental, consiste no fato de *tudo o que aconteceu e está acontecendo permanecer amplamente inacessível à expressão verbal*. Essa inexpressividade verbal é passível de ser intuída. Na verdade, uma organização interativa familiar como a que esboçamos em termos muito simples, no exemplo citado anteriormente, constrói-se de fato sobre vários níveis analógicos que se modificam e se aglutinam com o tempo. Os intercâmbios que formam a substância das relações, como acontece em qualquer relacionamento íntimo e estreito, vão muito além das palavras. O que os membros de uma família intercambiam são substancialmente comportamentos, que se influenciam uns aos outros. Na verdade, as trocas que *importam*, bem mais do que no nível verbal se entrelaçam no nível analógico, o qual, paradoxalmente, é também o que mais se presta a ser equivocado, desmentido e negado. Além disso, parece também bastante provável, a partir do que se pode perceber *a posteriori*, nas sessões de terapia, que o meio verbal seja freqüentemente usado para justificar e fazer parecer inocentes comportamentos que não o são tanto. Por conseqüência, o aflorar da suspeita de ter sido enganada e traída — referimo-nos ainda à primogênita do exemplo citado — pareceria bem mais ligado a um vislumbre súbito e a sentimentos confusos do que a uma clareza de percepções.

Vamos, então, proceder, prescindindo totalmente do fato de, no nível verbal, ser muito difícil expressar o que está acontecendo, pois os fatos foram, de um modo geral, edificados com instrumentos analógicos. Outros obstáculos bem graves opõem-se à denúncia do engano sofrido. Vejamos.

Um entendimento transgeracional — no caso, o do pai com a filha —, em detrimento da mãe, vem inevitavelmente carregado de um sabor de coisa *ilícita*. O aliado ilícito é, por definição, *indigno de confiança;* a denúncia da aliança está destinada a ser desmentida. Além disso, há a armadilha da *conivência*. Aquele que se percebe enganado está bem consciente (e, a nosso ver, lucidamente) de ter sido, de várias maneiras, conivente com certas manobras do jogo do genitor, e de ter-se comprometido com elas.

Convicção da ilicitude e consciência da conivência, somadas à desconfiança quanto à lealdade do ex-aliado, condenariam também ao silêncio, por si só, quem se sentisse traído, levando-o a fazer uma reivindicação encoberta. Nos nossos casos, um sintoma.

Vamos rever, agora, em síntese, o que deveria poder fazer uma pessoa que está em vias de sucumbir a um *"imbroglio"* familiar, para evitar cair na tragédia do sintoma. Voltemos à primogênita do exemplo citado.

Ela deveria:
a) estar em condições de apreender e traduzir em palavras o complexo jogo interativo preponderantemente tecido por todos ao nível analógico e, por isso, subtraído à verbalização;
b) no caso pouco verossímil em que estivesse em condições de fazê-lo, dispor da coragem de confessar o entendimento com um dos pais em detrimento do outro, cujo afeto seria desejado pela outra parte;
c) admitir os atos de conivência;
d) denunciar imediatamente a traição, sem medo dos desmentidos e das contradenúncias do comparsa (e não apenas dele!...)

Para ajudar o leitor a compreender uma situação desse tipo, Mara Selvini Palazzoli contou, em um artigo, uma experiência que lhe tinha acontecido (Selvini Palazzoli, 1986). Essa experiência, de um tipo completamente diferente e, decerto, grosseira se a compararmos com as situações de que nos ocupamos aqui, a ajudou muito, porém, a intuir a complexa natureza do *imbroglio* que estamos tentando explicar. Na verdade, até mesmo nessa experiência *"imbrogliata"* estavam presentes os elementos característicos de um jogo coletivo meio sujo (e, por isso mesmo, dificilmente confessável para quem sucumbe a ele): ser enganado em conseqüência da própria conivência com atos considerados ilícitos e, por isso, não poder protestar. Uma situação semelhante àquela em que o paciente se encontra, antes de os sintomas aparecerem, embora não se deva acreditar que, no caso das confusões familiares, os interessados consigam ver a situação com a mesma clareza com que é visto o episódio aqui narrado. Vamos citar o texto original.

Há uma pergunta que eu sempre me fiz: por que essas famílias colaboram tão pouco conosco quando estamos tentando ajudá-las? Por que com tanta freqüência escondem de nós informações importantes, e não só isso, por que nos dizem mentiras? [...] Talvez o relato de uma experiência singular que tive possa suscitar a mesma intuição que suscitou em mim.

Muitos anos atrás, quando eu estava atravessando uma estação do metrô, um indivíduo aproximou-se de mim, oferecendo-me cigarros contrabandeados. Já que, naquela época, infelizmente, eu ainda não tinha parado de fumar, peguei dois maços e fui ingênua o bastante para dar a ele uma nota de valor alto, pedindo-lhe o troco. "Aqui eu não tenho, espere um pouco", disse ele e, rápido como um raio, desapareceu no meio da multidão. Depois de algum tempo de espera, comecei a ficar nervosa. Daí a pouco ele reapareceu e me deu apenas algumas moedinhas de troco. Fiquei zangada e comecei a protestar. Mas ele, com um sorrisinho irônico nos lábios, me disse: "Não se faça de esperta. Você me deu uma nota de mil liras!" Fiquei indignada, insisti nos meus protestos, levantei o tom de voz. As pessoas começaram a parar, curiosas, formando um círculo à nossa volta, e logo um guarda apareceu. Eu conhecia de vista aquele homem corpulento que, diariamente, estava de serviço naquela região. Eu lhe disse que aquele indivíduo estava tentando me enganar de maneira descarada, ficando com o resto das minhas dez mil liras. Para minha grande surpresa, percebi que a história o deixava totalmente indiferente, até que ele me disse, num tom sarcástico, mostrando com o braço a saída da estação: "Está vendo a saída? Pare de gritar e saia imediatamente, antes que eu perca a paciência!" As pessoas em volta pareciam estar se divertindo muito. O guarda virou para elas e disse: "Olhem essa aqui! Que figura! Compra cigarros de contrabando, vai contra a lei e, depois, tem o descaramento de vir pedir a minha ajuda!" E acrescentou, virando-se de novo para mim: "Dê o fora! Suma daqui antes que eu a trate como merece!" Fui embora, é claro, voltei direto para casa mas, no caminho, estava perturbadíssima. Havia dentro de mim uma verdadeira tempestade emocional, uma perturbação como eu nunca havia sentido antes. Eu não imaginava que se pudesse experimentar uma sensação semelhante. Estava com raiva daquele tipo que tinha me enganado, estava uma fera com o guarda mas, principalmente, estava furiosa comigo mesma. Como é que eu tinha me permitido cair numa situação daquelas? Sentia-me mal só de pensar naquilo. Vamos refletir: comprar cigarros contrabandeados é contra a lei. Tinham-me roubado mas, a partir do momento em que eu própria tinha agido contra a lei, era conivente com o indivíduo que tinha me passado a perna. Como poderia denunciá-lo à polícia sem denunciar também a mim mesma? Como é que o guarda poderia me defender sem ao mesmo tempo castigar-me pelo meu comportamento ilegal? Pior ainda, eu estava convencida de que o guarda era conivente com o contrabandista, mas de que jeito acusá-lo se estava errada? A violência dos sentimentos que me agitavam, uma mistura de raiva e vergonha, mas também de confusão e impotência, era tal que, voltando para casa, não consegui contar nada do que tinha acontecido comigo e, durante muito tempo, mantive o mais rigoroso silêncio a respeito daquilo. Foram necessários anos antes que eu tivesse condições de contar aquele episódio. Essa experiência, no entanto, foi muito útil para mim, pois deu-me uma certa compreensão do que deve ser um *imbroglio* psicótico. Quando tento identificar-me com os sentimentos que o psicótico deve estar experimentando, volta-me à mente a violência dos sentimentos e dos sintomas que experimentei naquela ocasião. Tentem imaginar, portanto, o que deve acontecer com uma pessoa que é conivente em um *imbroglio* com pessoas que não são apenas protagonistas efêmeros de uma historinha que logo estará arquivada, mas pessoas de sua própria família, pessoas às quais está ligada e com as quais tem de conviver diariamente, pessoas que desempenham um papel importante, às vezes decisivo, para a sua sobrevivência como ser humano. Quando penso no longo tempo em que não consegui falar de minha experiência, até mesmo a meus parentes mais chegados, não me parece tão difícil compreender por que um psicótico possa viver anos e anos numa instituição psiquiátrica, num silêncio mortal, interrompido só de vez em quando por explosões de fúria incontrolável (pp. 19-20).

O *Imbroglio* na Anorexia Mental: Primeiras Tentativas de Evidenciá-lo

Ter conseguido formular a hipótese do *imbroglio* como a configuração de um processo interativo familiar que conduz a um filho que apresenta sintomas, induziu-nos a efetuar regularmente esse tipo de controle também com as famílias que apresentam pacientes anoréxicos. Ao decidir verificar, numa fase bem inicial da terapia, não só a hipótese do *imbroglio*, como também a de seu dramático desembocar numa traição, tínhamos uma esperança precisa: a de chegar a provocar mudanças nas famílias sem ter de percorrer o itinerário das prescrições. Projetávamos, na prática, algo que na teoria parecia impossível: precisamente que as informações a nós fornecidas nos anos de uso sistemático das prescrições, ao consentir-nos elaborar hipóteses corretas sobre os jogos, nos teriam também permitido interrompê-los precocemente, sem ter de recorrer às próprias prescrições.

Há tempos estávamos bem conscientes de que não se podia continuar com a série de prescrições até o infinito. Um dia teríamos de escrevê-las, explicando como e quando. E a experiência dos livros anteriores tinha nos ensinado que muitas famílias, antes de nos encontrar, haviam lido os nossos trabalhos e, portanto, publicar isso nos teria feito perder o efeito de "surpresa". No caso das prescrições, tal efeito parecia indispensável, não tanto para os pais-co-terapeutas como para os que os cercavam. Uma coisa que se sabia muito bem não teria provocado reações informativas. Portanto, depois de escrevermos e publicarmos aquelas coisas, teríamos de estar prontos a usar algo novo.

Voltando ao problema do controle da hipótese *imbroglio*, tínhamos de ir verificando, na prática, caso a caso, e precocemente, o que se conseguia com a sua revelação. Decidiu-se portanto que, nas terapias das famílias que apresentam pacientes anoréxicos, o terapeuta deveria dedicar a segunda sessão a trabalhar especialmente com os filhos, orientando a investigação sobre os seguintes quesitos:

a) por quem a paciente em questão sentiu-se traída?
b) com quem?
c) quando?

A família com a qual iniciamos o programa de controle da hipótese é a que apresentamos aqui, não apenas por exatidão "histórica", mas também porque o efeito do controle nas sessões foi tão clamoroso que superou todas as nossas expectativas. Tenho certeza de que nenhum colega, que também tenha nos ombros tantos anos de trabalho com as super-reticentes e super-respeitáveis famílias de anoréxicos, nunca viu uma paciente desabafar daquele jeito, diante de todo mundo, e falando de uma coisa tão "proibida" quanto o entendimento secreto que tinha com o seu pai. Mas, para chegar a isso, era necessária a provocação do terapeuta que, aproveitando-se de todas as oportunidades a ele oferecidas, tinha demonstrado já conhecer o jogo e tomar para si a responsabilidade de revelá-lo.

A família Cremonini

A família é composta de cinco membros: pais de meia-idade e três filhas. A paciente, Carla, de vinte anos, é a mais velha. Seguem-se Olga, de quinze anos, e Alice, de seis. Bem antes da reunião inicial, supervisor e terapeuta já tinham sido alertados por um telefonema do pai que, previamente, havia preenchido a ficha. Nessa ficha, ele tinha informado que, dois anos antes, a sua mulher, grávida pela quarta vez, havia decidido, com o seu consentimento, fazer um aborto. Ele tinha telefonado para recomendar que, nas sessões, não se falasse desse fato, pois as filhas nada sabiam. Ou melhor, Carla, a mais velha, sabia, por ter ouvido a mãe contá-lo a uma amiga, por telefone. Mas, concluiu, "a minha mulher não sabe que Carla sabe".

Esse "rolo" que o pai nos contou por telefone tinha, pelo menos, o mérito de deixar-nos intuir a existência de segredos entre Carla e seu pai (que, na realidade, era o único a saber que ela sabia). Levamos isso em conta ao estabelecer o modelo do jogo. Decidiu-se, porém, que, no momento, a tarefa mais urgente era liberar não só a terapeuta daquela "enrolação" (que consistia em compartilhar um segredo com o marido, pelas costas da mulher), como também a mulher do temor de que alguma coisa transpirasse durante as sessões. Para isso, a terapeuta telefonou ao marido, dizendo-lhe que desejava esclarecer a história do aborto diretamente com a mulher, e antes da sessão, para poupá-la de angústias infundadas. Ela o teria informado de que Carla sabia do aborto, mas assegurando-lhe que, durante a sessão, não se falaria de coisas que só diziam respeito aos pais. Os filhos não deveriam ter nada a ver com isso. Assim foi feito e a senhora mostrou-se muito grata. Depois disso, passou-se a considerar seriamente a hipótese referente ao *imbroglio*. A conversa pelo telefone indicava uma diferença cultural em favor do pai.

A carreira escolar de Carla parecia triunfal. A de Olga, ao contrário, sempre modesta, tinha sofrido um revés, no ano anterior, quando ela entrou, para fazer os estudos clássicos, na escola que havia anos era o feudo glorioso de sua irmã mais velha. Olga deu-se tão mal que os pais, daí a poucos meses, haviam decidido mantê-la em casa. Matriculada em uma escola para secretárias, Olga tinha se adaptado bem. O comportamento anoréxico de Carla havia se manifestado quase dois anos antes, e tinha-se agravado no último ano do curso clássico, antes do exame final, em que ela obteve a nota máxima. A perda de peso, naquele ano, foi muito rápida, mas o processo de emagrecimento não desapareceu depois de ela ter terminado os estudos com sucesso, ter passado as férias de verão e se matriculado na faculdade de arquitetura.

Com esses dados na mão, além dos outros, eloqüentíssimos, que nos tinham sido fornecidos pela conversa telefônica com o pai, formulamos a hipótese de que Carla, sempre muito ligada ao pai, estivesse protestando, com esse sintoma, contra um *imbroglio* que descobrira recentemente: que o pai sempre a preferira apenas pelos seus sucessos escolares, enquanto de Olga, que agora estava entrando na adolescência, ele parecia gostar gratuitamente, apenas pelo que ela era.

A primeira sessão, porém, deixou-nos muito embaraçados, pois a nossa hipótese não se confirmou. Carla, um pálido esqueleto inteligente, afirmou orgulhosamente que as suas boas notas na escola nunca entusiasmaram os seus pais: ao contrário, ela sempre se sentiu muito sozinha em seus legítimos interesses culturais. Disse-o com convicção e reafirmou-o até mesmo em relação ao pai. Acrescentou inclusive que os dois genitores, e especialmente a mãe, sempre tinham tentado refrear a sua vivacidade e agilidade verbal, com medo de que isso prejudicasse Olga. A mãe não fez mistério do fato de ter Carla nascido quando ela era ainda muito jovem e imatura, e de sempre ter-se dado melhor com a segunda filha. Explicou a desconfiança em relação ao bom desempenho escolar de Carla dizendo que tanto ao marido quanto a ela desagradava ter em casa uma filha erudita cuja vida privada era um desastre.

O pai foi muito hábil em não se expor. Associou-se à mulher na preocupação com a exclusividade dos interesses escolares de Carla. Não deu para entender *se* e *quando* seus interesses se deslocaram para Olga, nem em quê consistia o fascínio dessa última, uma moreninha de aspecto um tanto vulgar e com aquela arrogância típica das meninas de quinze anos. Quanto a Alice, ela parecia uma menina meio boba: esquivava-se de tudo o que lhe perguntavam olhando para os pais com ar indefeso.

No final da primeira sessão, muito decepcionante, foi fixado, sem quaisquer comentários, um novo encontro, para daí a um mês, com toda a família nuclear. Estávamos na metade de dezembro. Na hora de nos despedirmos, Carla comunicou, com ar alegre, que eles fariam juntos uma viagem ao Egito, nas férias de Natal.

A segunda sessão foi memorável. A terapeuta e o supervisor tinham decidido, previamente, que fariam o pai sair de seu esconderijo. Durante a sessão, veio em nossa ajuda *uma evidente piora física de Carla*. Deixando de lado os banais motivos apresentados, tais como o cansaço com a viagem e as mudanças climáticas, a terapeuta insistiu para que Carla lhe contasse, em detalhes, como tinham andado as coisas durante a viagem ao Egito. E aí ficou claro que o nervosismo da família tinha sido constante, porque Olga só aparecia na hora das refeições. Ficava borboleteando o tempo todo. Tinha-se juntado a um grupo de adolescentes que pareciam se divertir um bocado.

Nesse ponto, as perguntas-chave que a terapeuta tinha combinado com o supervisor foram duas (e apresentadas num crescendo):

a) quem, na sua opinião, se mostrava mais ofendido com os sumiços da Olga? (Carla não hesitou em responder: "o papai".)

b) quando foi que você começou a perceber que o seu pai gosta de você apenas como garota bem-comportada, mas está muito mais interessado em Olga e é dela que sente ciúmes?

Esse segundo momento foi difícil, porque o pai não mexeu um músculo, enquanto Carla, numa postura física de defesa, negou secamente ter percebido alguma coisa. Mas a terapeuta não se deixou enganar. Continuou dizendo a Carla estar escrito em sua testa que, no Egito, não lhe tinha agradado ficar em companhia das pessoas de cinqüenta anos, enquanto via o seu pai furioso porque Olga estava passeando com os rapazes. Rindo, disse que Olga tinha aprendido, muito depressa, a usar uma estratégia feminino velho como o mundo: quem foge faz os outros correrem atrás de si, pois torna-se interessante.

Foi essa a frase que fez o clima da sessão mudar. Enquanto o pai continuava mudo como um peixe, Olga começou a rir maliciosamente, enquanto a mãe confirmava, dizendo que já havia uns dois anos que ela se fazia de misteriosa, até mesmo quando iam para a casa que tinham à beira do lago: ela ficava o tempo todo andando com aqueles rapazinhos de quem nunca se sabia nada. E era verdade que o seu marido sofria com isso, sim! Aí, foi fácil para a terapeuta voltar-se para Carla e lhe perguntar: "Como é que você nunca entendeu que, ficando ali, junto deles, você não se torna interessante?"

Finalmente, a provocação funcionou... Carla começou a perder o controle, até ficar com raiva e deixar escapar: "Devo ficar lá por causa da Alice, entendeu? Mais do que nunca, Alice precisa de mim neste momento..." A importância crucial dessa frase fugiu momentaneamente à terapeuta, que a confundiu com um pretexto. Mas o supervisor bateu na porta, chamou a terapeuta e lhe sugeriu uma terceira pergunta, que mostrasse incontestavelmente de que modo o pai tinha formado um conluio com Carla contra a mãe.

Terapeuta: Ainda há pouco, você me disse que, mais do que nunca, Alice precisa de você neste momento. Quem foi que lhe disse que cabe a você cuidar de Alice, porque sua mãe não está à altura?

Carla (em voz baixa): O papai. Mas não porque a mamãe não está à altura... e, sim, porque é nervosa e, às vezes, se engana...

O pai que, até aquele momento, tinha ficado calado, interrompeu marcando bem as suas palavras: "Nunca disse uma coisa dessas a Carla." Ela reagiu imediatamente, como se tivesse levado um bofetão. Pondo-se de pé e plantando-se diante do pai, pôs-se a gritar: "Vai me dizer que você não me disse isso durante anos? Quer que eu repita aqui, diante de todo mundo, as suas palavras exatas?... Desde que eu tinha oito anos, você me dizia que a mamãe é doente... quando eu era menina, vocês brigavam sempre e eu ficava do seu lado, porque você era um deus e ela era a neurótica, e eu sempre fui aquela que ficou do lado do papai, porque eu dizia: 'É ele quem tem razão, é ele quem tem razão!' E continuei a dizer 'É o papai quem está com a razão' até me aperceber de que ele está mais errado do que todo mundo, e que eu fiz de minha mãe a imagem que ele sempre me ditou!"

Nesse ponto, o pai, voltando-se para a terapeuta, pediu a palavra com um gesto solene. Falava num tom pomposo e um pouco piegas.

O pai: Permita-me, doutora... neste ponto, é meu dever esclarecer as coisas. A minha mulher sempre foi uma neurótica, uma doente... A mãe dela, que tinha falado disso com os meus pais, sempre soube... e as irmãs dela também sabiam...

Terapeuta (voltando-se para a mãe): Olha, acho que, se eu fosse a senhora, com todo mundo em volta, minha mãe, meu marido, meus sogros e minhas filhas, convencidos de que eu sou neurótica, e até mesmo com a filha mais velha encarregada pelo pai de remediar os meus erros com Alice, acho que eu não ia me sentir muito bem.

(Durante todo esse debate, incluindo-se a observação da terapeuta, a mãe tinha ficado de cabeça baixa, sem reagir.)

Neste ponto, devemos observar que, apesar da intensidade e do calor das reações, nesta segunda sessão, que se conclui com a dispensa das filhas, as nossas esperanças de um efeito precoce não se concretizaram. O sintoma de Carla se agravou. Para que cedesse, foram necessárias sessões com os pais, nas quais a terapeuta trabalhou a fundo com a história do aborto. Foi preciso, também, que os pais executassem escrupulosamente a técnica do desaparecimento gradual (e para colocá-la em prática, foi necessário superar a extrema relutância do pai).

Por esse trabalho, o que foi possível reconstruir? Antes de mais nada, que Carla tinha sofrido duas traições por parte do pai: a primeira, com a história do aborto e, a segunda, com o ciúme que ele sentia de Olga. Mas o aborto tinha sido determinante. Ao ouvir, sem querer, as confidências que a mãe fazia à amiga no telefone, Carla tinha feito uma descoberta que, para ela, fora tremenda. A de que aquele pai moralista que, em segredo, lhe pedia para substituir a *pobre* mãe, a ponto de encarregá-la da criação da irmãzinha, exigia relações amorosas arrebatadas, freqüentes e imprudentes com a bela mulher de quem fingia ter pena e a quem, depois, não hesitava em recomendar que recorresse ao aborto. Nessas condições, o deslocamento do interesse do pai para Olga pareceu-nos secundário, em conseqüência da hostilidade que Carla, ao intuir a sua dubiedade, começou a manifestar-lhe.

Por último, observemos que o trabalho com esse tipo de família nos esclareceu, *a posteriori*, sobre a extrema habilidade tática de certos membros; nesse caso, do pai que, com um único telefonema inteligente, tinha conseguido "driblar-nos", no sentido de impedir-nos de falar do aborto na presença de Carla.

O *Imbroglio* na Esquizofrenia

O enredamento de relações em que embrenhamos no caso de famílias que têm filhas anoréxicas em nada é comparável às verdadeiras selvas em que somos obrigados a entrar quando trabalhamos com famílias que têm filhas esquizofrênicas.

No artigo "Rumo a um modelo geral dos jogos psicóticos na família", Selvini Palazzoli já tinha dito o seguinte: "Esbarramos freqüentemente em jogos ou manobras habilmente dissimulados que, no jargão de nossa equipe, habituamo-nos a chamar de *jogos sujos*. [...] No nosso modo de entender, um jogo era sujo quando os atores usavam meios desleais, como enganos sutis, mentiras desavergonhadas, vinganças camufladas mas implacáveis, manipulações, seduções, promessas ambíguas que resultavam em violentações igualmente ambíguas, e assim por diante. Esses meios nos pareciam totalmente sujos porque o seu objetivo, tanto quanto conseguíamos entender, era mascarado e negado, para poder ser atingido mais facilmente. Além disso, jogos desse tipo contrastavam com o tipo de família nos quais os descobríamos: gente bem-educada, aparentemente correta e responsável. A nossa hipótese era a de que o comportamento psicótico do paciente propriamente dito esteve em conexão direta com o *jogo sujo*. Repetidamente, estivemos perto de poder confirmar essa hipótese. Por exemplo, a explosão do comportamento psicótico havia ocorrido quando o paciente em questão se sentira traído ou, pelo menos, *enrolado* exatamente por aquele, dentre os dois pais, com o qual parecia sentir mais afinidade. A esse jogo demos o nome de *imbróglio*." (1986, p.15)

Com o passar do tempo, fomos nos apercebendo de que estávamos às voltas com famílias de jogadores habilidosíssimos, que tinham crescido em ambientes onde, desde os primeiros passos, tinham sido obrigados a aprender a *manipular as relações* mediante um rico instrumental de palavras e manobras que, ao longo dos anos, tinham refinado. Nesse instrumental, nós, principiantes ingênuos, começamos laboriosamente a perceber táticas como a *simulação* (falsificação) ou manobras como os *fingimentos* ou as *ameaças*.

Para que o leitor possa ter uma idéia disso, tentaremos apresentar de maneira compreensível, até mesmo porque extremamente simplificada, o repertório de palavras e manobras que identificamos no processo interativo de uma família que nos procurou por causa de um filho esquizofrênico. É bom que se diga que essas reconstruções de histórias familiares, que nos fascinaram por assemelharem-se a verdadeiras sagas, e custaram-nos suor e lágrimas, acabam sendo traídas pela nossa exposição, que as fragmenta e banaliza. Ater-se ao empreendimento é um sofrimento autêntico, visto que cada escolha há de ser decepcionante. Se se escolhe entrar nos detalhes e contar a história como se fosse um romance, cai-se fatalmente no tédio pela necessidade didática de ser muito preciso: tal comportamento foi uma simulação, aquele outro um fingimento, aquele outro uma ameaça e por aí adiante.

Outra opção é estabelecer tabelas sintéticas nas quais, em uma coluna, colocamos as seqüências de fatos e comportamentos e, na outra, especificamos a nossa leitura em termos de jogo (ou contramanobras); por exemplo:

o filho privilegiado vai para o serviço militar, adapta-se bem e telefona raramente	comunica à mãe que está se afastando dela
a mãe vai procurá-lo e mostra-se deprimida	culpa-o por sua tristeza
o filho é mandado para casa numa licença (de três dias) para o Natal	

no dia seguinte ao Natal, a mãe vai visitar a sua filha casada e o deixa sozinho no último dia de licença	ameaça: "se você prefere os seus companheiros de caserna a mim, eu também prefiro a sua irmã"
o filho volta para o quartel e, dois dias depois, apresenta uma crise dissociativa, pela qual o comandante tem de mandá-lo de volta para casa	apavorado com a ameaça da mãe e furioso com a traição tem de voltar para casa a qualquer custo, para poder supervisionar a situação entre a mãe e a irmã

Estabelecidas estas correspondências, o que aparece é um balanço seco e mecânico, destituído dos tremores, furores e angústias que sempre acompanham essas interações e que, por isso mesmo, será muito pouco verossímil.

Se, ao contrário, optarmos por uma exposição viva e abreviada, que se contente com as grandes linhas e conte com a experiência e as intuições do leitor, estarão sendo omitidas conexões e estarão sendo apresentados modelos amplamente incompletos.

Neste livro, o leitor terá ocasião de esbarrar nesses três modos e poderá julgá-los por si.

Para o caso que aqui anunciamos, tivemos de optar, por causa de sua extrema complexidade (e depois de não poucas tentativas abortadas), pelo terceiro modo, isto é, por uma extrema simplificação.

A família Caccia

É uma família de cinco membros, na qual o paciente propriamente dito, Filippo, é o único filho homem entre duas mulheres. Trata-se de uma família de posses: o pai dirige uma grande empresa que foi fundada pelo avô. Homem culto e de princípios rígidos, à moda antiga, tinha-se casado com uma moça de origens e cultura mais modestas com o objetivo, na nossa opinião, de ter em seu poder uma família, sob a custódia de uma espécie de anjo, instalada em uma casa no meio de um parque, a pouca distância da cidadezinha onde ficava a sede de seu estabelecimento.

A luta entre marido e mulher tinha-se desencadeado logo, e parecia desenvolver-se entre dois pólos típicos: o do marido, que venerava o lar onde, porém, quase nunca estava, por causa da empresa, que lhe roubava às vezes até os feriados; e o da mulher, que passara a odiar a fábrica do marido quase como se ela fosse outra mulher, propalando por toda a família o desprezo que tinha por aquele tipo de trabalho, apesar dos ótimos rendimentos de que, na verdade, ela bem que desfrutava.

A posição do herdeiro homem, Filippo, foi difícil desde cedo. De temperamento tranqüilo, calado, tímido, foi também afligido, na segunda infância e na pré-adolescência, por distúrbios que criaram em torno dele o mito de que era "doente". A mãe aproveitou-se dessa saúde oscilante para fazer dele um menino muito mimado, uma espécie de pagem que lhe fazia companhia dentro daquele casarão, tocando e cantando com ela.

Ilaria e Marta, as duas irmãs entre as quais Filippo tinha nascido, com uma diferença de idade de oito anos, pareciam dois tipos antitéticos. Ilaria, dois anos mais velha do que Filippo, era uma menina animada, extrovertida e cheia de vida, cuja presença bastava para encher a casa: quando voltava da escola, a sua voz era a única coisa que se ouvia pelo campo afora. Marta era o oposto: em muitos aspectos, assemelhava-se a Filippo, pois era calma e calada como ele. Porém, era muito mais ativa, sabia se organizar, fazia muito bem as suas tarefas e possuía uma autêntica convicção religiosa, que cultivava dentro de um grupo.

A família teve de enfrentar um momento difícil quando Ilaria, aos dezessete anos, rebelou-se abertamente. Eram os anos da contestação estudantil, a que ela se atirou de cabeça. Da mansão suntuosa, em que morava com a família, saía para ir misturar-se com "os fedelhos da rua", com os quais andava de motocicleta, fumava maconha, passava por todo tipo de experiência erótica, que não escondia de ninguém, sem qualquer preconceito, e voltava sempre para casa de madrugada. O pai a esperava acordado, recebia-a aos bofetões, fazia-lhe cenas passionais. Via-se que estava sofrendo horrivelmente, mas não conseguia domesticá-la. Já que a mãe, de forma inesperada e em aberto contraste com o marido, a defendia, era como se Ilaria fosse a líder de uma cruzada pela libertação feminina.

E Filippo? Foi exatamente nesse período que ele cometeu um erro trágico, que haveria de levá-lo à catástrofe. Dois anos depois, aos dezessete, quando Ilaria estava terminando o liceu, decidiu ele também tornar-se um contestador. A nossa hipótese para explicar essa decisão é a seguinte: ele não tinha dúvida alguma quanto à solidariedade da mãe, pois sempre contara ingenuamente com o seu afeto privilegiado. Mas, como a condição de "queridinho da mamãe" sempre o tinha excluído de um contato viril mais próximo com o pai, estava pronto a vender a alma, como Fausto, para que o pai não ficasse com raiva dele, para não ver acender-se nos olhos do pai, contra ele, a mesma fúria que a rebelião de Ilaria tinha despertado. Embora totalmente inadaptado para isso, por temperamento, ele também foi conviver com a rapaziada da rua, que acolheu com sarcasmo esse novo "irmãozinho". Filippo tentou desesperadamente tornar-se amigo deles, mas sem sentir nenhum prazer naquilo. Aos poucos, ficaria era com um medo louco daquela experiência...

O resto foi um desastre atrás do outro. O pai, para dizer a verdade, não se zangou com o seu comportamento, e nem ficava acordado até tarde para esperá-lo. Parecia até que concordava com aquilo. Mas a mãe o traiu "feio". A hora da verdade chegou uma noite em que Filippo, enturmado com a garotada na praça, se esqueceu de ir buscar Marta, que estava saindo de uma reunião na casa paroquial, e a garota teve de ficar esperando, na rua escura, durante muito tempo. A mãe que, até então, *nunca* se pronunciara claramente sobre os comportamentos contestadores de Filippo, reagiu a esse esquecimento com violência desproporcional, perdeu o controle, cobriu a sua contestação de sarcasmos. Ficou claro que não estava ligando a mínima para o novo comportamento de Filippo. O de Ilaria lhe tinha sido útil, para erguer contra o marido o estandarte feminista. Mas, agora, ela demonstrava já estar cansada até mesmo de Ilaria. O seu coração estava com Marta, cujos ideais religiosos ela também passara a compartilhar.

Na manhã que se seguiu a essa cena, Filippo não saiu de seu quarto. Encontraram-no deitado na cama, imóvel, o rosto coberto por um lençol. Tinha começado uma greve de fome radical, que em breve o reduziu a um pavio e, por isso, teve de ser tratado.

Nesse meio tempo, Ilaria tinha sido transferida para a capital da província, e iniciara o curso universitário. Vinha pouco para casa mas, quando aparecia, estava mais contestadora do que nunca, e brigava sempre com o pai: estava morando com um estudante estrangeiro, vivia pedindo dinheiro, mas proclamava que Filippo nunca deveria ir trabalhar na empresa do pai, pois isso era carreira para filhinho de papai.

Foi exatamente nessa época que se formou o mito de que Filippo se arruinara porque gostava demais de Ilaria. Ele não a tinha idolatrado quando era menino? Não tinha imitado em tudo a sua contestação? Por isso, freqüentemente, depois do jantar, quando a família se reunia na sala de visitas e Filippo ficava ali sentado, tristonho e silencioso, acontecia muito de o pai, como se quisesse agradá-lo, dizer: "E aí, Filippo... vamos dar uma ligadinha para a Ilaria?" e, como o filho não se mexia, era ele quem se levantava para ir pegar o telefone.

107

Quando a família apareceu no nosso centro, Filippo estava com vinte e três anos e tinha sido submetido a vários tratamentos pelas suas crises dissociativas ocorridas depois dos protestos anoréxicos. Diagnosticado pelos psiquiatras como esquizofrênico crônico, vivia num ócio total dentro daquela mansão, sob controle de psicofármacos. Os acontecimentos relacionais que se referiam a ele tinham passado por evoluções ulteriores.

Mas queremos deter-nos no período descrito anteriormente, suficiente para guiar a reflexão sobre o *imbroglio* em que Filippo tinha-se metido. Durante o longo período em que a mãe mantiver com ele uma terna relação de afinidade eletiva, como tácito protesto contras as ausências do marido, ele tinha-se sentido muito lisonjeado e, de várias maneiras, fora conivente com essa situação. A confusão começara a nascer dentro dele a partir do momento em que Ilaria, adolescente, lançou-se à contestação. Certamente, Filippo penou para entender como é que a mãe, pessoa de bem, tão correta em tudo, apoiava os comportamentos inaceitáveis da filha. Mas confundiu-se ainda mais quando o seu pai que, até aquele momento, só se interessava de vez em quando pelas crianças, começou a se preocupar com Ilaria a ponto de ficar esperando por ela, acordado, até de madrugada, e de ter com ela brigas violentas. Era o mesmo homem que demonstrava ter um grande respeito por Marta, cuja reserva e bom-comportamento à moda antiga ele sempre elogiava... A hora da verdade soou quando Filippo, que há muito tempo, já se tinha decidido a seguir as pegadas de Ilaria, esbarrou nos sarcasmos da mãe. A partir daquele momento, ele se viu numa situação impossível: entre a mãe, que tinha demonstrado admirar Ilaria embora, no íntimo, fosse favorável a Marta, e o pai, que elogiava as virtudes de Marta mas, em segredo, estava loucamente enamorado de Ilaria. Um segredo tão secreto, que o pai tinha de atribuir a Filippo o desejo de ligar para a irmã, cada vez que sentia a vontade de pelo menos ouvir a voz da filha ao telefone...

Quando o imbroglio *é apresentado como uma boa ação*

Os modos relacionais dessas famílias de jogadores, afeitas às contorções tático-manipulativas, parecem dominadas por uma advertência principal, que é mais ou menos o seguinte: *quando se trata de afeto, o oportuno é nunca mostrar as coisas como elas são; é melhor mostrar exatamente o contrário.*

Com a família de um esquizofrênico crônico, esbarramos na rara felicidade de obter (dessa advertência) uma declaração verbal explícita dos pais, que confessaram as simulações postas em prática, com a melhor das intenções, de cada um deles, nas relações com os três filhos homens. Mas a intriga, já inacreditável, tornou-se ainda mais kafkiana com os comentários das duas filhas adotivas que, com as suas retificações, mostraram que o *imbroglio* era ainda mais *imbrogliato* do que pensávamos. Conservamos o videocassete daquela sessão como uma relíquia histórica, pensando em sua eventual transcrição literal. Aqui, fazemos apenas um resumo dela.

Trata-se de uma família composta de pais que já passaram dos cinqüenta anos, separados há oito anos, divorciados há dois e não-casados de novo, e de três filhos homens: Gino, de trinta e três anos; Massimo, o paciente propriamente dito, de trinta e um; e Franco, de vinte e quatro. Além deles, há duas filhas adotivas mais jovens, de vinte e dois e dezoito anos. Dos homens, só o último, Franco, mora com a mãe. Gino é casado e tem um filho; as duas filhas trabalham e moram por conta própria. Quanto a Massimo, quando não está internado para tratamento psiquiátrico, mora num apartamentinho que o pai comprou para ele e faz alguns trabalhos para a mãe, na loja de antigüidades que ela tem.

No início da segunda sessão, a terapeuta, como de hábito, faz perguntas a respeito do tipo e da evolução das relações de cada um dos pais com os filhos. A atenção da terapeuta está particularmente centrada em Gino, o filho mais velho, que parece exercer uma função paterna, tanto que foi ele quem telefonou para pedir a terapia. A mãe afirma que o pai sempre teve com Gino um relacionamento preferencial. Mas o pai está pronto a desmenti-la, garantindo, de espada na mão, que sempre teve um fraco por Massimo, mas disfarçava-o cuidadosamente para não fazer Gino sofrer. As irmãs, porém, não hesitam em afirmar que o preferido do pai sempre foi Franco, e continua a ser.

Mais adiante, durante a sessão, a mãe é acusada pelas duas filhas adotivas de "dar corda demais" a Franco e de "encher-lhe a cabeça". Na verdade, Franco é um rapaz muito jeitoso e se dá uma importância enorme porque está construindo um barco a vela com as próprias mãos. Quer fazer regatas, e fala de seu trabalho como se estivesse prestes a lançar no mar uma frota inteira. É nesse ponto que a mãe se inclina para a terapeuta, com o gesto de quem vai lhe confidenciar um segredo, e sussurra: "À senhora eu posso ser sincera, doutora... sempre preferi as meninas. Queria tanto ter filhas que consegui adotar duas. Mas sempre tentei evitar que os meninos percebessem, para que eles não sofressem com isso". A isso a filha mais nova rebateu: "Quer dizer, então, mamãe, que você finge preferir o Franco porque na realidade prefere nós duas? Essa não!"

Gregory Bateson dizia, a esse propósito: "Ao que parece, o discurso da comunicação não-verbal refere-se precisamente a questões de relacionamento — amor, ódio, respeito, temor, dependência etc. — entre o eu e um interlocutor, ou entre o eu e o ambiente, e a natureza da sociedade humana é tal que a falsificação desse discurso faz rapidamente surgirem as patologias. Do ponto de vista da adaptação é, portanto, importante que esse discurso seja desenvolvido mediante técnicas relativamente inconscientes e só parcialmente sujeitas a um controle voluntário" (1972, p. 423).

Mas isso escancara a porta, para nós, a um problema de complexidade inimaginável. Como pode ser bem-sucedida e aonde pode levar a falsificação *voluntária* de uma relação em um jogo interativo cujas manobras táticas consistem numa mudança rápida de comportamentos amplamente *subtraídos ao nível verbal*?

Imbroglio e Famílias Uniparentais

Morawets e Walker (1984) dedicaram um volume, extremamente detalhado e instrutivo, aos múltiplos problemas que possam surgir nas famílias uniparentais, nas várias fases de seu desenvolvimento. No nosso conjunto de casos clínicos, as famílias uniparentais que nos consultaram por causa de um filho anoréxico ou psicótico tinham, na absoluta maioria dos casos, ficado assim em conseqüência da morte de um dos genitores (e, em menor caso, após um divórcio). Não nos ocuparemos, portanto, de situações nas quais o genitor sempre foi único (como é o caso das mães solteiras).

Viuvez

Entre os possíveis jogos patogênicos identificáveis nas famílias com um dos pais viúvo, queremos focalizar, aqui, exclusivamente o mais grave: o *imbroglio* relacional que observamos regularmente em tal tipo de família, cada vez que elas nos pedem ajuda por causa de sintomas graves — anorexia, psicose ou esquizofrenia — num dos membros da última geração.

Queremos, porém, frisar, de saída, um conceito fundamental. A viuvez é, por si só, um acontecimento crítico na vida da família. Todavia, esse acontecimento pode desencadear as conseqüências aqui apresentadas *apenas se o desaparecimento de um dos pais ocorre dentro de uma organização relacional que já está confusa anteriormente.* Nesse caso, o genitor que ficou só pode comportar-se de modo a desencadear nos filhos, ou entre estes e algum dos membros da família extensa, um processo competitivo metaforicamente comparável a uma "guerra de sucessão".[2]

A viuvez abre, na realidade, o problema-chave da reorganização interativa: em quem há de se apoiar o genitor viúvo? A quem pedirá conselho? Quem preencherá a sua solidão? Quem o consolará? Parece-nos evidente que esse problema não pode produzir danos se a pessoa que enviuvou comporta-se com clareza, designando sem dissimulações em quem deseja apoiar-se. Moralismos opostos poderiam fazer pensar ou que a escolha "endógama" (isto é, dentro da família) seria preferível, porque não põe os filhos em contato com estranhos, ou que, ao contrário, a escolha mais sadia seria a "exógama" pois, ao reconstituir o casal, ela permitiria a emancipação dos filhos. A nossa convicção é a de que nenhum organograma é, em si mesmo, disfuncional, desde que seja explícito. Ao contrário, nos casos que chegaram a nós para ser tratados, o persistente caráter de indeterminação dessa designação, por parte do viúvo, é que tinha criado os pressupostos para uma verdadeira *guerra de sucessão*, por mais *dissimulada* que ela fosse.

Como evidenciar esse fenômeno? Ao contrário do que será exposto no capítulo IX, no qual nos pareceu esclarecedor estabelecer o modelo do processo psicótico tomando como ponto de partida o tipo de jogo do casal de pais, neste caso pareceu-nos útil partir de um estágio diferente. Já que o casal se desfez antes de o sintoma do filho aparecer, consideramos necessário reconstruir, em suas diversas etapas, o processo de reorganização das relações que se estabeleceram após a morte de um dos pais. (Isso não significa que não seja possível entrever, *a posteriori*, de que forma, na sua época, o casal estava envolvido em um jogo que colocou as premissas para a configuração sucessiva do *imbroglio*. Às vezes, podemos ter uma idéia do tipo de jogo do casal de pais, quase sempre ligado a relacionamentos complicados com membros da família extensa.[3])

---

2. Em dois casos, pudemos observar que essa guerra já estava declarada antes da morte da morte do pai; em um desses casos, depois de um diagnóstico infeliz que, em seguida, demonstrou-se estar errado!

3. Para um debate muito interessante sobre o tema do pai viúvo, ver Stierlin et al. (1987). Trata-se dos anais do congresso realizado em Heidelberg em 1985. Nas páginas 163-205, é transcrita a discussão entre vários terapeutas depois da projeção de um videoteipe. Tratava-se da primeira sessão com uma família cujo caçula, de quinze anos,

No que se refere aos movimentos interativos que se seguem à morte de um dos pais, pensar somente em termos de elaboração do luto parece-nos redutivo, à medida que restringe a nossa atenção ao impacto do acontecimento desgastante sobre a psique do paciente propriamente dito. Partir, ao contrário, do problema da sucessão demonstrou ser uma inspiração iluminadora, que nos permitiu datar e reconstruir retrospectivamente as configurações relacionais confusas. Em particular, consideramos que devem ser centro da atenção as estratégias encobertas das pessoas viúvas que, de maneira aparentemente incongruente, distribuem aos filhos encorajamentos alusivos, mas também frustrações alusivas, recarregando constantemente um clima angustiante de incerteza e de competição. Eles agem desse modo, antes de mais nada, em coerência com as regras de seu aprendizado. Já no jogo de provocações recíprocas com o cônjuge defunto, tinham tentado que outras pessoas se aliassem a ela, numa coalizão contra o defunto. Com o advento da viuvez, suas estratégias são postas em prática impelidas até pelos motivos mais imediatos, como o medo de ficar sozinho e esquecido, caso os filhos se afastassem; ou o desejo de reativar o jogo sobre um tabuleiro diferente, em geral o da família extensa (em contraste com aquilo que mostramos ostensivamente, ou seja, o interesse exclusivo pelos nossos próprios filhos).

No entanto, o fenômeno imediato e mais perceptível (a ponto de fazer-nos suspeitar dele e levar-nos a questioná-lo), é o seguinte: *o viúvo é o ator principal de uma série de manobras confusas que o mantêm no centro do interesse dos filhos*. É exatamente isso o que parece ser o ponto comum, nos três casos que resumimos aqui.

1. Andrea Sarto ficou órfão de pai quando ainda era menino. Tinha uma irmã, Mariella, pouco mais velha do que ele. Nos primeiros anos, o menino achou natural que, em sua solidão, a mãe se apoiasse na filha mais velha. Mas quando ele chegou à plena adolescência e a perfeitíssima Mariella se afastou, para ir fazer o curso universitário, a mãe o enganou, fazendo-o acreditar que tinha chegado a sua vez de servir-lhe de confidente e de apoio. Bem depressa os fatos desmentiram duramente essa promessa. O lugar que Andrea tinha ambiciona-

---

apresentava uma crise dissociativa que se manifestara pouco depois da morte do pai. Pode-se, entre outras coisas, notar a diversidade da posição conceitual e terapêutica entre Norman Paul, que enfatizava o problema da elaboração do luto, e Mara Selvini Palazzoli, que antecipava os conceitos de *imbroglio* e de guerra de sucessão entre os irmãos.

do tanto foi logo ocupado, primeiro por um tio materno, depois pelo noivo de sua irmã, em seguida por um amigo da família e, finalmente — derradeiro insulto — pela sua velha avó materna, que sempre fora considerada desequilibrada. Essa senhora veio hospedar-se em sua casa e ficou em plena forma, a ponto de passar na frente do coitado do Andrea. E este, que tinha 72 quilos, daí a poucos meses estava pesando apenas 36.

2. Lia Cella vem consultar-se por causa de uma anorexia que se tornou crônica, apesar de uma longa terapia individual. Recentemente, as suas condições pioraram muito e, às vésperas de se diplomar, a garota interrompeu os estudos. Lia vem à primeira sessão em companhia da mãe, Eva, viúva há muitos anos, do irmão Lorenzo, brilhante estudante universitário, da tia materna, Grazia, ainda solteira, e da velha avó materna. Eis, resumidamente, como reconstruímos o processo que provocou o sintoma de Lia. Eva tinha sempre morado em uma cidadezinha do interior, trabalhando em casa como costureira. Fora obrigada a desistir do emprego que tinha antes, em uma alfaiataria, porque o marido, extremamente possessivo, não gostava que ela saísse de casa. Além disso, ele lhe tinha imposto a convivência com os seus pais, já idosos, de quem era filho único; os dois tinham morrido alguns anos depois do nascimento dos netos. Lia, muito parecida com o pai do ponto de vista do temperamento, e muito ligada a ele, tinha logo imitado as suas atitudes de controle, impedindo que a mãe ficasse de conversa com as clientes. Além de sua própria atividade como costureira, Eva opunha ao marido a ligação muito estreita que mantinha com Grazia, a sua irmã. Decidida a permanecer solteira, esta levava uma vida brilhante e profissionalmente muito bem-sucedida, em uma cidade grande, mas vinha freqüentemente visitar os seus únicos sobrinhos, aos quais era muito ligada. Quando Eva ficou viúva, apoiou-se na irmã mais emancipada, delegando-lhe uma série de incumbências práticas, que os filhos eram ainda demasiado jovens para saber assumir. Quando estes se tornaram adultos o suficiente para poder colaborar plenamente na gestão da casa, o pai de Eva e de Grazia morreu, e Eva considerou que era seu dever levar para casa a mãe idosa, embora Grazia tivesse acabado de se aposentar. Mas Eva achava que a mãe e a irmã não tinham condições de morar juntas, pois viviam brigando por qualquer ninharia. Assim, Grazia veio morar na casa da irmã, para ajudá-la a cuidar da mãe idosa, e cedeu aos sobrinhos o apartamento que tinha na cidade, um arranjo cômodo pois, assim, eles podiam freqüentar a universidade. O caráter confuso da jogada de Eva é que ela ostenta ter de suportar a invasão da

casa pela mãe idosa e a irmã, enquanto Lia, que sempre aspirara a se transformar no apoio e no sustento da mãe, não pode tomá-la a seu encargo e, com isso, enche-se de rancor contra as suas parentes. As encrencas familiares tornam-se o pretexto para intermináveis bate-bocas, primeiro entre a tia Grazia e a avó, depois entre Lia e uma das duas, enquanto Eva faz o que pode para apaziguar as três, e Lorenzo simplesmente se isola diante da televisão. E não é só isso. Como contrapartida à vantagem que os filhos obtiveram podendo dispor do apartamento de Grazia na cidade, Eva se abstém de reprimir as pesadas intromissões que a tia se permite fazer na vida sentimental de Lia. Além disso, com o objetivo de manter Grazia separada o mais possível de sua mãe, Eva a levou para dormir em seu próprio quarto e, o que é pior, em sua própria cama. Isso não a impede, porém, de ocultar a sua satisfação por trás de suspiros que perpetuam a imagem equivocada da mãe que, embora votada exclusivamente ao bem de seus filhos, não pôde poupá-los das atribulações da vida familiar. Lia, confusa e cheia de hostilidade, inicia o seu protesto com um jejum anoréxico contra o triunfo da tia Grazia e a traição encoberta da mãe.

3. No caso de Lieta Mariani, para a qual foi a mãe quem pediu a nossa ajuda, a pista da sucessão guiou a nossa investigação desde a primeira sessão. O pai tinha morrido dez anos antes, deixando dois filhos, Doriano, de quinze anos, e Lieta, de sete. O núcleo familiar sempre tinha convivido com a família do pai, junto com a qual ele dirigia uma empresa. As relações eram péssimas. A ficha clínica informava-nos que Lieta tinha começado a desenvolver sintomas de fobia a partir dos dez anos (fobia escolar). No entanto, era apenas nos dois últimos anos (quando compilamos a ficha, Lieta estava com dezessete anos) que ela estava muito mal, totalmente isolada da vida social e escolar, com fases maníaco-depressivas e atitudes paranóicas. Doriano, por sua vez, logo após a morte do pai, tinha manifestado desvios de conduta que logo desembocaram em dependência de tóxicos. Voltando a nossa investigação para a base da metáfora da guerra de sucessão, chegamos aos seguintes esclarecimentos. Após a morte do pai, Doriano não se tornou o seu sucessor, como teria sido de se esperar. Já antes de o luto ter acontecido, estava numa fase de rebelião: os parentes paternos o tinham instigado contra a mãe e, além disso, ele tinha ciúmes da irmã, menina modelo, ligadíssima à mãe. Assim, foi Lieta quem se tornou o único consolo de uma mãe deprimida e maltratada. Doriano, marginalizado e desvalorizado, logo descambou para a opção depressiva e suicida do uso da heroína. Nesse ponto, a mãe decidiu-se a salvá-lo a qualquer custo,

envolvendo Lieta também no controle de Doriano que, àquela altura, roubava, brigava, era internado em hospitais e clínicas, mas fugia deles logo em seguida. Lieta cumpriu metodicamente todos os deveres em relação a Doriano, de que a mãe a tinha incumbido, e obteve ótimas notas na escola, mas deu início a um isolamento fóbico. A mãe parecia ter-lhe transmitido uma visão aterrorizante do mundo exterior. Depois de uns dois anos de luta, inesperadamente, Doriano começou a botar a cabeça no lugar. Estava trabalhando, fazia projetos e precisava da ajuda econômica da mãe para abrir um estabelecimento. A mãe descobriu nele um companheiro mais agradável do que Lieta, que foi destronada. E, no entanto, examinando os detalhes, descobrimos que Doriano também não estava muito bem. Tinha momentos de agitação, e outros de tristeza; de vez em quando, fazia umas bobagens inesperadas. A equipe focalizou a atenção nos problemas de relacionamento da mãe com a família de origem. Emergiram, assim, os profundíssimos rancores que, havia muitos anos, ela nutria contra a sua própria mãe, que sempre se comportara como uma menininha irresponsável e, agora, preferia ostensivamente os seus dois outros filhos, em detrimento dela. E descobrimos que essa avó também tinha ficado viúva muito jovem! A guerra de sucessão parecia, assim, ir serpenteando de uma geração para a outra, com o seu séquito de problemas e de sofrimentos.

Divórcio

No caso do divórcio dos pais, podem configurar-se em torno de um ou outro deles — não necessariamente aquele com quem os filhos convivem — os mesmos enredamentos interativos confusos que descrevemos no caso da viuvez. Por exemplo, um genitor que vive a separação como um incompreensível ou injusto abandono por parte do ex-cônjuge, mergulhando numa depressão profunda, submete os filhos a pesadas interrogações a respeito da reorganização das relações familiares. Mas essas interrogações tornam-se angustiosas quando o genitor, no terror de ficar sozinho, começa a fazer com os filhos um jogo sutil de manobras que os confundem, de ilusões e desilusões alternadas que induzem entre eles ciúmes e competições. Pode-se, assim, como no caso da viuvez, chegar àquele mesmo fenômeno disfuncional a que tínhamos metaforicamente dado o nome de "guerra de sucessão".

O divórcio, porém, por sua própria natureza, pode ocasionar, em comparação com a viuvez, uma probabilidade maior de relações insidiosas. Já se observou que é comum os dois cônjuges manterem imutáveis, apesar do divórcio, aqueles mesmos contrastes e aquela mesma emotividade desgastante que tinham tornado intolerável a sua convivência. Esse tipo de ocorrência, entretanto, não é patogênico, desde que os filhos não se envolvam nem sejam envolvidos no jogo do casal. A patologia explode a partir do momento em que um dos filhos é envolvido no *imbroglio* relacional.

Na nossa vastíssima coleção de casos de pacientes anoréxicos, tratamos apenas de três casos de anorexia grave que explodiu após o divórcios dos pais. Pois bem, nesses três casos, pudemos pôr em evidencia, sob variáveis específicas diferentes, um *imbroglio* relacional idêntico. Precisamente o fato de, antes do divórcio, a paciente em questão não só ter sido enredada por um dos genitores num relacionamento pseudoprivilegiado como ter sido também o objeto de promessas sedutoras, mas vagas. Tinha-lhe sido dito mais ou menos o seguinte: "Quando finalmente eu ficar livre deste inferno... ah, como seria bom ficarmos juntos só você e eu... só nós dois, que nos damos tão bem, sem nem mesmo termos a necessidade de falar!" Quando o divórcio ocorreu, deixou bem claro o engano e pôs a futura paciente diante da consciência da amarga realidade: a de sempre ter sido e de continuar sendo *apenas um ouvido complacente* no qual o genitor, nos momentos de intimidade, desabafava todo o rancor que tinha do outro cônjuge, de quem queria, como dizia, ser libertado... A greve de fome veio, assim, assinalar nas pacientes o desmoronamento do pressuposto básico sobre o qual tinham construído todo o seu universo afetivo e cognitivo.

E chegamos, finalmente, aos jogos funestos que podem estruturar-se no momento em que um dos genitores divorciados casa-se de novo. Aqui, os *imbrogli* interativos podem adquirir um grau incrível de enredamento. Esse é o caso do casal reconstituído, no qual o marido divorciado, que se casou de novo com uma mulher jovem e solteira, não consegue resolver as ligações que ainda tem com a primeira mulher. Pois bem, esse marido pode atrair a mulher jovem para um jogo de aliança perversa que tem a ex-mulher como alvo. Um jogo dessa natureza torna-se nocivo quando usa os filhos como instrumento. Tivemos a oportunidade de estudar um caso desses, em que a ajuda nos tinha sido pedida por uma mulher divorciada, que morava com os quatro filhos, de idades entre doze e vinte anos. O ex-marido, um artista, tinha-se casado de novo, três anos antes, com uma ex-aluna. Acabamos chegando a entender como a nova mulher, de comum acordo com o marido, colaborava deliberadamente na sutil instigação dos filhos contra a sua mãe. Por seu lado, o pai, que no passado nunca tinha cuidado dos filhos, havia descoberto em si mesmo uma grande ternura por eles e o desejo de encontrá-los com freqüência. Desse modo, os meninos viam-se constantemente expostos ao contraste entre uma casa habitada por uma mãe absorta e taciturna, e uma outra cheia de vida, onde o pai reconstruíra a sua nova vida e os acolhia com toda a hospitalidade. A acusação implícita à mãe, de não ter sido capaz de compreender e manter junto de si aquele homem genial e imaginativo, estava sempre dentro do coração dos rapazes, pendente como uma sentença e, no entanto, chocando-se conflituosamente com o natural sentimento de culpa em relação à mãe, inevitável numa situação dessas.

É claro que jogos funestos desse gênero, que ocorrem entre os membros do casal reconstituído e os do casal desintegrado, envolvendo os filhos, não são fenômenos raros, nem se deve deixar de tratá-los com seriedade, por causa de seu elevado potencial patogênico. Deve-se sempre formular a hipótese de sua presença possível, e perguntar por ela no caso de filhos de divorciados que apresentem comportamentos sintomáticos. Em tais jogos estão envolvidos, em geral, membros da família extensa, especialmente os avós.

Há, finalmente, um outro *imbroglio* relacional, ligado ao divórcio e à reconstituição do casal, ao qual queremos nos referir antes de encerrar este capítulo. Trata-se do caso de um filho, ou filha, que se torna objeto de lisonja, engodo ou até mesmo sedução por parte do novo cônjuge do genitor divorciado. Aqui também, antes de considerar autêntico um tal "enamoramento", o que vamos fazer em primeiro lugar é assestar os nossos refletores sobre o jogo do casal. *Trata-se de ver e tentar entender qual poderia ser o motivo e o objetivo que levam o novo cônjuge a fazer uma tal manobra no seu jogo com o parceiro.* Poderia tratar-se de uma ameaça, da tentativa de fazer um aliado, de uma vingança por sentir-se sempre preterido aos filhos naturais, ou àquele filho, ou a um outro. O motivo e o objetivo, porém, só poderão ser esclarecidos se se partir da hipótese correta: que se trata de uma manobra estratégica num jogo de casal do qual o menor transforma-se no instrumento.

VI

A INSTIGAÇÃO

Dizionario Devoto-Oli
Istigazione (arcaico *Instigazione*): persuasione al male, protratta con assiduità consapevole e dichiaratamente fraudolenta: istigazione a delinquere, alla ribellione, ecc.

Dizionario Zingarelli
Istigazione: illecito penale consistente in un complesso di attività tali da indurre altri a tenere un dato comportamento: istigazione al suicidio, alla prostituzione, a delinquere.

Dizionario Palazzi
Istigare: eccitare, aizzare, solitamente con significato negativo.

Concise Oxford Dictionary
Instigate: urge on, incite (person to action, to do usually something evil); bring about (revolt, murder, etc.) by persuasion. So *Instigation*.

Dictionnaire Robert
Instigation: action de pousser quelqu'un à faire quelque chose.

Dicionário Aurélio
Instigação: ato de incitar, estimular; açular, provocar (animais); induzir, mover, acirrar; procurar persuadir, aconselhar.

A Instigação como Processo

Uma pesquisa que adotou a metáfora do jogo, com o objetivo de ver as coisas do ângulo mais complexo, é traída pelos termos da linguagem comum, que adere ao esquema causa-efeito. O termo "instigação" não é exceção a isso, como se pode facilmente constatar com as definições apresentadas, extraídas de alguns dicionários italianos e estrangeiros.* Esse termo gera mal-entendidos, sobretudo porque comporta conotações moralistas. Mas há momentos em que se necessita adotar um termo e, pelo menos por enquanto, ainda não soubemos encontrar ou inventar um outro mais adequado. No esforço de fazer entender o que queremos dizer com instigação, só nos resta convidar o leitor a percorrer a tortuosa viela que nós mesmos tivemos de trilhar partindo, como se verá — e esse é o lado cômico — exatamente do julgamento moralista que esse termo implica na linguagem comum.

Num escrito inédito, Mara Selvini Palazzoli tinha assim descrito a irrupção da primeira intuição: "A primeira vez que, com ímpeto, num momento de emoção intensa, saiu-me da boca a palavra instigação, foi na primavera de 1981. Juntamente com minha colega Giuliana Prata, que estava diante do espelho, eu estava chegando ao final da desgastante terapia de uma família que apresentava um caso de anorexia-bulímica crônica numa moça de vinte e um anos, a que chamaremos de Giusi — um caso bastante grave, complicado por comportamentos psicóticos e suicidas. Quem a enviou para nós, uma psicanalista amiga da família, tinha sido muito sincera ao dizer-nos que considerava o caso praticamente sem solução, pois já tinham fracassado diversas tentativas anteriores de tratamento, entre as quais uma terapia familiar de inspiração psicanalítica. Giusi tinha sido uma moça de beleza excepcional, filha única de pais de alto nível social que exerciam profissões liberais. Durante várias sessões, trabalhamos ape-

---

* Às quais se acrescentou a de um dos principais dicionários brasileiros (N. do T.)

nas com os pais, que tinham seguido fielmente a série das prescrições. Giusi tinha melhorado bastante, mas ainda não podíamos considerá-la curada. Além da obsessão com o peso, persistiam nela alguns comportamentos provocatórios, voltados sobretudo contra a mãe, que me deixavam perplexa. No final da oitava sessão, na hora da despedida, a mãe me disse, em tom amargurado que, na semana anterior, Giusi a condenara uma vez mais a passar noites sem dormir. Explicou que Giusi tinha recebido uma carta escrita em francês. Com o pretexto de ter dificuldades em decifrá-la, havia ido ao escritório da mãe pedir-lhe que a ajudasse. Tratava-se de um bilhete de poucas linhas, assinado por um rapaz francês com quem Giusi dizia ter tido relações sexuais dias antes. No bilhete, ele informava que acabara de descobrir que estava sifilítico. Percebi, imediatamente, naquele comportamento de Giusi, uma intencionalidade provocatória tão extrema em relação à sua mãe, que fiquei estatelada. A tal ponto que, assim que os pais de Giusi saíram, fui correndo atrás da minha colega de trabalho, num estado de grande excitação, e gritando: 'Aqui há alguma coisa que nos escapou, entende? Algo que não fomos capazes de desenterrar! Para conseguir montar toda essa história, com o objetivo apenas de torturar a sua mãe, ela só pode ter sido *instigada* por alguém. Não é possível que Giusi tenha chegado, sozinha, a perseguir a mãe desse jeito! Deve ter sido instigada! Mas por quem? Por quem?... Na próxima sessão, *temos* de conseguir, de qualquer jeito, desencavar quem é, ou quem são esses miseráveis que a estão instigando. Se não conseguirmos, vamos ter de abandonar essa pobre gente na metade do caminho!'" [1] Tratava-se, portanto, de procurar a instigação e imaginar um procedimento adequado para desenterrá-la.

Também nossa pesquisa a respeito do procedimento tem, inevitavelmente, uma história feita de tentativas e de erros. Demos os primeiros passos na direção da família extensa. Mas logo excluímos ou, pelo menos, desvalorizamos o poder patogênico da instigação entre os *não*-consangüíneos (sogra e nora, cunhados e cunhadas) como fenômeno culturalmente notório e, por isso, não criador de confusão. Não cria confusão para uma criança ver que a avó paterna desaprova a sua mãe, ainda mais que observa, com facilidade, a situação recíproca.

---

1. A instigação é tanto patogênica como *não-mostrada*. Como um tumor maligno em uma víscera, trabalha silenciosamente e prepara a depressão física. Revendo os casos de terapia familiar concluídos, no passado, com insucesso, nos apercebemos, por evidentes indício que na época não conseguimos perceber, que muitos dos fracassos devem ser atribuídos à nossa ignorância acerca desse fenômeno.

Orientamo-nos, em vez disso, para a procura da instigação entre os consangüíneos. É esse o caso, por exemplo, de uma avó materna que, cheia de ciúmes da própria filha, tenha-se projetado alusivamente como a verdadeira mãe do neto. No caso de Giusi, na sessão com os pais que se seguiu à nossa primeira intuição, começamos inicialmente a procurar do lado da avó paterna, morta havia vários anos, mas o esforço nada significou de importante uma vez que essa avó tinha sido sempre ciumenta e agressiva em relação à nora, de uma forma banal e aberta. Voltamo-nos, então, para Bianca, a tia materna de Giusi, uma mulher sujeita a depressões, já idosa, que nunca tinha escondido a sua inveja do fascínio e do sucesso profissional de sua irmã mais jovem. Tornou-se claro, finalmente, que tínhamos de abordar o casal de pais.

Por isso, na sessão seguinte, insistindo sobre a possível inveja que a beleza, a elegância, a cultura, a vivacidade e o sucesso profissional daquela fascinante mulher pudesse despertar nos outros, a terapeuta perguntou ao marido o que ele pensava. Com esforço, ele admitiu ter-se, às vezes, aborrecido, durante uma visita a amigos, ou numa festa, porque achava que a mulher exagerava de vez em quando, quase fazendo um teatro. Nesse ponto, a terapeuta foi, finalmente, testemunha de um momento de verdade. A bela senhora perdeu o controle. Acusou o marido de sempre ter tido inveja de seu sucesso social, de sua popularidade, de seu círculo de amizades, da vivacidade com que sabia animar uma conversa, uma festa, com que sabia dançar, tocar violão e cantar... Oh, é claro que ele nunca a tinha censurado por isso, mas... em algumas ocasiões, ela o percebia claramente... ele ficava enfiado numa poltrona, com a cara fechada, o ar ausente... Talvez fosse por isso que, de vez em quando, ela tinha umas crises de desânimo, de angústia?... estava talvez tentando fazer com que ele a perdoasse por alguma coisa?... mas o quê?... o que ela podia fazer se, quando iam visitar alguém, o marido ficava como uma múmia?... se no trabalho ele ficava eternamente em segundo lugar?

Naquela sessão, ficou muito claro um fato paradoxal: precisamente que o marido tinha acabado por detestar, na mulher, as qualidades que, a princípio, o haviam fascinado e feito com que ele se apaixonasse por ela. Mas era aqui que surgia a dúvida maior. Como aconteceu? O que foi que ela fez a mais para que se chegasse àquele ponto? Em outras palavras, eram mesmo as próprias qualidades da mulher que feriam o marido, ou o que ele achava que, na maneira como ela as exibia, havia algo de provocatório em relação a ele?

Trabalhando pacientemente com os detalhes, apareceram alguns comportamentos provocatórios da mulher, sim. Mas não era só isso. A esses comportamentos provocatórios da mulher, o marido respondia sempre de forma idêntica e repetitiva: mantinha-se impassível. Nos momentos mais difíceis, só a palidez desse rosto de jogador de pôquer deixava que a mulher percebesse o furor que ele estava sentindo.

Por meio daquela sessão, conseguimos construir, para o casal, o seguinte padrão interativo:

provocação dissimulada ⇄ raiva dissimulada

em que a provocadora nunca conseguia fazer com que o provocado explodisse, fato que a reconduzia à provocação, e assim por diante.

Tínhamos chegado até aqui. Mas como é que Giusi se inseria no jogo diádico? Qual dos dois genitores a instigara? Pensamos, primeiro, numa aproximação natural entre um marido ciumento e uma filha invejosa. Pouco mais adiante, porém, percebemos que certos comportamentos triunfalistas daquela mulher fascinante poderiam ser provocatórios, não só para o marido como também para a filha adolescente. Além disso, em diversas ocasiões, Giusi deve ter percebido, no rosto do pai, a mesma palidez que sentia no seu. E deve ter-se perguntado por que o pai era tão covarde, por que tolerava certos exibicionismos sem dizer nada. Da mesma forma que o pai, lá do seu canto, deve ter também percebido, no rosto de Giusi, a mesma palidez que havia no seu. E ter-se também comportado, como ela, de forma alusivamente sedutora: "Ah, como eu me sentiria melhor se estivesse em companhia de uma mulher tranqüila como você..."

Nesse ponto da nossa paciente reconstrução, a explosão do sintoma de Giusi, dentro daquela família específica, pareceu-nos, por um momento, ser o resultado, em Giusi, da crença de que a sua mãe possuísse coisas demais em relação ao pai e a ela: beleza, fascínio, inteligência, cultura, sucesso profissional e, como se isso não bastasse, também uma filha excepcionalmente bonita, que sentia prazer em mostrar para os outros. Mas essa última parte era a única coisa que Giusi tinha o poder de arrebatar a ela. Quando a família chegou até nós, havia anos que Giusi vinha se transformando em um monstro que perdia os dentes e os cabelos e do qual a mãe morria de vergonha.

Está bem... mas se era assim, por que a frieza de Giusi com o pai também? Por que o fazia sofrer? Por que o angustiava também com o seu comportamento? A resposta a essa pergunta, nós a encontramos mais adiante. Exatamente quando percebemos que o pai "instigador", que tinha tecido com a filha comportamentos sedutores, não tinha conseguido esconder dela, com o tempo, quem era o verdadeiro objeto de seus sentimentos: sua mulher. Dessa maneira, Giusi acabara por entender a confusão em que se tinha enredado. E intuíra que, se a mãe havia perdido a bela filha, por outro lado tinha, mais do que nunca, poder sobre o marido. Ela, Giusi, era a única a ter ficado sozinha. E sozinha teria de continuar, impavidamente, o seu trágico protesto anoréxico contra o triunfalismo da mãe e a passividade covarde do pai. Como terminou o caso de Giusi? Vale a pena contá-lo, porque teve um epílogo extraordinário.

Depois de suas sessões de esclarecimentos, aqueles dois pais inteligentes decidiram impor a si mesmos "prescrições" árduas e geniais que eu própria, como terapeuta, não teria ousado prever. A mãe "caiu em depressão", afastando-se por seis meses do escritório em que trabalhava. Ficou esse tempo todo em casa, de roupão, ociosa, sentada num divã, antipática e chorosa, o que fazia com que ninguém a invejasse. Sentia que somente como mãe doente, feiosa e sem atrativos poderia ter sido "dura" com a filha. O marido trabalhava regularmente, mas, assim que tinha tempo, corria para o lado da mulher, tentando encorajá-la e incitá-la a ter esperanças. Nenhum dos dois ligava mais para Giusi. Ela, então, recorreu a uma provocação extrema: tentou o enésimo suicídio, dessa vez de forma muito arriscada. Foi salva por milagre numa clínica de recuperação, onde a mantiveram internada por uma semana. Enquanto isso, os pais tinham tomado uma decisão e a puseram em prática: quando a filha recebeu alta e foi mandada de volta para casa, não encontrou mais o seu quarto. O local estava vazio. Foi o pai quem se encarregou de informar-lhe: "Comprei um quarto-e-sala na rua B e mandei levar para lá todas as suas coisas. Você vai encontrar lá o talão de cheques de uma conta bancária que garantirá o seu sustento por três meses. Passado esse tempo, você vai ter de arranjar um meio de se sustentar. Sua mãe e eu decidimos que, de agora em diante, você tem de assumir a responsabilidade sobre si mesma, decidindo, inclusive, se quer viver ou morrer". Diante de uma mensagem de tão meridiana clareza, Giusi não disse uma só palavra: girou sobre os calcanhares, foi para a sua nova casa e não se suicidou. Ainda fez algumas tentativas de manipular os seus pais, mas constatou que "não colava mais". Daí a alguns meses, tinha arranjado um emprego e estava curada. Quando os pais de Giusi me contaram tudo isso, confessaram que ambos tinham necessitado abusar dos sedativos, durante semanas, para debelar a angústia e conseguir dormir. Mas haviam conseguido! A mãe tinha voltado ao trabalho. Continuava a ser muito bonita e trabalhava com empenho. Mas já não se preocupava mais tanto em ser brilhante!

Retomemos, agora, desde o início — e, esperemos, com maior clareza — o árduo tema do significado que atribuímos ao termo "instigação". Na linguagem comum, como se percebe também nos dicionários, esse termo comporta uma dimensão diádica linear-causal: há alguém que instiga e alguém que é instigado, alguém que efetua uma ação e alguém que se submete a ela. Mas as coisas não são tão simples assim. De acordo com o modelo conceptual que adotamos, a hipótese de que alguém instigue outra pessoa implica um nível (pelo menos) triádico: alguém instiga outra pessoa contra uma terceira. A perspectiva triádica, como se sabe, comporta também automaticamente um aumento exponencial da complexidade. No entanto, a nossa investigação, bem como a nossa linguagem descritiva, não poderá, de forma alguma, evitar submeter-se à bifurcação da somatização, da complicação analítica, a partir das quais pode-se dar o salto para a concepção complexa. Em outras palavras, na nossa investigação é imperativo explorar trechos de circuitos, fazer uso (consciente) de pontos de partida arbitrários: por que o instigador decidiu instigar aquela pessoa e não outra? Qual era a relação preexistente entre o futuro instigado e a terceira pessoa? Quanto ao instigado, de que forma ele tinha acenado para o instigador? Quais seriam as maneiras de que o instigado lançava mão para reinstigar o instigador? E assim por diante.

No caso a que nos referimos, por exemplo, se apontamos para o pai de Giusi como o líder do processo, temos também de tentar explicar o que o fez aproximar-se dela. Talvez um sentimento comum de abandono? E temos de entender, ainda, de que maneira a mãe provocava a filha, da mesma forma como provocava o marido; e se e como Giusi tinha dito que percebia quando ele ficava lívido com aquelas provocações, reinstigando-o por sua vez: o recurso aos sintomas, podendo ser facilmente interpretado como a acusação extrema que Giusi endereçava à mãe, podia também agir sobre o pai como um extremo de reinstigação: "É culpa da minha mulher se a minha filha está reduzida àquele estado". A essa altura, torna-se evidente (ainda que os nossos pontos de partida tenham sido arbitrários e as retroações tenham ficado circunscritas à tríade) que a distinção entre instigador e instigado já não existe mais. O instigado é também instigador, o instigador é também instigado, enquanto a *terceira pessoa*, que identificamos no papel de primeiro provocador, é obrigado a pagar penalidades muito pesadas.

Obviamente, apercebemo-nos, apesar do complicado obstáculo descritivo, que estamos procedendo por simplificação. De fato, bem mais complexas são as situações com que deparamos, implicando um número de atores limitado a três. No entanto, o que esperamos que se possa compreender, daqui por diante, é o sentido que queremos dar ao termo instigação. *Não se trata, para nós, apenas de um ato ou de uma série de atos, mas de um processo interativo de vir a ser.* Por sua própria natureza, esse processo, independentemente de seu decurso histórico — ou da dosagem "para mais ou para menos", de um caso para o outro, das contribuições singulares —, encaminha-se tacitamente para o drama. Um processo tácito de verdade, em que pouco ou nada se confia à verbalização explícita, e que nunca faz surgirem no palco os pérfidos monólogos de um Iago, nem as suas palavras mentirosas nos ouvidos de Otelo, nem o cadáver inocente de Desdêmona. Os dramas das nossas famílias, em sua maioria, nada mais apresentam ao espectador, quando o pano se abre, do que a esqualidez tácita dos sintomas.

Para nós, terapeutas, o pano se abre sobre esse epílogo, tácito também como o processo que, de certa forma, está se encerrando. Cabe-nos fazê-lo falar, emprestar-lhe voz e palavras, reconstituir as suas premissas e fazer com que seu sentido emerja.

A Instigação Pré-sintomática

Depois da instituição que tinha gerado o final feliz, no caso de Giusi, aplicamo-nos sistematicamente a formular a hipótese e a procurar a instigação em todos os casos que nos pareciam suspeitos. Ainda que estivéssemos longe de ter delineado bem o seu modelo, tínhamos pelo menos chegado ao casal de pais, no sentido de traçar uma estreita ligação entre modalidade de relação do casal e sintomas do paciente propriamente dito.

O que nos parecia o indício que nos induzia à investigação era o mesmo que chamara a nossa atenção no caso de Giusi: a obstinação do paciente em questão ao atormentar principalmente um dos pais. Decidimos dirigir a nossa investigação de modo a poder verificar a seguinte hipótese: que o paciente propriamente dito se tivesse tornado o portador, para um dos genitores, de comunicações irritantes do outro, comunicações que este último não manifestava pessoalmente. Alimentávamos a idéia de que um fenômeno desse tipo pudesse ser percebido em situações que tivessem precedido o aparecimento dos "sintomas". E, conseqüentemente, nos perguntávamos se uma identificação precoce não teria podido evitar anos e anos de sofrimento. Esperávamos, em suma, que o fato de termos percebido esse fenômeno, de ter suspeitado a tempo da sua presença oculta, de possuir uma estratégia capaz de descobri-lo e arrancá-lo, pudesse constituir um meio importante de prevenção. No entanto, o nosso Centro, pelo fato de situar-se, dentro do sistema psiquiátrico, como a última praia a que se recorria nos casos considerados sem solução, não era certamente o lugar adequado para que essa esperança se realizasse. Mas, finalmente, algum santo pediu por nós, e fomos agraciados.

O caso que apresentamos agora foi o primeiro a chegar às nossas mãos, e parece-nos muito interessante por dois motivos:

1. por mostrar como, na discussão que precedeu a sessão, chegamos a formular a hipótese da presença de uma instigação;
2. para mostrar como a terapeuta conduziu a sessão de modo a fazer o fenômeno emergir.

Para nos fazermos compreender, vamos nos restringir a uma empresa difícil: a de sintetizar o andamento em ziguezague de uma sessão familiar, inserindo, nos momentos cruciais, frases literais ou esboços de comportamento. O andamento da sessão, como se verá, é fiel ao traçado pelas várias hipóteses que a equipe formulou na reunião de pré-sessão. Trata-se de uma primeira sessão de terapia familiar que, como se verá, foi também a última.

Para apresentar a família, comecemos pelo primeiro contato, isto é, pela ficha compilada por telefone. Quem entrou em contato com o nosso Centro foi a mãe, por causa dos problemas de Alma, sua filha mais velha, de doze anos. Diz que a menina é afligida por grande insegurança e tem dificuldades de comunicação com todo mundo mas, especialmente, com ela. A família, a que daremos o nome de Baldi, foi-nos enviada pelo pediatra da menina, que nos conhece há muitos anos. Compõe-se de quatro membros. O pai, Sante, de quarenta e três anos, é formado em química, e é um dos diretores de uma pequena indústria privada. Miriam, a mãe, dois anos mais velha do que o marido, tem um diploma de contadora e é representante de uma grande confecção: vende às butiques e tem de viajar com freqüência. Além de Alma, que freqüenta a escola, com rendimento suficiente, há Ida, de dez anos, que está na quinta série.

No que se refere à família extensa, a ficha dá-nos algumas informações interessantes. A avó materna sempre ajudou muito a tomar conta das meninas, pois Miriam sempre trabalhou. Ao ficar viúva, a avó foi morar com eles nos três últimos anos de sua vida. Há, também, uma tia materna solteira, Rosi, de trinta e seis anos, que há cinco anos deixou a sua profissão, de esteticista, para associar-se ao trabalho da irmã. Embora more no seu próprio apartamento, está em casa deles com muita freqüência, para almoçar, e sempre viaja com eles durante as férias.

Quanto aos problemas de Alma, para os quais a mãe pede ajuda, o que chama a atenção, na ficha preparada ao telefone, apesar dos esforços de aprofundamento feitos pelo colega que conversou com ela, é o seu caráter extremamente vago: "Sempre foi uma menina difícil... quando pequena, chorava o tempo todo... tem oscilações de humor inexplicáveis... tem uma sensibilidade enorme... precisa de uma disponibilidade total, de um afeto seguro..." Mas o que não é nem um pouco vago e, ao contrário, é muito visível, é o tom angustiado da mãe ao telefone, nem um pouco justificado pela simplicidade dos problemas de que está falando. Ao lhe perguntarmos sobre a atitude do marido em relação aos problemas de Alma e em sua motivação quanto a participar de um encontro no nosso Centro, a mulher continua a mostrar-se confusa e contraditória. Afirma que o marido tem o sincero desejo de ajudá-la, mas logo começa a divagar, falando de uma certa passividade dele que, no entanto, não consegue definir concretamente. Acrescenta que o marido se parece muito com Alma.

Com base apenas no tom ansioso, embora injustificado, da senhora, que deixa muito curioso o colega que a atendeu, marcamos um encontro, para o qual são convocados os quatro membros da família nuclear e a tia Rosi. No dia que precede a reunião, a secretária anota na ficha um segundo telefonema da mãe, que gostaria de falar com nosso colega, para acrescentar alguma coisa. Mas ele está ausente e, por isso, o telefonema não dá em nada.

Meia hora antes da sessão, a equipe se reúne para ler a ficha, formular eventuais hipóteses e preparar o programa para a sua verificação. A atenção de todos foi despertada para o caráter vago dos problemas de Alma, tal como foram expostos no telefonema da mãe. O fato importante é um só: a mãe pareceu angustiada demais, em desproporção com os fatos de que nos falou. Também o telefonema que a secretária recebeu, no dia anterior, parece indicar uma agitação crescente. A mãe denunciou as dificuldades de relacionamento que Alma tem com ela e a necessidade que demonstra de uma disponibilidade e de uma proximidade totais. Uma necessidade que a mãe, com o tipo de trabalho que tem, nem sempre pode satisfazer!

Selvini Palazzoli, que será a terapeuta, formula a hipótese de que Alma seja uma habilidosíssima culpabilizadora. Deve ter sido ela quem, com as suas queixas, reduziu a mãe àquele estado. Mas por sua própria conta? Ou por conta de uma terceira pessoa? E, nesse caso, de quem? As suspeitas apontam para o pai, até mesmo porque, com base na ficha da conversa telefônica, formula-se a hipótese de que o seu sucesso profissional seja menos brilhante do que o da mulher.

Depois dessa primeira hipótese, surgem uma segunda e uma terceira, que a terapeuta terá de verificar. A segunda refere-se à posição da avó materna (morta há um ano) na sua relação com a filha e as netas e com Alma em particular. A avó poderia ter sido hostil ao fato de a sua filha trabalhar e até mesmo competir com ela, tentando demonstrar que, como mãe, era melhor. A terceira hipótese refere-se à posição da tia Rosi, cujo contato diário de trabalho com a irmã mais velha, além do fato de estar freqüentemente em sua casa, poderia ter despertado raiva ou ciúme em alguém.

Prepara-se também um programa para saber a quem escolher como principal interlocutor para verificar cada uma das hipóteses formuladas. E decide-se, finalmente, que a terapeuta, depois dos contatos preliminares, começará o trabalho com o pai. Eis os momentos principais da sucessão de seqüências iniciadas pela terapeuta.

Terapeuta (falando com o pai): Gostaria que o senhor me dissesse como vê, do seu ponto de vista, os problemas de Alma com a mãe.

Pai: Alma precisa muito da mãe e a minha mulher tem um trabalho que lhe toma muito tempo [...].

Terapeuta: Quem sofre mais com o trabalho absorvente da sua mulher, o senhor ou Alma?

Pai: Alma! Com a mentalidade que ela tem, seria impensável a minha mulher não trabalhar, [...] mas Alma, atualmente, está numa idade em que precisa mais da mãe do que do pai.

Terapeuta (rindo): Ah!... essa é uma daquelas típicas frases feitas dos tratados de psicologia... mas, concretamente... em que coisas concretas se vêem essas dificuldades de Alma com a mãe?

(O pai insiste em divagações abstratas, não consegue explicar concretamente as dificuldades de Alma com sua mãe.)

Terapeuta (falando com a mãe): A senhora vê alguma dificuldade de relacionamento entre Alma e o pai?

Mãe: Nenhuma, eles se entendem até sem se falar, muitas vezes é o meu marido quem vem me explicar o que Alma está tentando me dizer... os dois estão em perfeita sintonia.

Terapeuta (falando com a tia Rosi): E a senhora, tia Rosi, como pessoa exterior ao núcleo familiar restrito, talvez esteja numa posição vantajosa para fazer-me entender em que consistem as dificuldades entre Alma e a mãe.

(Tia Rosi perde-se em abstrações sobre as recíprocas personalidades diferentes.)

Terapeuta (interrompendo): Esqueça as personalidades! Eu preciso de fatos, peço-lhe que me conte os fatos.
Tia Rosi: Está bem! Nesse caso eu tenho um bem típico!

(Conta, com riqueza de detalhes, que a irmã e ela, quando estão na praia, aproveitam, se estão em algum lugar discreto, e tiram o sutiã do biquini para bronzear os seios. Nessas ocasiões, Alma faz uma cara fechadíssima e fica dias sem falar.)

Terapeuta: Mas quem se aborrece com a história do *topless* é Alma ou o pai?
Tia Rosi: Não, é Alma. Ele respeita muito a vontade dos outros.
Terapeuta: Mas, me diga uma coisa, Alma não poderia ter sido nomeada porta-voz daquilo que ela sabe que desagrada a seu pai... embora ele não o diga?
Mãe (começa a rir, fica com uma expressão divertida, e repete): Oh, essa agora... essa é muito boa!
Terapeuta: Há outros casos em que Alma interpreta os desejos de seu pai para transmiti-los à mãe de forma eficiente?

(A mãe fica séria e exprime perplexidade. Diz que o marido respeita muito tudo o que ela faz. Até em seu trabalho ele a encoraja sempre, quando ela está desanimada. Porque, de vez em quando, ela fica desanimada.)

Terapeuta (falando com Ida): E você, como vê o problema de Alma com o trabalho da sua mãe? Você sente a mesma coisa?
Ida: Eu, não, mas Alma detesta o trabalho da mamãe, quer que ela fique sempre por perto, é antiquada...

Terapeuta: Antiquada feito a vovó? Fale-me da época em que a vovó morava com vocês.

(Percebemos que a hipótese sobre a avó materna está errada e a abandonamos.)

Terapeuta: Desde que a tia Rosi foi trabalhar com a sua mãe, ela fica muito mais tempo com ela que vocês. Quem dos três sentiu-se mais em desvantagem em relação à tia Rosi?

(Ida nega que a tia Rosi seja um problema; Alma e o pai fazem o mesmo, com argumentos convincentes, sem tensão nem comunicações analógicas contrastantes.)

Terapeuta (falando com a mãe): Agora, o que eu gostaria de entender é porque estamos aqui *hoje*, por que não nos reunimos seis meses atrás, ou daqui a seis meses...

(A mãe conta que o estímulo para telefonar para o Centro foi a briga violenta entre Alma e a garota francesa que trabalhava em sua casa, que ela não tolerava e, em vista disso, foi necessário mandar embora. Mas o verdadeiro problema é que Alma é infeliz e isso já acontece há algum tempo.)

Terapeuta: É infeliz... ou mostra-se infeliz?
Mãe: Ela diz que é infeliz... algumas vezes chegou a dizer que preferia não ter nascido... Ontem me disse: "Tenho medo de tudo". Eu lhe perguntei como poderia ajudá-la e ela me respondeu: "Não sei".

(Nesse ponto, com o objetivo de ajudar a mãe, a terapeuta faz uma digressão didática sobre a adolescência, atenuando a importância das oscilações de humor e dos medos dos adolescentes. Mas, depois de algum tempo, um dos membros da equipe bate na porta e pede que a terapeuta saia. A equipe é da opinião de que o que ela está fazendo não é terapêutico, pois as ninharias que lhe contaram, até aquele momento, não são certamente a causa da ansiedade da mãe. É preciso dar uma reviravolta na sessão, de modo a fazer surgir coisas que estão sendo dissimuladas. Por que ela não pergunta à mãe o que queria dizer no telefonema que deu antes da sessão?)

Terapeuta: Alguns dias atrás, sra Baldi, a senhora telefonou aqui para o Centro, e disse à secretária que tinha outras coisas a acrescentar à ficha. De que se tratava?
Mãe (enrijecendo-se de repente, pálida e embaraçada): É que... pouco tempo atrás, Alma pegou dinheiro na minha carteira, primeiro dez mil, depois vinte mil... e não soube me explicar por quê... Isso me perturbou... "Mas onde foi que nós erramos?", eu me perguntei...

(A terapeuta, notando que o pai, ao contrário da mãe, ficou muito tranqüilo, convida-o a contar detalhadamente como as coisas aconteceram. Pode, assim, perceber como ele lhe conta a história sem tensão nenhuma, até mesmo sorrindo e, num certo momento, brincando com Alma. Isso induz a terapeuta a formular a hipótese de que a ansiedade da mulher vem, realmente, a calhar a esse tal marido. Decide, então, escolher a tia Rosi como interlocutora.)

Terapeuta (falando com a tia Rosi): A sua irmã ficou muito perturbada. Mas, agora, a senhora me diga, quem tem a personalidade mais forte, a sua irmã ou o seu cunhado?

(Desta vez, a tia Rosi é claríssima e se expressa com grande precisão. A sua irmã é uma pessoa dotada de grande segurança prática. Tem inventividade, iniciativa, coragem, atira-se às coisas sem medo e extrai delas o melhor, ela sempre a admirou por isso, desde menina sentiu esse fascínio... E o cunhado? Não, ele não tem esse tipo de segurança, mas... tem outras, de tipo espiritual... enquanto a sua irmã, é nas coisas práticas que alça vôo...)

Terapeuta: Sim, mas há o perigo de que alce vôo um pouco demais, não?... e é isso que não deixa de causar medo ao papai. E você, Alma (o tom da terapeuta não é nem um pouco dramático, ao contrário, é bonachão, quase brincalhão), você se encarregou de ser um pequeno estorvo para a mamãe... angustiando-a um pouco, porque você diz que é infeliz, fazendo com que ela fique com medo de não ter sabido educá-la porque você anda roubando. Você corta um pouquinho as asas dela em benefício do papai, pois ele fica com muito medo de certos vôos da mamãe.
Alma: Mas eu não faço isso premeditadamente... porque com isso não ganho... mas a mamãe pode sofrer com isso...

Terapeuta: Certamente, nós o vimos aqui... mas, enquanto isso, o papai se tranqüiliza... Deixe que eu explique melhor, não é que o papai fique contente em ver que a mamãe está angustiada, não, não é isso... mas ele se assustaria muito e sofreria muito mais se a mamãe voasse para longe demais... E você, Alma, continuaria a ser o estorvo da mamãe enquanto percebesse que o papai sente medo de que ela voe para longe demais... na verdade, o fato de você continuar fazendo isso é um sinal de que o papai ainda sente medo. Afinal, foi a própria mamãe quem disse, você e o papai estão em perfeita sintonia.

(As reações não-verbais a essas palavras da terapeuta são muitos sugestivas. Quando a terapeuta começa a mencionar os medos do pai, a tia Rosi, que está escutando de olhos baixos, numa atitude de concentração, faz que sim com movimentos lentos e insistentes da cabeça, como faria alguém que, de repente, conseguisse ligar fatos e comportamentos que se tornaram inteligíveis. A mãe olha para a terapeuta com uma expressão espantadíssima e, depois, olha para a filha e o marido, como se os interrogasse. Ele está paralisado, com o rosto rígido e inexpressivo. Ao contrário de Alma, não tenta justificar-se nem se contradizer. Só na hora da despedida, quando a terapeuta declara que, por enquanto, não vê a necessidade de outras sessões, é que ele sai do torpor e, interrompendo a mulher, que se prepara para pagar a consulta, puxa o talão de cheques e diz, com um tom decidido: "Não, essa deixa que eu pago".)

Apresentamos este caso primeiro, para começar do nível mais fácil, de menor dificuldade. Na verdade, neste caso, a paciente propriamente dita não era psicótica. No entanto, fazemos questão de chamar a atenção para alguns pontos. O primeiro deles é o caráter perverso da coalizão pai-filha, quase oculto, mas ativo a ponto de gerar na mãe um estado de angústia, como se ela fosse o alvo de alfinetadas que não sabia de onde vinham. O segundo ponto é o recente e gradual crescendo dos comportamentos perturbadores de Alma, que poderiam desembocar numa sintomatologia aberta, seja na própria Alma, seja na mãe.

Mas, principalmente, é necessário que chamemos a atenção para o extraordinário vigor impresso à sessão pelo fato de ter-se formulado a hipótese de um jogo instigatório. De outra forma, considerado o caráter vago dos fatos que a mãe denunciara (não tinha, a princípio, falado dos pequenos roubos, quase como se temesse ofender a filha hipersensível...), era grande a possibilidade de que atolássemos em considerações psicopedagógicas. Na verdade, a terapeuta também entrou nessa, e só foi salva pela intervenção da equipe.

No entanto, *é essencial deixar bem claro que o modelo que resulta desta sessão ainda é um modelo mutilado*. Nele, a mãe comparece apenas como vítima. Mas um jogo de casal nunca é um jogo unilateral, sustentado apenas por um dos cônjuges. No caso da família Baldi, se o marido sente secretamente ciúme ou inveja dos sucessos da mulher, deveria haver uma mulher que o provocasse insidiosamente a isso. Nesses casos, o comportamento provocatório de uma mulher desse tipo pode ser sutilmente desapiedado. Esse tipo de mulher exibe ao marido não só os seus sucessos no trabalho, mas sobretudo — e é esse, na nossa opinião, o lado mais refinado da provocação — até que ponto *ela foi cativada* por esses sucessos, exilando implicitamente o cônjuge *para fora* de seus *verdadeiros* interesses.

Um outro comportamento típico das provocações ditas "triunfalistas" é elas apresentarem, com freqüência, fases de desencorajamento. Nesses momentos, o cônjuge invejoso, para não deixar que percebam a sua inveja, sente-se obrigado a ajudar o provocador a "recarregar as baterias"! A mãe de Alma admite ter momentos de desânimo "durante os quais o meu marido sempre me ajudou muito".

O outro ponto importante a frisar é que todo esse jogo, com as manobras alternadas que o configuram, estabelece-se substancialmente ao nível analógico (comportamentos, mímica, tons de voz, sinais de humor...) Muito pouco transparece ao nível verbal. Pelo fato de correr exclusivamente nos binários do analógico, esse jogo pareceria, em grande parte, nada ter a ver com a intencionalidade ou com o controle "racional" dos jogadores. No caso da sessão a que nos referimos, pode-se deduzir isso a partir da expressão lisonjeada da mãe, quando ouve a terapeuta afirmar que é o seu marido, e não Alma, quem sofre se ela desnuda os seios. Quanto à reação de Alma à intervenção final da terapeuta, ela é sincera no tom, mas controlada nas expressões verbais, exatamente ali onde as suas palavras poderiam constituir admissões perigosas: "Mas eu não faço isso premeditadamente... porque com isso não tenho (vantagem nenhuma)... mas a mamãe pode sofrer com isso..." O pai fecha-se em copas, embora seu silêncio e a ausência de qualquer tentativa de autodefesa sejam a prova do autêntico choque de quem é colocado frente a frente com uma revelação que, além de ser inesperada, *não pode ser refutada*.

Se, das diversas reações dos três protagonistas, deduzimos a da paciente propriamente dita que, com um ar espantado, alega, para se justificar, a inconsciência e a ausência da intenção de fazer a mãe sofrer, podemos propor o seguinte problema: o que Alma recolheu do jogo entre o pai e a mãe? E o que a levou a transformar-se no "porta-voz" do pai? A nosso ver, Alma devia ter percebido, ao nível analógico e há muito tempo, os aspectos provocatórios de certos comportamentos da mãe, bem como o silêncio e a passividade do pai. Mas, com esse último, Alma tinha cometido um erro de leitura linear, interpretando seu comportamento não pelo que ele realmente era — retroação contraprovocatória —, mas como fraqueza *real* e incapacidade de impor-se, de fazer-se respeitar. Provavelmente, Alma nota o ar sombrio do pai, o seu jeito de olhar o relógio toda hora, o gesto raivoso com que joga longe o jornal quando o relógio bate oito horas, o jantar começa a se ressecar em cima do aquecedor de pratos... e *ela* não chega. E nota o sorriso forçado *dele* quando, finalmente, *ela* aparece, jogando o casaco em cima de uma poltrona enquanto, arrumando os cabelos, conta como conseguiu convencer um americano rico a comprar uns vestidinhos impossíveis! Mas por que será que ele nunca reage? Por que ele fica ali como um boneco? O que ele tem? Será que está com medo? Mas ela, Alma, não tem medo mesmo. Está na hora de a mamãe parar de fazer como bem entende, de voltar para casa, à noite, em horas impossíveis. Ela sabe muito bem como fazer para deixar a mamãe angustiada, para obrigá-la a devolver à família todo o tempo que lhe rouba. Basta mostrar-se fechada, complicada, infeliz, fazê-la entender que está lhe faltando afeto e se sente sozinha.

Passo a passo, Alma se insere no jogo de que os seus pais são prisioneiros. Quando os encontramos, a escalada já começou. Não adianta a mãe tentar acalmar sua consciência fazendo com que uma garota francesa a substitua em seus deveres, pois Alma saberá criar casos tão desagradáveis com ela que acabará forçando a mãe a mandá-la embora. E, se for necessário, roubar um dinheirinho será uma outra forma de fazer a mãe chegar à conclusão de que está na hora de largar o trabalho e assumir o seu posto em casa. O jogo seduziu Alma também.

Mas permanece um dilema, e esse é difícil de resolver. Diz respeito à intencionalidade de Alma: que intenção ela pode ter tido? A de dar uma mãozinha ao pai? Ou ela entrou em competição com ele também, e quer ser bem-sucedida ali onde ele fracassou? Ou é realmente sincera ao desejar também, desesperadamente, aquela mãe que não consegue reter, que lhe escapa entre os dedos?

E, finalmente, um último quesito, que debatemos longamente em muitas discussões de equipe. Qual poderia ter sido a evolução espontânea desse caso? Levando em conta as muitas experiências acumuladas nestes anos de pesquisa, a evolução poderia ter tomado caminhos diferentes.

Um deles poderia ter sido a liberação de provocações, por parte de Alma, cujo "poder patológico", antes sigilosamente favorecido pelo pai, poderia inchar-se cada vez mais, passando dos pequenos aos grandes roubos e, finalmente, a atos cada vez mais inaceitáveis e inacessíveis ao controle dos pais. Uma outra evolução possível poderia ter sido a sintomatologia depressiva da mãe. Para chegar a isso, a posição de Ida teria sido determinante. Se Ida, ao crescer, tivesse tomado estavelmente o partido da mãe, a depressão desta teria sido improvável. Mas é probabilíssima no caso de um abandono por parte de Ida também.

E, finalmente, a terceira e mais terrível evolução poderia ter sido o aparecimento, em Alma, de comportamentos psicóticos. Nesse caso, o acontecimento que teria desencadeado isso seria a suspeita de uma traição por parte do pai. Mas já falamos disso no capítulo dedicado ao *imbroglio*.

Tudo o que foi exposto até aqui permite-nos confirmar a importância atribuída ao fenômeno que chamamos instigação e insistir no fato de que termos configurado esse fenômeno, termos suspeitado corretamente da sua presença oculta, e possuirmos uma estratégia capaz de identificá-lo precocemente e eliminá-lo pode constituir um grande instrumento de prevenção.

Por isso, uma investigação bem-conduzida deverá ser efetuada em todos os casos nos quais a hipótese da instigação seja viável. A investigação é importante também por causa de certos efeitos específicos inerentes a seu efeito informativo. Quase regularmente observa-se que o membro da família contra o qual se aponta o jogo instigatório parece intensamente ansioso, sem, no entanto, estar em condições de apresentar para isso razões plausíveis.

A indagação, como já se pôde observar na sessão com a família Baldi, e como se observará em outras que relataremos a seguir, é premente e explícito. O terapeuta assume o controle da situação, não admite escapatórias e desvios. Apesar disso, só excepcionalmente o tom é dramático. Normalmente é bonachão, bem-humorado, sem nota de reprovação ou acusação. Às vezes, torna-se aceitável a tensão de um dado momento dando uma boa risada.

O efeito informativo da investigação às vezes é terapêutico por si mesmo. Mas contar demasiado com isso seria imprudente. A informação é elaborada e transformada durante a intervenção. Para entender isso melhor, vamos observar o que se fez quando se concluiu a primeira e última sessão com a família Baldi. Hoje, não encerríamos mais desse jeito.[2] Mas, naquela época (novembro de 1982), esperava-se obter um efeito terapêutico simplesmente rompendo e tornando impossível a coalizão negada do pai com Alma.

A Instigação nas Psicoses

Com algumas famílias que apresentavam pacientes portadores de graves comportamentos psicóticos, foi inevitável que partíssemos, com atraso, à caça do fenômeno instigatório. Tratava-se, na verdade, de famílias cuja terapia já estava em andamento na época das primeiras intuições a respeito da instigação (1981). Em conseqüência, pusemo-nos a procurá-la em fases adiantadas da terapia, no momento em que, apesar da execução de nossas prescrições por parte dos pais, não surgiam mudanças satisfatórias. *Ainda estávamos longe de formular a hipótese desse fenômeno como um componente obrigatório dos "jogos psicóticos".*

Desses primeiros casos, nos quais a investigação foi tardia, apresentaremos aqui um de gravidade e dificuldade excepcionais. O leitor poderá perceber imediatamente como a investigação se diferenciou da do caso precedente pela extrema reticência dos dois genitores, em especial a do pai.

Por sorte, já naquele tempo, a reticência das famílias não nos irritava mais. Tínhamos (finalmente!) conseguido entender que a reticência não nascia da vontade de criar obstáculos para nós, os terapeutas, e sim do próprio espírito de jogo do casal: ou seja, da convicção, alimentada pelos cônjuges *de per si*, de que era necessário impedir que o adversário visse as suas cartas. Responder a determinadas perguntas da terapeuta já teria equivalido a "baixar na mesa as suas cartas", colocando-se assim numa posição de desvantagem.

---

2. Se tivéssemos de enfrentar, hoje, o caso da família Baldi, na primeira sessão, conduzida como aqui foi descrita, não faríamos qualquer intervenção explícita no fechamento. Limitar-nos-íamos a mandar embora a tia e a reconvocar a família nuclear para uma sessão subseqüente. Nela, pesquisaríamos em detalhes também a parte (provocativa) sustentada pela esposa no jogo. Trabalharíamos bastante com as duas filhas para recolher abundantes informações a respeito dos respectivos envolvimentos delas com os problemas dos pais. E, finalmente, decidiríamos se nos limitaríamos a expulsar as filhas do envolvimento no jogo ou, então, se prosseguiríamos, depois dessa intervenção, trabalhando com o casal. A respeito dessa questão, falar-se-á em detalhes no capítulo xv.

O leitor poderá observar como, no caso da investigação que relataremos a seguir, voltada a procurar no jogo do casal as raízes da raiva do filho, a mulher foge por todos os lados, evadindo-se nas banalizações, enquanto o marido (cuja postura corpórea encolhida já era, por si mesma, eloqüentíssima) usa como escudo o seu silêncio ou frases soltas e sem sujeito. Inspirando-se evidentemente no trabalho feito com os pais de Giusi, a terapeuta constrói a sua investigação, aqui também, em torno da pergunta-chave: "*Quem* Giorgio gosta mais de crucificar?"

A *família* Galli

Compõe-se de quatro membros: Costanzo e Angela, os pais, próximos dos quarenta anos, ambos trabalhando; o filho Giorgio, de quinze anos, psicótico desde os nove; e a avó materna, de sessenta e sete anos, que convive com eles e está viúva há dez anos.

A explosão do comportamento psicótico de Giorgio tinha sido precedida, uns meses antes, por uma mudança brusca limitada aos comportamentos que se referiam a seus deveres escolares. Giorgio, muito estudioso e com ótimo rendimento nos dois primeiros anos de escola, recusava-se terminantemente a fazer os deveres de casa e a estudar as lições. O pai, que voltava do trabalho antes da mãe, tentava convencê-lo, mas as discussões eram desgastantes. No final do ano escolar, a mãe decidiu mandar Giorgio para um acampamento de verão organizado pela firma do marido. Mal chegou lá, Giorgio manifestou sintomas psicóticos agudos do tipo persecutório. Desde então, apesar da recuperação obtida pelo tratamento durante um ano em um instituto especializado, ele começou a piorar continuamente. Giorgio tinha desenvolvido aos poucos bloqueios enormes também para os comportamentos mais elementares: levava duas horas para comer, ficava um tempo enorme dentro do banheiro. A mãe tinha de arrancá-lo do vaso, à força, limpá-lo, fazer com que trocasse de cuecas e calças. Um ritual muito cansativo obrigava os pais, em rodízio, a vesti-lo de manhã, levá-lo para o banheiro e despi-lo à noite. O pai, de hábito pacientíssimo, às vezes perdia a paciência com o garoto e dava-lhe uns safanões.

Na reunião de equipe que precede a sétima sessão só com os pais, Selvini Palazzoli, a terapeuta direta, decide efetuar a investigação sobre a presença eventual de um jogo instigatório. Tem a impressão de que, embora os pais pareçam muito empenhados no trabalho terapêutico, há uma espécie de freio que impede uma evolução mais satisfatória. Alguns sintomas, como o bloqueio alimentar, desapareceram, mas permanece a exasperante forma lenta de fazer as coisas, evidente sinal de provocação. Mesmo tendo decidido fazer a investigação durante a sessão que está para começar, a terapeuta prefere não preparar qualquer tipo de programa sobre a maneira de conduzi-la. Quer ficar livre para atacar assim que surgir uma chance.

A sessão é aberta pela mulher, que lê os seus apontamentos; num certo ponto, ela descreve em detalhes o comportamento insuportável de Giorgio. Essa é a chance que a terapeuta esperava.

Terapeuta (interrompendo): Na opinião da senhora, de vocês três, quem Giorgio tem mais prazer em crucificar — a senhora mesma, seu marido ou a avó?

Esposa (imediatamente, apontando com a mão para si mesma): Eu, isso nem tem dúvida, sim, é claro, é isso mesmo; aliás, ele sempre passa por cima dele (indica o marido). As coisas absurdas ele sempre quer só de mim.

Terapeuta: Por que será que Giorgio sente esse rancor pela senhora, de querer destruí-la?

Esposa: Não saberia dizer... (põe-se a contar coisas anteriormente comentadas por um psicólogo; Selvini Palazzoli interrompe-a com um gesto).

Terapeuta: Giorgio vem agindo assim já há anos, parece que ele leva uma fúria obstinada no próprio corpo, é como se ele dissesse a si mesmo: "Aquela ali, você tem de jogá-la no lixo".

Esposa: É isso mesmo! (O marido morde os lábios.) Só que Giorgio não age sempre assim comigo (explica que o filho possui, também, momentos em que a procura, momentos que mostram que ele busca "encontrar-se e não perder-se").

Terapeuta (interrompendo-a): Conte-me, senhora, pense um pouquinho a respeito de quais seriam as coisas, provavelmente coisas nunca mencionadas, que o aborrecem (aponta para o marido), coisas que a senhora faz... comportamentos seus... que a senhora percebe que o irritam.

(A esposa pensa um pouco, depois diz que, certamente, o marido não gosta do hábito dela de deitar-se tarde, à noite. Selvini Palazzoli segue por essa pista, que logo se mostra estéril.)

Terapeuta: Pode haver outras coisas que deixam seu marido com raiva, pense bem.

(A esposa divaga a respeito de seu vício de deixar as luzes acesas.)

Terapeuta (interrompendo-a com firmeza): Não! Estou falando de coisas importantes que a senhora costuma fazer, ou já fez no passado, que fariam Giorgio pensar que elas deixassem o pai zangado.
Esposa: Não sei mesmo...
Terapeuta (com determinação): Eu não acho que Giorgio sinta, apenas, uma raiva pessoal. Conte-me, Giorgio se faz de intérprete de uma indignação que o seu marido ou sua mãe sentem pela senhora? No nosso trabalho, aqui, com as famílias, o que a gente percebe é que esses rapazes são meros portadores de mensagens de terceiros, de coisas que os outros não têm coragem de falar. Nessa idade, Giorgio já deveria estar tratando da vida dele... Por que ele tem de torturar a mãe quando são outras pessoas que estão zangadas com a senhora? (Com convicção.) Eu sei, ele faz isso porque vê o rosto enraivecido de alguém que não fala nada. É o rosto do seu marido ou o da sua mãe? Quem está com mais raiva da senhora?
Esposa: Sei lá...
Terapeuta: Eu tenho certeza, eu tenho certeza de que... houve alguma coisa (olhando para o marido) que sua mulher andava fazendo... alguma coisa que o fazia sofrer e zangar-se demais... (com tom suplicante, debruçando-se em direção ao marido que se agita na cadeira com o rosto impassível) O senhor não poderia me ajudar? Por favor?
Esposa: Tá aí, talvez seja isso, quando a firma onde eu trabalho até hoje tinha os escritórios em frente a nossa casa... eu deixava a família em segundo plano por causa do serviço... chegava tarde, lá pelas oito, às vezes até oito e meia da noite... a senhora sabe (anima-se e ri), o meu filho, ele bem que não colocaria a mão no fogo por mim... vivia cheio de suspeitas, ficava perguntando quem eram as pessoas que ele via a meu lado... através das vidraças...
Terapeuta: E o seu marido, ele colocaria a mão pela senhora?
Esposa: Bem, eu acho que sim.
Terapeuta: Não! Não! Não! Ele achava é que, para a senhora, o trabalho era mais importante do que ele! (dirigindo-se ao marido) É ou não é?
Marido (num tom apagado): A uma certa hora eu bem que gostaria que ela estivesse em casa.

139

(A esposa conta que o marido é, quem sabe, um pouquinho ciumento, acha ruim se ela se maquia: "Você fala que faz mal à pele mas a verdade é que você não gosta". Giorgio também pede: "Por quê? Por que a senhora se pinta?".)

Terapeuta: E quando a senhora se atrasava, à noite, sua mãe ficava do lado de quem?
Esposa: Do deles!
Terapeuta: Pronto! O grupozinho dos três contra a senhora, a traidora... por isso a senhora teria de pagar pro resto da vida... é Giorgio que faz a senhora pagar por todas as traições! A senhora era a pessoa mais importante para os três, mas mostrava a eles que o seu trabalho estava em primeiro lugar... Pronto, agora Giorgio quer que a senhora pague até o fim da vida...
Esposa: Espero que não... (conta como foram pesadas suas obrigações na firma, aliás, quanto ainda tudo é desgastante desde que ela tornou-se chefe de pessoal).
Terapeuta (rindo): Quando já está em casa, a senhora ainda fica pensando no escritório...
Esposa (ela, também, rindo): Não, aprendi a não falar, ninguém me ouvia mesmo.
Terapeuta: Talvez eles percebam na sua fisionomia que a senhora está com a cabeça lá...

(A esposa tenta explicar como a atual situação financeira da firma está difícil.)

Terapeuta (interrompe-a, voltando decididamente ao assunto que é premente): Quem desabafava por causa dos seus atrasos? Seu marido desabafava com a senhora?
Esposa: Não, nunca.
Terapeuta (dirigindo-se ao marido): Conte pra mim como eram aquelas noites...

(O marido conta que ficavam todos os três, ele, a avó e Giorgio, à espera e só resmungando... algumas vezes ele havia telefonado para saber o que se passava... depois tinha desistido... a sogra é que ficou encarregada de telefonar a partir daí...)

Esposa: É. Eu tinha dito a eles que podiam telefonar.

Terapeuta: Aí, então, Giorgio convenceu-se de que havia sobrado pra ele chamar a senhora de volta para uma casa onde seu marido esperava...

(Enquanto Selvini Palazzoli fala isso, o marido, mais de uma vez, concorda com a cabeça.)

Terapeuta: Vamos rever a leitura das suas anotações, senhora.

(A esposa retoma a leitura de suas anotações que havia sido interrompida por perguntas de esclarecimento da terapeuta, e é seguida pela leitura das anotações do marido. Aproxima-se a hora do fechamento da sessão mas a terapeuta deseja verificar a validade de sua hipótese. Até aquele momento, no jogo instigatório, tinha vindo à tona o comportamento provocatório de Angela em relação ao marido, aquela eterna colocação de prioridade do trabalho e não dele, aquele obstinado deixar-se ficar após o jantar em vez de ir ter com ele no quarto do casal... Isso estava claro... mas ele, o marido, de que forma provocava nela a provocação? A terapeuta tinha para si a hipótese de que o marido respondia à provocação com outra provocação: a dissimulação habilidosíssima da sua raiva. Decidiu, então, investigar esse assunto.)

Terapeuta: Agora, senhora, voltando ao assunto da sua firma, já vimos que não foi só Giorgio, mas também a avó que tomava as dores do seu marido. Ele telefonou-lhe umas duas vezes, depois parou e, então, quem passou a telefonar era sempre a avó, para dizer-lhe que já era tarde; depois, foi Giorgio, quando passou a se recusar a fazer os exercícios da escola com a vovó e com o papai. Ele estava procurando trazê-la de volta para casa para que a senhora o obrigasse a fazer os exercícios, só que não conseguiu. Mas, me conte: por que seu marido tinha tanta dificuldade assim para conversar diretamente ou para dizer-lhe coisas do tipo "Se você não chegar às sete lhe dou um murro na boca?" Sabe que uma pessoa que não consegue falar tem dentro dela um vulcão?... E é por isso que existem outras pessoas que captam esse vulcão e decidem que elas é que vão transmitir a mensagem! Mas a senhora não percebeu que seu marido era ciumento, não? Ou fingia que não entendia? Ele tinha ciúme das suas amigas também?

(A esposa faz uma digressão a respeito das suas amigas e do comportamento paciente do marido.)

Terapeuta (interrompendo-a e fixando o marido): Quando sua mulher voltava tão tarde assim para casa e isso deixava o senhor estourando de ódio de ainda estar ali paradinho esperando até às oito, oito e meia, por que não soltava o verbo, não dizia claramente que estava na hora de pôr um ponto-final nisso?
Marido: Bem que a gente dava uma resmungadinha... que dava, dava... só que, depois, a situação era aquela mesmo, não havia o que falar.
Terapeuta (em tom confidencial): Sua mulher sempre foi cabeça-dura? O senhor já conseguiu alguma coisa dela?... pra cama, ela não vinha cedo; pra casa, ela não vinha cedo; alguma coisa mais? O que é que o senhor consegue dela? Foi só Giorgio que deu conta de dobrá-la, de colocá-la de joelhos, de prendê-la por horas no banheiro, colocando ou tirando as cuecas dele?
Esposa: É, isso é verdade mesmo! Foi só Giorgio... Só que essa angústia toda meu marido nunca me deixou ver!...
Terapeuta: Mas ele a sentia! Tanto que Giorgio e a avó liam isso no rosto dele, e liam tão bem que chegaram a suspeitar, eles também... de alguns "cornos" por aí, e foi por isso que a avó encarregou-se de telefonar...
Esposa: Eu é que falei: "Quando vocês acharem que está tarde demais, me telefonem!".
Terapeuta (para o marido): A avó nunca lhe disse: "Por que você não toma uma atitude, por que não se importa com a Angela?".
Marido: Não, todo mundo ficava era resmungando...
Terapeuta: E Giorgio conseguiu domá-la, só que bancando o doido!

Como o leitor poderá observar, também aqui a averiguação acerca de um eventual processo instigatório serve para o casal de genitores. Em relação ao caso anterior de uma instigação pré-sintomática há, neste, um membro da família extensa, a avó, que se mostra abertamente solidária com o genro e o neto contra a carreira da filha (todavia é possível, mesmo que não demonstrado, que, lá no fundinho, ela despreze aquele genro meio bobo, tanto que ela mesma teve de assumir a iniciativa de telefonar pedindo a Angela que voltasse para casa).

Quanto ao jogo do casal de genitores, de caso em caso, *o que se percebe, cada vez com mais destaque, como fenômeno recorrente, é a história de "nunca dar-se por vencido"*, no sentido de jamais gratificar o cônjuge em alguma expectativa implícita e compreensível, geralmente pertinente à categoria do mais humilde e chato *cotidiano*: Angela nunca se preocupou em fazer o que Costanzo desejava, e Costanzo nunca lhe deu a satisfação de dizer-lhe como a desejava e quanto sofria por não se sentir agradado por ela. Mas esses eram somente os sinais visíveis de um drama que, a nós terapeutas, apresentava-se ainda totalmente inacessível.

A Instigação nas Famílias Extensas

Diante de um indivíduo que se torna sintomático na infância ou na adolescência, a possível existência de uma ação instigatória por parte dos membros da família extensa é sempre cuidadosamente indagada. Em nossa experiência clínica, tal ação instigatória efetuada por membros das famílias extensas revelou-se preponderante, mais importante até do que a briga do casal de genitores, no caso de síndromes de adolescência que poderiam ser catalogadas, segundo o DSM III (American Psychiatric Association, 1980 p. 232), como "depressão maior". Vamos citar o texto abaixo:

> Nos rapazes adolescentes, pode-se verificar um comportamento negativista francamente anti-social. São comuns sentimentos de querer abandonar o lar, de não serem compreendidos ou aprovados, incapacidade de permanecerem quietos, suscetibilidade e agressividade. Um comportamento que se opõe a todos, relutância em colaborar com a vida familiar, recusa a participar de atividades sociais e auto-isolamento em seu próprio quarto são, ainda, características freqüentes. Podem coexistir dificuldades na escola, falta de cuidado no aspecto pessoal e emotividade aumentada, com sensibilidade particular ao fato de serem recusados nos relacionamentos amorosos. Pode começar, também, a desenvolver-se o abuso de drogas.

Em nosso conjunto de casos desse grupo, no momento em que as famílias nos pediram ajuda, os pacientes propriamente ditos, tanto os rapazes quanto as moças, estavam numa faixa de idade entre os dezessete e os vinte e um anos, talvez um pouco mais. Era bem freqüente que tivessem nas costas um passado de crianças hiperprotegidas por causa de doenças físicas, tratamentos de reabilitação por algum pequeno problema, intervenções de psicólogos que haviam recomendado "envolvê-los em amor": situações, como se pode perceber, capazes de fazê-los sentir-se especiais e isentos de muitas responsabilidades. Alguns eram filhos únicos que apareciam, em nosso questionário, como pessoas cercadas de um bando de avós, tios e tias solteiras que ficavam repetindo que sempre os amaram e trataram com enorme ternura.

Quando a família chega à terapia, o paciente propriamente dito está se arrastando numa vida escolar quase falida ou, então, está já na fase em que se recusa a freqüentar as aulas por causa de angústias e incapacidade de concentração. Se colocado diante da alternativa "ou estudo, ou trabalho", desiste também da possibilidade de trabalhar alegando certos medos, ou insistindo para que os outros consigam para ele exatamente aquele serviço que nunca ninguém lhe ofereceu e parece impossível de ser obtido.

Todavia, a verdade é que esses "poltrões" não levam, em absoluto, uma vida divertida: passam a maior parte do tempo em casa e têm uma vida social limitada, freqüentemente, apenas aos parentes. Em casa, são protagonistas de cenas exaltadas que deixam os pais desorientados e temerosos de que haja protesto nas vizinhanças. Consultados e assistidos por psiquiatras, são tratados com fármacos neurolépticos que têm tão-somente o efeito de prolongar-lhes o sono matinal. Apesar disso, nas sessões com a família, não manifestam delírios de qualquer espécie e expressam-se em linguagem adequada. Lamentam-se de terem sido e continuarem sendo incompreendidos e, com insistência obstinada, reiteram suas pretensões absurdas de querer obter, dos pais, todas as coisas do mundo. Os pais, por outro lado, mostram-se exasperados e, ao mesmo tempo, confusos por causa da avalanche de pareceres contraditórios com que são bombardeados por todas as partes. De fato, avós e tios, em coro, dão a entender apenas que o pobrezinho merece tudo de bom. Pacientes desse tipo, já se sabe, são inacessíveis ao tratamento individual, que logo abandonam ou vão arrastando sem proveito algum.

Quanto aos nossos tratamentos familiares: desmoralizados como estávamos pelos insucessos dos poucos casos a nós enviados antes de 1979, demos uma reviravolta com segurança e confiança depois da invenção da prescrição. Mas mesmo os dois primeiros casos aos quais começamos a aplicar a prescrição, depois de uma fase de melhora, concluíram-se com fracasso. A coisa nos afligiu bastante, mesmo porque, naquele instante, não fomos capazes de perceber onde havíamos errado. Foi necessário que passasse um pouco de tempo para que conseguíssemos descobrir ter errado por omissão. Havíamos deixado de dar a devida consideração ao bando de avós e tios, e de investigar se eles instigaram o rapaz contra um ou ambos os genitores. No momento em que percebemos a omissão e verificamos, com regularidade, essa hipótese (que se revelou extremamente fecunda com informações esclarecedoras), também chegamos à conclusão de que tínhamos sido bem ingênuos. Então, para nós começou a tornar-se natural relacionar as pretensões do paciente propriamente dito, sua atitude reivindicatória de pessoa que tem "créditos" a receber, com um jogo instigatório em que outras pessoas tentavam manipulá-lo, um pouco com pequenas seduções e gratificações e, um pouco, indiretamente, fazendo-o entender que é um pobre coitado que não foi amado por quem deveria fazê-lo. A presunção, a arrogância de certas pretensões não podiam surgir-lhe senão da ilusão de possuir aliados bem perto dele.

A esse propósito, faz sentido explicarmos o trabalho que fizemos com a família de um rapaz de dezoito anos, exemplo típico de um assunto como este. Gianni era o mais velho dos dois filhos de um empregado modesto cuja esposa, tempos antes, havia necessitado deixar o emprego, por causa dos muitos tratamentos e programas de reabilitação a que o rapaz havia-se submetido na primeira e segunda infância, em virtude de doenças freqüentes e de um problema no rosto. Tendo sido o primeiro neto, foi o queridinho mimado da avó paterna e da tia solteira que, não só dissimuladamente, haviam-se compadecido dele por possuir uma mãe tão seca e nervosa (convicção, infelizmente, compartilhada pela avó materna, ela também sempre pronta a submeter-se às exigências do neto). Quando a família chegou até nós, Gianni recusava-se, havia um ano, a estudar e a trabalhar. Por causa dos neurolépticos, ele dormia até tarde de manhã. Interrompia seu isolamento só para visitar as avós, ou para sair de automóvel com a tia, que lhe fornecia sempre coleções de fitas-cassete. Na sessão, após ter declarado que seus familiares eram totalmente incapazes de compreendê-lo, disse que pensava na idéia de deixar a família, só que não podia fazê-lo enquanto os pais se recusassem a entregar-lhe o seu punhado de moedas de ouro que lhe foram sendo dadas, em ocasiões diferentes, pelos parentes. Com esse dinheiro ele poderia sair de casa para ir morar em alguma cidade de que gostasse e onde encontraria trabalho. Os genitores, é claro, estavam convencidos de que ele gastaria o dinheiro todo e, por isso, negavam-se a dá-lo.

Na terceira sessão, para a qual foram convocados apenas os pais, o terapeuta, de acordo com a equipe, tomou logo uma atitude explícita, declarando aos genitores que estava errado preocupar-se com a possibilidade de que Gianni dilapidasse insensatamente aquele seu único e pequeno capital. Ao ponto em que as coisas haviam chegado, e com um rapaz a essa altura já maior de idade, o que importava era não perder mais tempo ainda e aceitar o desafio, dando a Gianni a possibilidade de

colocar-se à prova. Que a prova funcionasse, por mais que se desejasse, era pouco provável. A previsão, ao contrário, era a de que, depois de algumas semanas de passeios, Gianni voltasse para casa de mãos vazias. Nesse caso, eliminado o pretexto que ele tinha alimentado durante tanto tempo, as coisas poderiam ser colocadas em pratos limpos, até mesmo ao ponto de não o readmitirem em casa. O terapeuta declarou isso com determinação e com uma dupla finalidade:
1. observar as imediatas reações dos pais, isto é, a diferente disponibilidade de cada um deles de optar por um caminho de firmeza;
2. "pagar para ver" as cartas de Gianni, exatamente como se faz no pôquer, para descobrir-se se é apenas um garoto fanfarrão que desiste logo diante de fatos ou, ao contrário, um tipo durão, decidido a ir até o fundo das coisas.

Durante a jogada do terapeuta, foi possível observar, atentamente, as reações dos dois genitores. O pai parecia sintonizado e consciente, fazendo gestos de concordância com a cabeça, enquanto o terapeuta falava. A esposa, por outro lado, rígida, com o pescoço duro, parecia ter dúvidas e era quase hostil.

O terapeuta saiu para discutir com a equipe. A situação estava difícil. Havia-se chegado já à terceira sessão, na qual, normalmente, prescrevia-se o segredo. No entanto, o que se deveria prescrever como resposta ao desafio de Gianni? Seria oportuno juntar à prescrição do segredo também outras prescrições pedagógicas? Havia o risco de se confundir tudo. De mais a mais, era indispensável ter-se em conta as reações diversas dos pais em relação à tomada de posição do terapeuta. Era provável que a mãe estivesse pensando, com temor, nas reações dos avós.

Chegamos a uma decisão que julgamos sábia: *o pacto (e o respeito) do segredo deveria transformar-se na única verdadeira prescrição*. Quanto às providências a tomar com Gianni, o terapeuta deixaria que os pais decidissem livremente, de acordo com suas próprias forças. De fato — acrescentaria o terapeuta — ele tinha dito aquilo que, em teoria, teria sido necessário fazer para arrancar Gianni do impasse. Entretanto, percebia bem que *ele* não era o mesmo que *os dois*, pois o terapeuta não nutria por Gianni sentimentos paternos, nem era, como eles, assediado por um bando de parentes conservadores que, diante de uma providência dura, na certa se escandalizariam. Além disso, acrescentaria que se deveria pensar, também, no risco de que Gianni, diante de respostas duras, reforçasse suas provocações, chegando a um clímax. Como responder aos desafios de Gianni ficava, pois, a critério dos pais. Isso deveria ser solucionado pelo casal, pesando as suas forças conjuntas. Mesmo que um dos dois se sentisse forte, não deveria impor suas decisões ao outro que não seria capaz de concretizá-las, ainda que aceitar os desafios fosse, a essa altura, o único caminho a seguir para salvar o filho de uma existência de desolação.

A conclusão daquela sessão, executada conforme o programado, viu o casal empenhar-se no segredo e decidir, mais tarde e juntos, todo o resto. A esposa não parecia mais hostil. O resto da terapia, que foi bastante dramática e concluiu-se com sucesso, viu Gianni recolher seu desafio, desperdiçar estupidamente todo seu dinheiro, voltar para casa como um filho pródigo, duramente acolhido, e aceitar certos contratos com os pais que, nesse meio tempo, suportavam heroicamente as alfinetadas das avós, das tias e de todos os conservadores do lugarejo onde moravam.

Vamos nos deter aqui um momento para fazer uma reflexão relativa, principalmente, àquele conjunto de casos em que se impõem decisões de urgência. A essas urgências, nós costumamos responder. Quando não o fizemos e nos concentramos só na entrega da prescrição, perdemos confiabilidade e crédito. O que vale é manter a distinção entre o que é *prescrito* (o segredo, as desaparições) e o que é *aconselhado*, e será executado de acordo com forças conjuntas de que dispõem os dois genitores.

Mas voltemos ainda uma vez ao tema deste capítulo. A hipótese de uma ação instigatória por parte da família extensa é levantada por nós e a investigamos em praticamente todas as famílias que vêm se tratar conosco. Porém, há famílias que, por razões concretas, consideramos *de risco*. São as famílias em que o pai, por ter alcançado sucessos profissionais e econômicos relevantes, faz, de alguma forma, com que seus parentes o considerem superior. Um conjunto de casos desse tipo ofereceria um material excelente a quem quisesse escrever um ensaio acerca da *inveja* como retroação à *provocatoriedade*. Ter tudo isso presente na mente trouxe-nos, no nosso trabalho, a visão de poucas e boas coisas realmente de todos os tipos! No tratamento da família de uma moça depressiva de dezessete anos, dependente de Optalidon e com comportamentos suicidas, conseguimos desenterrar o incrível enredo a seguir.

O pai da paciente propriamente dita, com pouco mais de quarenta anos de idade, era um profissional brilhante e altivo. A mãe, de família modesta, tinha um irmão mais jovem que havia trabalhado num estabelecimento comercial que acabou falindo. A mulher dele, tia Veronica, uma sedutora jovem senhora, invejosa do sucesso do cunhado e indignada com o desprezo dele e com sua recusa em ajudá-los, conseguiu colocar em prática a seguinte instigação mesclada: a) tinha instigado a cunhada contra o próprio marido avarento e sem coração; b) tinha seduzido esse cunhado levando-o a um motel e o havia intrigado contra sua esposa; c) tinha-se grudado na filha deles, a futura paciente propriamente dita, levando-a à tarde a passeios nos quais, entupindo-a de sorvetes, fazia-a compreender o quanto deveria sentir-se infeliz de ter os pais que tinha...

No caso de famílias que nos pareciam ser *de risco*, havíamos elaborado uma pista sintética para indagarmos:
1. se o sucesso profissional do marido tinha sido significativo ou, de alguma forma, o havia colocado em posição de superioridade em relação aos parentes;
2. se o marido tinha feito os parentes sentirem sua superioridade;
3. se, conseqüentemente, os parentes tinham sentido inveja do sucesso dele;
4. se a inveja havia gerado críticas;
5. se o marido havia recusado ajuda financeira em caso de necessidade;
6. se a mulher tinha se contagiado pelas críticas feitas a seu marido (separação do casal);
7. se o filho tinha presenciado as discussões ou estava envolvido em tudo isso.

Como se pode ver, por meio de um processo de interação com as famílias extensas, pode-se chegar ao infortúnio mais grave que é a instigação de um cônjuge contra o outro, com o eventual envolvimento do filho na separação do casal.

Falta-nos dizer que uma possível instigação por parte de membros das famílias extensas é sempre conjecturada por nós, e indagada, quando surgem distúrbios do comportamento em filhos de divorciados. A piedosa qualidade de "coitadinhos" atribuída a eles por este ou aquele avô, os suspiros, os gestos de compaixão, as alusões ácidas a "quem" não sabe fazer um sacrifício para salvar a família podem gerar nos filhos, sobretudo se são crianças, sugestões para um comportamento de vítima que logo dará frutos. O mais perceptível e comum é o desastre total na escola. É quase como se o filho, boiando sobre a onda de uma comiseração geral, comunicasse aos pais: "E agora que vocês me estragaram negando-me uma família de verdade, vão ter de suar para me tirar desta". Uma espécie mais ou menos de "neurose de indenização" muito mais freqüente do que se possa crer, que infelizmente reforça nos avós a atitude perniciosa de advogados defensores dos netinhos desgraçados: "Como eles podem estudar em uma casa como aquela?".

Por esse motivo, as pesquisas sobre os danos que o divórcio possa acarretar nos filhos deveriam alargar o campo de observação para se incluir a eventual presença, e a modalidade, de ações instigatórias por parte de parentes.

O Efeito Bumerangue da Instigação

O trabalho em nosso Centro, inicialmente, permitiu-nos observar breves períodos do circuito instigatório, delimitados por pontuações arbitrárias. Mas, à medida que fomos nos envolvendo com a pesquisa, pudemos chegar a outros dados e observar, concretamente, um fenômeno interessantíssimo: o retorno da ação instigatória à pessoa que, presumivelmente, a havia iniciado. Demos a esse fenômeno o nome de "efeito bumerangue". Essa constatação nos fez, com o decorrer do tempo, abandonar a concepção linear da instigação e aproximarmo-nos à do processo.

Os exemplos mais indiscutíveis do efeito bumerangue foram os que pudemos ler nas cadernetinhas que os pais traziam para nós nas sessões. Aquilo eram fatos de verdade, eram relatórios pessoais que não podiam, de forma alguma, ser deformados por pré-julgamentos nossos ou por nossas interpretações. Esses relatórios apareciam na cadernetinha de um dos genitores a um certo estágio da terapia, precisamente quando os membros do casal conseguiam a capacidade de aliar-se um ao outro. Podia-se, então, ler como aquele genitor se indignava com a tentativa de um filho de instigá-lo contra o próprio cônjuge. O fato de o casal perceber essa tentativa induzia-nos a deduzir, imediatamente, como aquele tipo de jogada sempre existira naquela família. Dificilmente, de fato, um filho se permitiria falar de um jeito estranho do próprio pai a sua mãe, ou vice-versa, se não tivesse sido autorizado, no devido tempo, a fazê-lo. Dessa forma, podemos ver como o genitor que, graças à terapia, mudou sua própria atitude em relação ao cônjuge, recusa terminantemente as tentativas do filho, que vão persistindo. Aliás, esse genitor não só se recusa como ainda passa a defender veementemente o acusado.

Estamos transcrevendo aqui literalmente uma parte tirada da cadernetinha da mãe de um paciente esquizofrênico, Filippo, em que se pode ler que a filha Ilaria tenta de todas as formas intrigá-la contra o respectivo marido e pai. Esta caderneta foi trazida e lida pela mãe na oitava sessão: o transcrito é *verbatim*.

Depois do almoço tenho um problema de desentendimento com a Ilaria. Havíamos terminado de comer e fumávamos. Ela começa a me contar suas dificuldades com o quarto que não conseguiu no campus universitário; expõe seu raciocínio que me parece ilógico, só que eu não estou com vontade alguma de mais uma discussão, a enésima. Ela insiste e continua com a eterna lenga-lenga de que o pai não a compreende, que a chantageia com o dinheiro que lhe dá. Eu corto o assunto e falo pra ela conversar com ele. Mas ela, insistente, continua com a mesma história do dinheiro. Depois da enésima vez que me recuso a entrar na discussão, resolvo responder-lhe. Digo que vai ver que o pai está decepcionado com o comportamento dela e que um relacionamento nunca se baseia só no receber, deve-se também dar [...]. Ela me diz que acha muito difícil pedir dinheiro ao pai porque ele faz com que ela se sinta pesada. Respondo que não acho isso, não, uma vez que logo depois das férias na Sicília ele abriu o bolso para que ela tivesse férias também na montanha [...] E assim por diante, até que ela solta que, em casa, está sempre sendo vista como uma que pega tudo o que quer, não dando a menor bola para ninguém mais. Respondo que o diagnóstico quem deu foi ela. Aí ela solta que até comigo o pai discute por dinheiro, e insiste no assunto com prepotência. Respondo que isso interessa só a nós dois e que ela não tem nada que meter o bedelho. Procuro esquivar-me de qualquer tipo de discussão, mas Ilaria provoca. Num determinado instante eu digo que ela não sabe o que quer. Ela chora e grita que é insegura porque nós a tornamos insegura e que eu, já que costumo freqüentar psicólogos no Centro, deveria saber disso muito bem. Retruco calmamente que do Centro eu não vou falar nada por causa do segredo. Ela berra que não quer saber de nada mas que bem que eu deveria comunicar ao Centro que eu a torno uma pessoa insegura. Ela continua até que quem acaba perdendo a calma sou eu. Levanto a voz e lhe digo que, se há alguém que nos sufocou a todos, esse alguém é ela que, aliás, já excedeu em todos os sentidos. Filippo desce do quarto dele, muito calmo, e me fala: "Se vocês tiverem de brigar, vão lá pra fora".

Aqui, é evidente que o bumerangue voltou: quem, a seu tempo, o atirou, não está mais disposto a retomá-lo e lançá-lo de novo. A fúria da filha indica uma enorme tensão ao lado do espanto por encontrar-se diante de uma mãe mudada: um espanto que revela uma situação bem diferente no passado, e facilmente compreensível.

A Instigação na Instituição: O Circuito Fecha-se e o Paciente Identificado Não é Mais de Ninguém

Foi, entretanto, o crescimento da pesquisa na instituição que nos permitiu costurar de novo os arcos do circuito, reunindo e explorando seus meandros colaterais até colocá-lo todo junto. Mas, também aqui, nós pensamos que estaremos sendo mais claros se, em vez de improvisadamente colocarmos diante do leitor o quadro inteiro reconstituído até agora, o levarmos, passo a passo, atrás das pistas do nosso novelo.

Fizemos a primeira experiência relevante, reveladora da instigação, na instituição, no Centro Psiquiátrico Territorial de Córsico, precisamente no decorrer de um plano de pesquisa para a recuperação de pacientes crônicos idosos (Covini et al., 1984; Selvini et al., 1987) que tinham, nas costas, dezenas de anos de vida num manicômio. Para a realização desse plano, trabalhava-se com a colaboração estreita de nossas quatro enfermeiras, que se aplicavam em recolher, da forma mais atenta e detalhada possível, todas as informações referentes aos nossos assistidos com membros ainda vivos de suas famílias de origem.

Entre esses pacientes crônicos, Lina foi, por muito tempo, o centro da nossa atenção. Ela era bastante conhecida por uma de nossas enfermeiras mais antigas que a seguia desde os tempos de internação, no hospital psiquiátrico local, de onde foi mandada embora pela lei de 1978. Quando, com o grupo de Córsico, começamos a levar em consideração a recuperação de Lina, que na época estava com setenta anos, ela estava já havia alguns meses internada em um asilo de velhos. Sua estada lá era problemática, pois ela sofria de freqüentes crises de agitação aguda que exigiam dias de hospitalização. O pessoal do hospício pedia-nos que os livrássemos do peso daquele caso inadequado ao contexto. Enquanto discutíamos acerca dos possíveis motivos daquelas crises, a enfermeira antiga passou a dizer-nos que, desde os tempos de internação no manicômio, *os que cuidavam dela estavam convencidos de que eram as visitas da irmã que a agitavam daquele jeito*. Aliás, acrescentou ela, também o pessoal do asilo tinha agora essa convicção.

Pelas informações recolhidas a respeito da tal irmã resultou o que se segue. Anna, de sessenta e quatro anos, era a mais jovem das quatro irmãs de Lina. Nascida em uma família de pobres roceiros, foi a única que conseguiu um diploma, um emprego e um casamento — com um empregado honesto, morto poucos anos antes. Viúva e sem filhos, fazia questão de apresentar-se como uma pessoa distinta; recebia uma boa pensão; vestia-se recatadamente e intercalava suas atividades benemerentes com peregrinações religiosas e férias em hotéis.

Desde que Lina, na época com pouco mais de trinta anos e abandonada pelo marido, teve a primeira crise e foi internada num hospital psiquiátrico (num ataque delirante, como apontava sua ficha médica onde, confusamente, ela acusava as irmãs de terem *matado* seu marido), Anna era a única que visitava a irmã com regularidade. Além disso, depois da morte do marido, por sugestão do pessoal do hospital, aceitava hospedar Lina por alguns dias, por ocasião das festas mais importantes.

As informações referentes ao *estilo* das recentes visitas de Anna ao asilo foram as seguintes. Dirigia-se ao asilo todos os domingos. Logo que chegava, fazia questão de arrumar Lina: levava-a para o banheiro e lavava-a de cima a baixo, trocava sua roupa de baixo, penteava-a, cortava suas unhas dando a entender, por cem maneiras diferentes, que as enfermeiras eram umas desleixadas que não cuidavam dos internos. Ficava repetindo suas críticas sobre a comida, a limpeza dos quartos, a medicação: dirigia-se ao pessoal de todos os níveis com displicência como se estivesse pagando uma clínica de luxo. Essa maneira de agir, frisou a nossa enfermeira, era idêntica àquele que tanto irritava o pessoal na época da internação de Lina no manicômio. Já naquela época, o que se dizia entre o pessoal era que, com todas aquelas pretensões, "a condessa" devia era levar a irmã para sua casa.

Nesse ponto, a nossa perspectiva começou a alargar-se: tornou-se claro que o estilo das visitas de Anna à irmã tinha suscitado no pessoal do hospital psiquiátrico e, mais tarde, no do asilo, um efeito provocatório. Todo o pessoal, desde o psiquiatra-chefe da seção até a última enfermeira, achava Anna simplesmente odiosa. O que fazia com que cada um, assim que ela terminava sua visita e ia embora, desabafasse com Lina. As críticas, os sarcasmos são facilmente imagináveis: "Afinal, o que aquela lá está querendo de um hospital para pobres como é o nosso? Se ela tem tanto dinheiro e tantas expectativas, por que ela mesma não trata da senhora? Por que não paga uma enfermeira particular?".

O efeito pragmático dos comportamentos de Anna era que o pessoal, mesmo sem consciência disso, a instigava contra Lina. Até que ela, entre dois fogos, a irmã e o pessoal, tornava-se furiosa, de forma confusa e irrefreável e, por causa disso, devia ser medicada. Até mesmo a insistência para que "a condessa", por ocasião das festas, hospedasse Lina em sua própria casa, deveria ter sido a expressão de uma repreensão vingativa: "Com esses ares superiores, como pode largar a irmã no hospital durante o Natal?".

Depois de ter recolhido essas informações, optamos por um programa de trabalho: devendo tirar Lina do asilo, tínhamos de tentar estabelecê-la de forma estável na casa de Anna. Para isso, seria necessário que um terapeuta convidasse as duas irmãs ao Centro psiquiátrico para que entendessem as necessidades de Lina. Uma vez na vida, comentávamos, ela não será tratada como um pacote e enviada à irmã sem que nem mesmo se percebam seus sentimentos. No caso de Lina aceitar, far-se-ia com Anna um trabalho de persuasão mediante uma atitude de elogios. Longe de criticá-la por ter deixado a irmã num asilo, nós a cobriríamos de glórias por sua assiduidade. Para empurrá-la a ficar com Lina na casa dela, garantiríamos o apoio de duas de nossas enfermeiras.

Durante aquelas conversas preparatórias, a verdade é que Lina quase não se abriu: deixou que o pessoal do asilo tomasse a iniciativa de enviá-la à casa da irmã. Quanto a Anna, bem satisfeita com tantos elogios e com a garantia do apoio das enfermeiras, aceitou levar a irmã.

Por quase dois meses, com grande satisfação nossa, tudo caminhou às mil maravilhas. As enfermeiras contavam que Lina, habitualmente passiva e calada, tinha-se tornado falante com elas, até espirituosa quando lhes explicava quanta paciência ela tinha de ter para viver com aquela irmã. Esses comportamentos nada habituais da Lina, descritos nas reuniões de equipe, davam-nos a impressão consoladora de que ela estivesse fazendo autênticos progressos com as nossas enfermeiras.

Ao contrário, sem que o esperássemos, Lina apresentou uma crise tão grave que exigiu uma internação imediata. Nossas enfermeiras, tendo corrido à casa da Anna para cuidar da hospitalização de Lina, encontraram-na em meio a uma crise de agitação intensa: estava babando, gritando, e rangia os dentes como um animal raivoso.

A seu lado havia uma senhora idosa, jamais vista por nossas enfermeiras, que se apresentou como a irmã mais velha, e duas outras mais jovens, que se disseram as sobrinhas. Enquanto esperava-se pela ambulância e as enfermeiras tentavam acalmar e vestir Lina, o tal grupinho de parentes esvaziou o saco contra Anna. Segundo elas, a causa da crise tinha sido a recusa de Anna em levar consigo Lina a B., aos funerais de um cunhado. Ela havia partido no dia anterior, toda elegante, sentenciando que bastava que ela, sozinha, representasse as irmãs, e havia acrescentado que as outras tinham de tomar conta da irmã. Uma das sobrinhas não economizou palavras para dizer como todas reprovavam Anna por sua mania de bancar a santa, sendo que ela só fazia as coisas para se mostrar, ser superior e mandar nos outros. Assim, veio à luz uma verdadeira confusão familiar feita de invejas e rancores e na qual a dupla Anna—Lina não passava de uma pequena parte. E o pior é que naquela confusão haviam entrado também nossas enfermeiras que, frustradas pela não-esperada recaída de Lina, com bastante prazer se uniram ao coro de acusações a Anna.

Anna, de volta a casa e sabendo da nova internação da irmã, fez chegar até o Centro um atestado médico que a declarava cardiopática e, conseqüentemente, impossibilitada de ter em casa uma psicótica tão grave. Já totalmente sem esperanças e com a finalidade única de entender nossos erros, convocamos ao Centro todas as irmãs, sobrinhas e Lina, que chegou até nós acompanhada pelo pessoal do hospital. Assistimos a uma incrível reviravolta. Anna reafirmou seu problema cardíaco, declarou-se desmoralizada por ter sido objeto de exigências excessivas do pessoal do hospital e ressaltou a gravidade da crise de Lina e a urgência de uma outra solução. As irmãs e sobrinhas, todas elas no maior medo de que nosso Centro lhes impingisse Lina, passaram de improviso para o lado de Anna e lhe fizeram coro, proclamaram-na boa e generosa e sentenciaram que estava mais do que na hora de o Centro se decidir a arrumar definitivamente a vida de Lina em um instituto para crônicos. A conversa terminou de forma dolorosa com uma Lina que, perfeitamente lúcida, encarou o terapeuta e disse com voz inesperadamente expressiva: "Está vendo, doutor, eu não sou de ninguém".

A conclusão daquela reunião foi um penoso exame de consciência. A equipe devia conscientizar-se de que havia incorrido num enorme erro. Longe de livrarmos Lina de um jogo instigatório do qual era a vítima, nós o atiçamos e potencializamos.

Neste ponto, estávamos capacitados a reconstruir, da seguinte forma, a história hospitalar de Lina. Ela vinha se tratando no hospital e iniciava um certo relacionamento com o pessoal. Quando Anna ia visitá-la, intrigava-a, com suas críticas, contra esse pessoal que, por sua vez, provocado com o jeito soberbo dela e suas implicâncias, desabafava com Lina, apiedando-se dela por ter uma irmã como aquela. Devíamos infelizmente admitir que, mesmo com o início do nosso projeto, esse costume não havia desaparecido. A verdade é que somente "fingimos" apreciar Anna, mas continuávamos a achá-la detestável e isso era amplamente comunicado a Lina. Comportamo-nos, com ela, exatamente da mesma forma instigatória que as outras irmãs, esquecendo-nos — e isso era grave — de que Lina não possuía mais ninguém no mundo, além de Anna, que pudesse salvá-la de tornar-se uma crônica.

Quando, depois da reunião, fechamos com amargura a discussão em equipe, ficamos com a convicção de que aquela análise fora completa, que nada mais poderia ser acrescentado. Não havíamos ainda percebido que deixáramos de incluir no circuito instigatório a personagem-chave, Lina, não só como vítima mas, também, como atriz — uma vez que, também ela, tinha tido uma parte ativa no processo.[3]

A Vítima Como Ator

Foi a história hospitalar de um menino de dez anos, a quem daremos o nome de Nando, que nos obrigou a dar este passo à frente.

A ficha clínica de Nando registra um diagnóstico de autismo pouco antes dos três anos. Poucos meses após esse diagnóstico, o pai, um policial, foi morto num tiroteio. Com os dois filhos, Maria, que na época tinha oito anos, e Nando, a mãe continuou a morar num apartamento contíguo ao dos seus pais.

O caso chega a nosso Centro quando Nando tem dez anos. Quem o envia é o psicólogo-técnico de um instituto para a reabilitação de crianças problemáticas, onde Nando fica como interno de segunda a sábado. O psicólogo aconselhou à mãe uma terapia familiar pelo fato de Nando, assim que volta ao contato familiar nos fins de semana, transformar-se num diabo sem rédeas. A mãe é que é, sobretudo, a vítima de mordidas, beliscões e chutes; ela, então, vê-se obrigada a pedir a ajuda dos avós e de um dos irmãos. Quando Nando sai de casa na segunda-feira cedo, o apartamento assemelha-se a um campo de batalha. O comportamento de Nando na família parece ser exatamente o contrário do que ele tem no instituto. O relatório do psicólogo descreve sua boa vontade, seus pequenos mas constantes progressos de aprendizagem, relacionamento com os companheiros e terapia de grupo.

Foram convidados para a primeira sessão, em nosso Centro, a mãe, a irmã Maria, Nando e os avós maternos. Depois da leitura do relatório feito pela mãe, por telefone, formulamos a hipótese de uma escalada

---

3. Felizmente, depois desse equívoco e apesar da idade avançada de Lina, a equipe do Centro não se deu por vencida. Conseguimos obter da Prefeitura um pequeno apartamento de um quarto, onde Lina se alojou, concordando em participar efetivamente. Ao mesmo tempo a equipe fez um acordo com as irmãs, especialmente com Ana, de não se intrometerem e respeitarem a independência de Lina. Desde então, Lina está orgulhosa de sua casa e a mantém impecavelmente limpa. Às vezes, convida Ana para almoçar. E o mais importante, desde que ela ali reside, ou seja, há três anos, não teve mais recaídas.

entre a instituição que, a todo custo, quer impor a volta do menino à família nos fins de semana, e a mãe, no momento sentindo-se totalmente rejeitada. Seria importante verificarmos, na sessão, a posição da irmã e a dos avós. Na ficha, temos também anotado que a mãe disse, ao telefone: "Na certa o Nando, na sessão, vai comportar-se muito bem... só que, em casa, ele não é assim. Não acreditem nele".

Mas, ao contrário, na sessão Nando foi uma peste, a tal ponto que a terapeuta, depois de quinze minutos, pede aos avós que o levem para casa. Arrebenta aí um mundo de lágrimas e lamentações; os avós declaram-se incapazes de acompanhá-lo sozinhos e sugerem que se telefone ao tio. Na confusão, a terapeuta consegue perceber: como os avós se colocavam do lado da mãe, tanto que, saindo, beijaram a mão da terapeuta (*sic*) suplicando-lhe que os liberasse daquele flagelo; como Nando, alto e magro, tinha um rosto bonito e muito vivaz; como a irmã Maria tinha permanecido quieta como se fosse uma rainha, sem participar de nada do que estava ocorrendo ao redor dela (na ficha dada pelo telefone a mãe havia dito que Maria ia para a casa de amigos quando o irmão vinha para os fins de semana).

Tendo ficado sozinha com a mãe e com Maria, a terapeuta percebe que, no ponto extremo de uma escalada entre a instituição e a família de Nando, uma terapia familiar não tem sentido algum. A mãe, de fato, comporta-se com a terapeuta como se ela fosse um membro da instituição: com o rosto transtornado, não faz outra coisa senão chorar e enrolar as mangas e o resto do vestido para mostrar-lhe os machucados e mordidas. No momento, nada mais há a fazer além de enviar diretamente ao psicólogo da instituição um laudo: torna-se urgente suspender as idas de Nando para casa nos fins de semana. Uma vez interrompida a reação de violenta e recíproca rejeição, os próximos passos serão discutidos.

O acaso quis que um encontro fortuito, alguns dias mais tarde, esclarecesse muitas coisas. A terapeuta encontrou-se com uma colega que trabalhava na instituição onde estava Nando e perguntou-lhe se o conhecia. Ao ouvir o nome, o rosto da colega iluminou-se com um sorriso, seus olhos ficaram brilhantes pela simpatia até o ponto que a terapeuta pensou num mal-entendido, num caso qualquer de homônimos. Mas não, tratava-se daquele Nando mesmo... tão simpático... tão repleto de boa vontade... tanto que ninguém conseguia acreditar que, em casa, ele fosse tão violento!

Foi nesse ponto que a terapeuta, fazendo um confronto mental, como se fosse uma fotomontagem, das duas fisionomias, a transfigurada, da mãe, e a terna, da sua colega, teve uma iluminação imprevista: Nando deveria ser um ator habilidosíssimo! Deveria ter seduzido a todos na instituição. Só que deveria ter feito isso com uma finalidade: o de instigá-los contra a mãe. De fato, mostrava-se cheio de boa vontade, comportava-se bem com o pessoal, mostrava-se simpático com pequenos e graciosos achados, conseguia graduais progressos na aprendizagem, *dando a entender que fazia isso porque eles eram muito bons para ele*. Mas, implicitamente, ao gratificar tanto assim o pessoal, Nando colocava-os contra sua mãe, que o havia empurrado a um instituto porque não conseguia suportá-lo!

Por sua vez, o pessoal, instigado por Nando, o instigava, também, contra a mãe ("Coitadinho de você, cada vez que volta de sua casa, leva tempo para ser acalmado!") e, ao mesmo tempo, instigavam a mãe contra o filho ("Conosco ele se comporta bastante bem! Como é possível que ele provoque esse terremoto todo em casa?").

Só que, ao final de tudo isso, que mais pode fazer a mãe de um garoto que é "mau" só com ela? Nada mais pode fazer senão entregá-lo ao pessoal qualificado, quase dizendo: "Se com vocês ele é tão bonzinho assim, peguem-no para vocês". Mas o pessoal não quer ficar com Nando... Dessa forma, o círculo fechou-se, e Nando não é de ninguém.

Assim, *para que conseguíssemos concluir circularmente todos os arcos seqüenciais do fenômeno que resolvemos chamar instigação, tivemos de voltar ao paciente propriamente dito.* Para chegar a isso, tivemos de fundir, na mesma pessoa, os dois aspectos apenas aparentemente opostos de instigado e instigante. Chegamos a essa fusão quando descobrimos o modo de agir ativo e até refinado de um paciente identificado que deseja instigar. Esse modo de agir foi catalogado por nós (grosseiramente) como "sedução". A sedução indica, nesses casos, uma gama vastíssima de comportamentos articulados *que, porém, têm em comum a manobra da gratificação a alguém, com a finalidade de instigá-lo contra o outro*. No instrumental comportamental do paciente psicótico percebe-se, pois, uma capacidade magistral de diferenciar e modular os comportamentos opostos. O caso de Nando foi revelador como caso-limite: como o Dr. Jekill e Mr. Hyde, também ele possuía dois rostos contraditórios, um *para* o pessoal do instituto e outro *para* a mãe. Mas na maioria dos casos, as jogadas são mais sutis, mais encobertas. Somente conhecendo-as com antecedência e prevenindo-as é que poder-se-á estudá-las a tempo de não nos deixarmos enganar.

VII

O JOGO DO CASAL GENITORIAL E A MODALIDADE DO ENVOLVIMENTO DO PACIENTE IDENTIFICADO

As Primeiras Tentativas de Captar o Jogo dos Pais e de Relacioná-lo Com o Sintoma do Filho

Na esperança de que o leitor compreenda o incrível esforço que nos custaram as primeiras tentativas de entender os jogos de casal dos pais e sua possível conexão com os sintomas do filho, apresentaremos aqui alguns casos que na época nos fascinaram. Gostaríamos que ficasse clara, sobretudo, a dificuldade extrema que encontramos para obter certas informações que nos eram necessárias para a construção de uma hipótese válida e terapeuticamente eficaz. Como sempre, o uso das prescrições agiu como instrumento desorganizador do jogo do casal e, portanto, produtor de comportamentos informativos. Mas a isso devemos acrescentar nossa obsessiva perseverança e uma tensão intuitiva às vezes intolerável.

No esforço de contarmos os casos de forma não muito entediante, é freqüentemente difícil evitar o mal-entendido da "facilidade", no sentido de dar a impressão de que estivemos ao lado de gente autoconsciente e colaboradora que, com prazer, se expôs dando-nos amplas informações.

Naturalmente, esses acontecimentos terapêuticos que hoje vamos apresentar já não nos satisfazem tanto. São muitas as dúvidas e as lacunas. Porém, devemos, sim, dar uma idéia de como e onde começamos.

Os títulos dados a cada um dos casos procuram sugerir, metaforicamente, o tipo de envolvimento de cada paciente propriamente dito no jogo específico de seus pais.

O defensor do território

Quando sua família chega até nós, Mauro, o paciente identificado, tem doze anos de idade e é o mais velho de três filhos. Os pais, Enzo e Amelia, ambos enfermeiros de um mesmo grande hospital, ficam ausentes de casa por mais de oito horas diárias, freqüentemente em turnos diferentes. Eles moram num pequeno edifício de quatro apartamentos, todos ocupados por parentes de Enzo; no mesmo andar que ele, mora sua mãe, no superior estão seus irmãos, os dois casados e com filhos. A família pede ajuda por causa dos comportamentos psicóticos de Mauro, já examinado no centro psicossocial de seu bairro e enviado a nós com um diagnóstico de "comportamentos psicóticos de um retardado mental".

Esses comportamentos atingem vértices dramáticos na escola. Em casa, Mauro não atrapalha tanto. Quase sempre está sozinho em seu quarto, onde desenha e inventa brincadeirazinhas, e nem desce ao quintal para brincar com os irmãos. No colégio, ao contrário, é um desastre. Não só é desinteressado e desatento, como, de vez em quando, fica agitado e faz coisas estranhas e intoleráveis; é quando a diretora telefona para que alguém vá buscá-lo. A última proeza foi a mais grave: desaparecido da sala de aula, Mauro foi visto e repreendido pelos bedéis enquanto bancava o equilibrista no telhado do colégio.

A primeira sessão familiar mostrou-se um perfeito desastre. Tinha sido convidada, junto com a família nuclear, também a avó paterna. Durante longo período, e não obstante toda a sua experiência, a terapeuta não conseguiu controlar a situação. Os três garotos se comportavam como macacos excitados, barulhentos e reticentes. Finalmente, a terapeuta conseguiu arrancar do pai uma admissão crucial: ele teve de pedir ao Centro uma consulta por causa da ameaça da diretora: "Se vocês não fizerem uma terapia qualquer, eu não fico mais com o Mauro nesta escola".

O fato de o pai ter admitido isso fez com que a terapeuta entendesse que a família se comportava daquela forma porque tinha sido obrigada a comparecer. Não foi somente isso; aquela informação estimulou a terapeuta que, rapidamente, formulou como um relâmpago a hipótese de que Mauro, morando em uma casa entupida de parentes, forçasse suas suspensões da escola por causa de uma tarefa qualquer onde morava. Continuando a adivinhar, interpelou Mauro com as seguintes palavras: "Você, Mauro, não me convence de jeito nenhum que é um doido ou um idiota. Porque eu tenho certeza de que é você que se faz suspender da escola com tanta coisa absurda como essa história de ficar dançando no telhado. E também tenho como certo que é você quem obriga a diretora a mandá-lo para casa porque, na sua casa, você bem que tem uma coisa para fazer..., uma coisa que você julga ser indispensável... Você tem medo de que aconteça o quê, para querer estar lá e impedir, hem?... O que é que você quer impedir, afinal?"[1]

A retroação imediata de todos àquela intervenção audaciosa foi extraordinária. O grupo descomposto e que só fazia escarnecer subitamente imobilizou-se, igual a quando a bobina pára num filme. De repente, cessou a gritaria e o silêncio caiu, cheio de tensão. Mas a resposta, como era previsível, não veio. Era suficiente, porém, aquela espetacular retroação para assinalar o ponto quente da questão. Foi, pois, preciso chegar à quinta sessão, na qual trabalhamos tão-somente com os pais, para entender uma informação que nos permitiu elaborar a hipótese de qual seria o motivo pelo qual Mauro se fazia mandar de volta para casa; impedir que a avó, quando a mãe cumpria seu turno no hospital, se intrometesse sem mais nem menos na casa deles para matar a curiosidade e fuçar as gavetas.

Não é possível descrever com quanta insistência, paciência e imaginação tivemos de trabalhar para chegarmos a reconhecer o jogo daquele casal. De fato, Enzo falava muito e, muitas vezes, sem pensar, divagando sobre bobagens inúteis, enquanto a esposa parecia uma Sibila, ereta e majestosa; mal pronunciava uma sílaba e, mesmo assim, só após longa meditação.

Mas, eis aqui o que conseguimos dessa história. O pai, um tipo extrovertido e provocante, fazia um jogo duplo bastante contorcido: apesar de ficar brigando clamorosamente com sua mãe por assuntos fúteis, e enchê-la de insultos, não se opunha, de forma alguma, a que ela invadisse e controlasse a casa dele, permitia que ela irrompesse lá quando bem entendesse, metendo o nariz em todas as coisas, até nas panelas sobre o fogão. Além disso, com o pretexto de que sua mãe não possuía telefone, havia lhe dado cópia das chaves de seu próprio apartamento para que ela pudesse usar o aparelho em caso de necessidade.

---

[1]. A terapeuta, evidentemente, pôs-se a adivinhar, na base da convicção de que há uma lógica nesses comportamentos psicóticos que produz determinados efeitos: neste caso, o fato de fazer-se mandar de volta da escola para casa.

É de se notar que uma informação importante como essa (as chaves de posse de sua mãe) escapou por acaso do marido, quando ele se referiu, na sessão, a seu temor de que durante os desaparecimentos a mãe, que sempre fica espiando pela janela, fosse à casa deles de noite e acordasse os filhos para saber para onde foram os pais. E a pobre da Amelia que não tinha falado nada, nem que fosse só para desabafar! Foi só quando a terapeuta abordou o problema das chaves que Amelia foi obrigada a admitir ter muitas vezes notado que suas coisas e papéis estavam meio fora de lugar e, por isso, suas gavetas tinham sido mexidas. Mas, não obstante isso (embora, presumivelmente, bastante indignada), jamais havia se referido ao assunto com o marido, que veio a saber do problema apenas naquela sessão (a quinta).

A sétima sessão, destinada a controlar os efeitos do nosso trabalho de rompimento daquele jogo absurdo entre a provocação ativa de Enzo e o silêncio impenetrável de Amelia, foi memorável. Já na sexta sessão, Enzo tinha contado ter trocado a fechadura da porta da entrada de seu apartamento. Sem qualquer explicação, havia dito à mãe que fosse telefonar, em caso de necessidade, na casa dos irmãos. A mãe, que provavelmente tinha compreendido bem "o discurso", não só não aprofundou a questão como nunca mais apareceu por lá à toa.

Na sétima sessão, Amelia mostrou-se a grande protagonista. Justo ela, sempre calada e fria, "empacotadora", fez uma coisa que ninguém mais jamais fizera (nem ninguém fez depois dela) desde que começamos a trabalhar com a prescrição: aproveitou sua cadernetinha, cujas anotações ela devia ler em voz alta para a terapeuta, para enviar ao marido um resoluto e atormentado apelo entregando-se, pela primeira vez (sob a mediação protetora da terapeuta...), à confissão do quanto ele a havia feito sofrer no passado, e ao pedido de que construíssem juntos um relacionamento limpo e sincero.

Mas isso ainda não foi tudo. Naquela cadernetinha, ela se referiu a um acontecimento perturbador. Certa manhã em que se encontrava em casa, um bedel da escola havia lhe telefonado para que ela fosse buscar Mauro que já tinha aprontado das suas. Copiamos o que foi escrito por Amelia.

> Peguei o automóvel e me dirigi à escola. Estava calma. Senti que gostava muito de Mauro e que aquilo deveria terminar. Encontrei-o na entrada, com dois bedéis, rosto vermelho e todo suado. Os bedéis queriam me contar o que ele tinha aprontado. Mas eu falei: "Quero saber a história pelo Mauro; ele é quem vai me contar". Assim, Mauro me disse que ele e um colega se bateram durante a aula por-

que esse colega implicava com ele e havia batido em seu nariz até sair sangue; e que depois, para fugir-lhe, fechou-se em um armário de aparelhos de ginástica, de onde os bedéis o tiraram à força. Enquanto Mauro terminava as explicações, chegou um bedel com o casaco dele para que ele o vestisse e fosse embora. Mas eu devolvi o casaco, dizendo-lhe: "Não! Não vou levar o Mauro para casa, não quero que ele volte comigo. Mauro, agora, vai voltar é para a sala e vai se comportar como um rapaz que tem a cabeça no lugar". Assim, peguei o rosto dele entre as mãos, e olhando-o nos olhos, disse-lhe com firmeza: "Seu lugar é aqui, Mauro. É aqui que eu te quero, você entende?, com seus colegas, com os meninos da sua idade". Ele fez que sim com a cabeça e eu fui-me embora.

Enquanto Amelia lia a caderneta, a terapeuta sentia seus olhos brilhantes. Tinha a convicção de assistir, pela primeira vez, a um evento: a dissolução de uma coalizão secreta entre uma mãe e um filho. Aquela certeza ficou consolidada pela posterior evolução da história. Mauro logo mudou sua conduta na escola. Tornou-se disciplinado e cheio de boa vontade. Seu rendimento nos estudos permaneceu insuficiente. Mas os comportamentos psicóticos e os conseqüentes apelos dramáticos do colégio tiveram um ponto final.

No tratamento desse caso, tivemos de trabalhar até a sétima sessão para que encontrássemos explicações e conseguíssemos dissolver certos enigmas que estavam no ar. Como explicar o silêncio e o bloqueio do grupo familiar inteiro à pergunta que a terapeuta havia dirigido a Mauro na primeira sessão? O silêncio de Amelia resulta-nos compreensível; certamente que o destinatário dele não foi a terapeuta. Simplesmente, ela continua seu jogo, o de não dar à sogra (e ao marido) a satisfação de uma reação. É também óbvio que o marido e Mauro fiquem bem calados: a presença da avó paterna faz com que a situação fique, no mínimo, embaraçosa. É verdade que também a equipe esperava que a segunda sessão sem a avó, com a família nuclear sozinha, tivesse resultado numa série de informações... Mas isso não ocorreu de forma alguma. Na segunda sessão, apenas desapareceu o comportamento insubordinado e desqualificante em relação à terapeuta (provavelmente decorrente da hostilidade que a velha senhora havia, explicitamente, mostrado em relação à terapia). Mas por que todos persistiram ainda no mutismo? Por que ninguém voltou àquela pergunta crucial ("O que você quer impedir, Mauro, fazendo-se ficar em casa?") para dizer como iam as coisas? E, no entanto, todos os membros da família nuclear estavam ali reunidos porque um deles estava com sérios problemas. Mas, mesmo assim, ninguém, nem mesmo a mãe, teve a coragem de ser o *primeiro* a dar o *primeiro* passo para terminar um jogo tão cheio de danos. Da mesma forma se comportaram os cônjuges sozinhos na terceira sessão e na quarta também. A informação-chave saiu somente na quinta, e por mero acaso, quase por engano.

O guardião do bom costume

A ameaça[2] que tão freqüentemente pincela a batalha de provocações do casal possui, por vezes, o sexo como espantalho. Um conteúdo desses, que nunca na vida seria espontaneamente contado pelos atores, pode ser suspeitado pelos terapeutas por meio de alguns sinais que são um pouco mais fáceis de se revelar quando a provocadora ativa é uma esposa de alguma forma *sexy*. Isso, porém, simplificando as coisas, não obrigatoriamente. Às vezes, esposas que nos pareceram horrorosas ou ridículas mostraram-se habilíssimas, espremendo o marido no terror perpétuo de um *affaire* iminente. Não devemos de forma alguma confiar em nossos gostos, e sim permanecer firmes na convicção de que, nos jogos psicóticos, tudo é possível.

O caso que aqui vamos apresentar foi, de certa forma, até mesmo excitante. Tratava-se de um casal quarentão que pedia ajuda para um filho único de dezoito anos que tivera alta alguns meses antes da seção psiquiátrica de um hospital em que se recuperou de uma crise psicótica aguda, definida como confusional. O rapaz, que já anteriormente à crise havia deixado a escola, as amizades e a atividade esportiva, vivia literalmente grudado nos pais, especialmente na mãe. Os pais possuíam e administravam uma empresa comercial especializada em móveis para escritórios. Tinham ambos uma bela aparência mas a personagem mais interessante, de longe, era a esposa. Não apenas ela não aparentava, em absoluto, a sua idade, como (sem se mostrar ridícula) vestia-se e penteava-se como uma adolescente mais ou menos perdida, difundindo a seu redor (impossível entender como, mas os homens da equipe percebiam isso muito bem, mesmo através do espelho) um clima de erotismo pecaminoso.

Apesar disso, essa observação não nos encaminhou, na ocasião, a reconstruir o tipo de jogo. Foi necessário chegarmos à prescrição dos desaparecimentos noturnos para que obtivéssemos uma informação

---
2. Entre as variações do tema dos jogos provocatórios de casais, apareceu com freqüência o gesto da ameaça, uma variável das mais arcaicas dos jogos interativos, notadamente já observável no instrumental comportamental dos animais superiores.

importante. Sem que se esperasse, já que se tratava de um casal elegante que ostentava importantes relações mundanas, o marido levantou objeções que não acabavam mais contra os desaparecimentos: não sabia como ficaria tranqüilo com as possíveis angústias de Dario e, com vários pretextos e desculpas, adiou a execução. Isso nos fez suspeitar do temor por parte do marido de que seus desaparecimentos com a mulher desgostassem Dario; e, sobretudo, que aquele filho onipresente lhe vinha a calhar. Inspirados por essa observação, formulamos a hipótese de que aquele marido, longe de declarar o seu ciúme secreto e de exigir que sua bela mulher se vestisse e se comportasse de modo menos provocante, houvesse recorrido tacitamente a um refúgio. Precisamos, portanto, ir descobrir que ele havia chamado para trabalhar em sua firma, como empregadas do armazém e vendedoras, uma irmã e duas tias de sua esposa! Um perfeito e verdadeiro corpo de guarda.

Infelizmente, até o corpo de guarda pareceu-lhe, num determinado momento, insuficiente; assim Dario, o filho único, também foi acrescentado a ele. Só que não se conseguia saber como. Insistindo e vencendo reticências e divagações, conseguimos esclarecer os seguintes fatos. A explosão psicótica de Dario tinha sido precedida por um episódio patético: um amigo e coetâneo do rapaz havia desenvoldido uma paixonite aguda por sua mãe. Pouco depois, o pai havia sofrido um ataque coronário. Sustentamos a hipótese de que ele não se sentisse, em absoluto, seguro de que aquele rapaz louro não estivesse abalando a paz de sua mulher.

O estilo provocante da bela mulher nos pareceu consistir exatamente nisto: nenhum dos fiscais que a vigiavam conseguia entender o que escondia debaixo daqueles cabelos longos e encaracolados, atrás do olhar lânguido daqueles dramáticos olhos escuros. Estava apaixonada? Sentia-se indiferente? Queria pecar? Nunca havia pecado?... Assim Dario, depois de um breve período de comportamentos inusitados durante o qual tratou de angustiar a mãe freqüentando um grupo de gente esquisita, decidiu assumir nele próprio, com os comportamentos psicóticos, o controle de uma situação familiar constantemente "na zona da luz vermelha".

Como psicótico, Dario era eficientíssimo guardião do corpo. Seu dia era assim: levantava-se pela manhã à mesma hora que os pais, tomava com eles o café da manhã e com eles dirigia-se à empresa, onde ocupava um pequeno escritório ao lado do da mãe. Ali ficava, sem nada fazer, o dia inteirinho. Impossível fazê-lo sair com amigos, mandá-lo ao cinema, induzi-lo a retomar qualquer atividade esportiva. Se lhe acontecia de estar algumas horas sozinho em casa com a mãe, fica andando ao redor dela como se a estivesse espionando. Por duas vezes, havia passado nu pelo quarto dela, com o pênis em ereção (sinal verossímil de que também não conseguia decifrar o que sua mãe sentia por ele e, por isso, desse modo, implicitamente estava lhe propondo que abrisse o jogo). Mas ela, como costuma ser regra em casos assim, tinha fingido não tê-lo visto.

Depois dessa e de outras experiências, a cada vez que apareceu entre os comportamentos inaceitáveis do paciente identificado, desnudamentos, gestos eróticos, ida de uma cama a outra e coisas similares, nós levantamos imediatamente a hipótese de jogos de casal que incluem ameaças sexuais. É, de fato, bastante freqüente — e já o vimos nos tempos do *Paradosso e contraparadosso* (Selvini Palazzoli et al., 1975) — que tais ameaças comportem a nomeação de um rival erótico interno, habitualmente um filho ou uma filha, que vem anteposto ao *partner*. Mas essa manifesta preferência que, obviamente, implica uma emissão de sinais que indicam atração, perturbação e desejo, tem lugar de formas tão alusivas, descontínuas e contextualmente dissonantes que provocam no destinatário angústia e confusão. Como conseqüência, o rival nomeado, tendo-se apoderado do poder psicótico, psicoticamente exige um esclarecimento.

Entre os nossos casos, o mais clamoroso e que foi resolvido de modo mais agradável e divertido, foi o da família de Dafne, uma linda moça de vinte e dois anos. Segunda de três filhas de um casal da alta burguesia, havia começado a manifestar quatro anos antes um comportamento psicótico delirante que, entre altos e baixos, já a tinha colocado à margem tanto da vida escolar quanto da vida social. Era uma excelente esquiadora e seu único alívio era dirigir-se com o pai, de vez em quando, a uma localidade no alto das montanhas, onde possuíam um chalé.

Os comportamentos eróticos e de desnudamento surgiram imprevistamente em Dafne quando os pais, depois de cem objeções e adiamentos, sobretudo da parte do pai, resolveram-se logo depois dos desaparecimentos dos finais de semana. Imediatamente após o primeiro desaparecimento, Dafne inaugurou os comportamentos eróticos, igualmente dispensados com sapiente bissexualidade à sua mãe e ao seu pai. Se estava sozinha com a mãe (uma mulher imensa, desleixada e mal-vestida tanto quanto o marido era elegante, bem-cuidado e de tipo esportivo), logo abraçava-se a ela e colava sua boca na dela com um beijo insistente e passional. Mas isso não era tudo. O comportamento mais desconcertante e embaraçoso era o de tirar a roupa, e ela o fazia com rapidez incrível. Em dois segundos estava lá, ereta e desnuda, com as roupas jogadas no chão. Tinha feito isso uma vez também na rua, de onde foi arrastada pela mãe que a tinha obrigado a sair (mas depois daquela vez passou a pensar muito antes de insistir). O fato mais interessante, porém, é que por duas vezes Dafne havia tirado todas as roupas enquanto estava sozinha com o pai, no escritório dele.

Aqueles novos e desconcertantes comportamentos da Dafne foram descritos à terapeuta pelos pais, na sessão seguinte aos desaparecimentos do final de semana. A primeira coisa que a terapeuta interessou-se em saber foi como tinham sido as reações dos pais. Aconteceu que o comportamento de ambos foi idêntico. A mãe balançava a cabeça e ria desajeitada; o pai, olhando para outro lado e comentando... que não lhe parecia, afinal, estar fazendo tanto calor assim!

A parte final daquela sessão inesquecível foi usada pela terapeuta para dar aos pais algumas prescrições e conselhos acerca do comportamento a ser seguido. As prescrições consistiam, obviamente, em prosseguir nos desaparecimentos, tanto à tardinha como nos finais de semana. Os conselhos sobre como se comportarem daí para a frente consistiam em três propostas que foram entregues, de forma idêntica, a ambos. À mãe: "Se Dafne beijá-la na boca de novo, dou-lhe três escolhas. A primeira consiste em devolver-lhe, longamente, os beijos. A segunda, em fazer como já fez, resguardando-se desajeitadamente. A terceira, meter-lhe na boca uma bofetada, a mais forte que puder". Ao pai: "Se Dafne aparecer nua na sua frente, dou-lhe três escolhas. A primeira consiste em pegá-la entre os braços, estendê-la no divã e acariciá-la eroticamente, não hesitando, no caso de ela se mostrar disposta, a ter relações sexuais. A segunda, comportar-se como já fez, bancando o bobo. A terceira, tirar um de seus sapatos e dar-lhe uma surra, o mais forte que conseguir. Da próxima vez, cada um dos dois vai trazer-me, como sempre, o resumo por escrito das reações dos outros ao desaparecimento de vocês. Quanto às escolhas, cada um deverá me dizer de viva voz, no caso de Dafne ter-lhe oferecido a ocasião, por qual das três optou".

Na sessão seguinte soubemos que a mãe não precisou fazer qualquer opção. Disse que evitou cuidadosamente qualquer ocasião de ficar sozinha com a filha. O pai, entretanto, foi pego por Dafne. Uma manhã de sábado, bem cedinho, enquanto estava guardando as coisas no carro para ir sozinho à sua casa na montanha, viu que Dafne, aproximava-se silenciosa e fria como uma estátua e enchia o carro de coisas suas também. O pobre sentiu-se atordoado: não era difícil suspeitar que aquela noite seria um problema, como de fato o foi.

Logo depois de ter ido para a cama, Dafne entrou em seu quarto, de camisola, como uma sonâmbula, sem quase se mexer. Tendo chegado ao lado da cama, tirou a camisola e enfiou-se, nua, debaixo das cobertas, sem porém encostar nele. E que foi que o pai fez? A terapeuta bem que podia imaginá-lo; um jogador como ele jamais teria se rebaixado ao ponto de adotar uma das escolhas propostas por ela! De fato, ele encontrou uma quarta alternativa — bem mais próxima, aliás, do estilo dele — que, fantasticamente, funcionou. "Me parece que você quer me fazer acreditar", disse-lhe com um sarcasmo aristocrático, "que não conseguiu resolver seu complexo de Édipo. Só que eu não acredito nessa bobajada. O que penso mesmo é que você está se divertindo me fazendo passar ridículo". Dito isso, apontou à Dafne a porta, que ela, esgueirando-se da cama, ultrapassou de um só pulo, desaparecendo para dentro do quarto dela.

Na manhã seguinte, ocorreu a catarse. Enquanto o pai se levantava e vestia, veio da cozinha, junto de um gostoso perfume de café, um cantarolar alegre que não ouvia já havia anos. Dafne havia preparado um café da manhã maravilhoso, e colocara sobre a mesa todo tipo de guloseima. Depois de ter servido ao pai o café, acomodou-se à mesa. Enquanto aproximava sua cadeira da mesa, olhou o pai nos olhos e disse-lhe, com um lindo sorriso: "Sinto que chegou o momento de ser sincera com o senhor, papai. Fisicamente, o senhor sempre me causou nojo".

Após esse recíproco e definitivo esclarecimento, o jogo erótico entre os dois acabou para sempre. Dafne não fez mais qualquer investida erótica com ninguém, nem mesmo com a mãe. Teve, por esse motivo, tempo e jeito de dedicar-se aos próprios problemas que, gradualmente, foram sendo resolvidos. Diplomou-se como professora e ficou noiva de um bom rapaz.

O revisor dos contos

O dinheiro, ao contrário de tudo em que poderíamos acreditar numa cultura como a nossa, muito raramente aparece no primeiro plano dos jogos psicóticos. Estes são, na realidade, enredamentos interativos impregnados de rancores, tácitos ou secretos, antigos demais para que se possam exprimir por um acerto de contas que liquide a fatura. Acabamos sendo forçados a entender que, nessas famílias, as coisas nunca são ditas de forma explícita, preto no branco. E o jeito que as pessoas encontram para dizê-las — ou ter a ilusão de o estar fazendo — é ficar anos numa cama, ou delirando num hospício.

A família de quem estamos querendo falar nos fascinou porque parecia uma família antiga, quase saída de um dos romances de Thomas Hardy. Era uma família de camponeses ferreiros, descendentes de outros ferreiros estabelecidos, havia muitas gerações, no campo da baixa Lombardia. A mãe era uma mulherzinha magra e nervosa, incrivelmente ativa. Parecia ainda mais miudinha ao lado de seus quatro homens, junto dos quais havia também trabalhado com a forja, quando houve necessidade. Além de tomar conta da casa, cultivava a horta e cuidava de um grande número de animais domésticos. Giano, o paciente propriamente dito, de vinte e dois anos (diagnosticado esquizofrênico quatro anos antes), um rapagão de um metro e noventa cuja imponência física contrastava com a expressão inofensiva, era o caçula da família. Na verdade, tinha cerca de dez anos menos que seus irmãos Augusto e Cesare, ambos com mais de trinta, casados e com filhos pequenos.

Depois de termos analisando a ficha feita ao telefone, achamos incrível a sistematização logística da família: uma verdadeira estufa para o cultivo da psicose. De fato, cerca de quatro anos antes, o pai e os três filhos, trabalhando em ritmo massacrante, haviam construído com as próprias mãos um barracão onde guardariam a forja. Num lado do terreno (obtido do município pelo pagamento a prazo) haviam construído quatro casinhas enfileiradas, a última das quais, destinada a Giano no caso de ele vir a se casar, ainda não terminada.

Quando a família pediu-nos ajuda, Giano, que anteriormente era um trabalhador prodigioso que produzia tanto quanto dois homens, já era considerado um doente crônico: carregava nas costas uma série de episódios de delírio e um sem-número de internações. Vegetava sobre a cama de um quarto, para onde sua mãe subia todas as tardes com seu tricô, para fazer-lhe companhia. A família foi-nos enviada por uma prima materna, assistente social, que tinha ouvido falar do nosso Centro como a "última praia".

Durante o exame da ficha feita ao telefone, tínhamos formulado a hipótese de que aquele jovenzinho, que por anos estava na cama de um quarto cuja janela dava para a forja que fazia suar seu pai e seus irmãos, estava fazendo uma espécie de greve por alguma injustiça praticada em *seu prejuízo* (hipótese, em seguida, verificada simplista demais porque, obviamente, ninguém pode tornar-se *esquizofrênico* por motivos tão lineares e evidentes). Na primeira sessão, para a qual foi convidada também a prima que enviou a família, e na segunda, de que participou tão-somente a família nuclear, a terapeuta empenhou-se, obstinadamente, em procurar quais poderiam ter sido tais injustiças. Não obstante se ativesse às coisas concretas, deixando a família estupefata com perguntas dignas de um comerciante que investiga salários, partilhas de bens e abertura de inventários, chocou-se contra um muro de pequenas fugas e contradições; dali, nada saiu de preciso. A partir da terceira sessão, prosseguimos somente com os pais. Pelas informações obtidas e das retroações provocadas pela cuidadosa execução das prescrições por parte dos pais foi possível reconstruir uma história interessante.

Gina, a mulher, aquela mulherzinha minúscula e hiperativa, ao casar-se foi morar com a família do marido, um clã de 25 pessoas que moravam juntas num casarão de campo. Lá também se encontrava a forja com a qual o marido trabalhava com outros primos, todos submissos a um tio paterno, Ario, que dominava o clã inteiro. Gina sofreu muitíssimo com essa submissão, e por motivos bastante concretos. Para qualquer despesa do dia-a-dia, ela devia pedir dinheiro ao tio, que decidia tudo sem ouvir ninguém. Sua maior dor, aliada a uma raiva enorme, foi quando o tio vetou os estudos de Augusto, o filho mais velho, tão bom no colégio que os professores sempre o incentivavam a continuar. O tio sentenciou que Augusto era robusto e, por esse motivo, necessário ao trabalho com a forja. Mandou para a universidade uma filha de sua filha. Para não arrumar confusão, o marido nada disse, e impediu que ela protestasse.

Depois de anos de aborrecimento, Gina encontrou uma porta de saída. Como veio a saber que, na cidade, estavam construindo uma agência bancária e procuravam um porteiro a quem ofereciam alojamento e salário, conseguiu obter para si o lugar, assumindo a limpeza noturna dos escritórios. Finalmente havia conquistado um apartamento para si e para os seus, fora do casarão onde o tio reinava! Só que a forja continuava, ainda, comum a todos no clã. O passo seguinte quem o deu foi Augusto, que resolveu, como o tio, bancar o "mau", e foi trabalhar por conta própria. Ele, Cesare e o pai alugaram um armazém de depósito na cidade e o transformaram numa forja onde pudessem trabalhar (Giano, na ocasião, ainda freqüentava a escola; a mãe fazia questão que ele tivesse o diploma de técnico). E, afinal, depois de três anos, tinham dado o grande pulo! Com extremas economias, e com empréstimos do município e do banco, eis que levantaram quase só com a força de seus braços, o barracão e as casinhas. Giano é quem se havia empenhado mais do que todos. Depois de deixar o colégio para sempre, trabalhou

169

sem parar por meses e meses, até mesmo quando já estava escuro. A mãe lhe dava força: "Vamos, Giano, só um pouquinho mais que a gente consegue, e vamos ser felizes!".

Giano apresentou os primeiros comportamentos insólitos poucos meses após a ida para a nova casinha, ao lado do barracão. De rapaz modesto e sóbrio que sempre foi, passou a ser um perdulário. Toda noite pegava o automóvel e ficava vagando até tarde, gastando à toa um monte de gasolina. Comprava coisas inúteis que, mais tarde, jogava numa gaveta qualquer. Durante algum tempo, a mãe lhe preenchia de novo, às escondidas, a carteira, com o que ela conseguia da venda de coelhos e pombos. Mas a crise logo chegou. Durante uma crise delirante, Giano tratou-se no hospital da região. Entupido de remédios, transformado num homem flácido e obeso, foi arrastando sua vida entre recuperações e quedas. Já fazia anos que vivia ocioso. Na forja ficaram Augusto e Cesare, que tinham de trabalhar por ele também, e não era raro que tivessem de pedir, mais uma vez, ajuda do pai. Muitas vezes, zangavam com a mãe por causa dos "vícios" que ela oferecia a Giano. Mas ela retrucava que teria sido justo colocar em poupança, no banco, o salário do Giano, uma vez que ele havia adoecido no esforço de construir rapidamente as casas e o barracão.

Por causa da nossa pouca experiência, a condução terapêutica desse caso foi uma autêntica aventura que nos custou numerosos ataques de angústia. Até a sétima sessão, os resultados foram mais do que positivos, assombrosos. Os dois cônjuges colaboraram e seguiram todas as prescrições, inclusive um desaparecimento de mais ou menos um mês, quando deixaram Giano sozinho em casa. Já após a quinta sessão, Giano começava a levantar-se da cama, de tardinha, e a ir à cidade para encontrar os amigos. Depois da sexta, recomeçou a trabalhar, ainda que de forma irregular, no barracão. Ficamos sabendo disso no início da sétima sessão, aberta pela mãe por um grito "Giano está trabalhando!". Mas, no decorrer da sessão, emergem, infelizmente, também outras coisas. Com ar de hipócrita contrição, a mãe confessou haver obedecido ao impulso, do qual não sabia explicar o motivo, de romper o segredo com o Giano: tinha lhe revelado ter feito aqueles desaparecimentos contra sua vontade, em obediência às ordens do Centro. Mas por quê? Por que ela fez isso? E justamente quando Giano tinha melhorado tanto?

Foi preciso um trabalho paciente, e muita intuição, para chegarmos a reconstruir, entre os suspiros e as meias palavras, que Gina não estava satisfeita. A situação no novo barracão parecia cada vez mais semelhante àquela de antes, quando eram dominados pelo tio Ario. Agora, eram os dois filhos mais velhos que davam as ordens, sobretudo o segundo, o Cesare. Era ele que mantinha o caixa da família, que negociava com o banco, que dava o dinheiro. O marido não tinha prática em fazer contas e, por isso, deviam depender do Cesare para tudo. A terapeuta, então, dirigiu-se ao pai para obter um esclarecimento. Mas isso não passou de uma desolação. Ele minimizou cada problema. Com ar bonachão, sorriu da suscetibilidade de sua mulher, insistiu que o Cesare era generosíssimo e fazia tudo às claras (e a mulher não reagia, estava lá calada, olhando para a ponta de seus sapatos).

A discussão da equipe foi estafante. Parecia claro que a mãe precisasse mais do que nunca se manter numa estreita aliança com Giano uma vez que o pai estava de acordo com os dois mais velhos. Mas, de outro lado, nós tínhamos de parar. O contrato estipulado com os pais era claro: em caso de rompimento do segredo, o tratamento seria concluído. Gina o havia quebrado de propósito: por algum motivo, devia ter medo que o seu Giano, voltando à forja, se arregimentasse com os homens.[3] Desesperados com a idéia de termos sido vencidos e com o segredo agora já violado, decidimos tentar um gesto extremo: os pais deviam anunciar a Giano, e a todos os demais, que a terapia estava interrompida e que a terapeuta havia decidido retirar-se *porque os dois irmãos do Giano eram bem mais fortes que ela.*

Estávamos no outono de 1981. De lá para a frente, à distância de alguns meses uma da outra, a terapeuta recebeu da mãe três cartas. A primeira, datada de 18 de dezembro, descrevia num tom dramático um Giano irreconhecível, rebelde, polêmico com todos, inclusive com ela. Contava que ele, diante da proclamação enviada pela terapeuta, na hora sentiu-se muito mal. Naquela mesma noite havia voltado a vagabundear de carro, gastando um mundo de gasolina. Depois, alguns dias mais tarde, tinha voltado a trabalhar no barracão. Só que trabalhava do jeito dele. Não tolerava ordens ou observações de ninguém. Mas, quando trabalhava, trabalhava para valer. No bar da cidade, ele falava sarcasticamente de Cesare, chamando-o de "o chefe". E até tinha-o intimado a sair de casa, um dia em que Cesare se permitiu usar o escritório deles, com um tom de voz tão furioso que a mulher do Augusto, que estava lá, também, acabou comentando: "Onde é que, afinal, esse sujeito escondia essa raiva toda, antes?".

---

3. Atualmente, em vez de limitarmo-nos a levantar, entre nós, a hipótese de certo medo da mãe, já o declaramos explicitamente.

A última carta, que chegou na primavera seguinte, era terrível. Para nós, ela teve o efeito de um trovão que praticamente rasgou o nevoeiro que nos tinha deixado míopes por tanto tempo. Pela primeira vez, e depois de seis meses do término da terapia, a senhora Gina levantava os véus que escondiam seu verdadeiro relacionamento com o marido. Daquela carta, transcrevo aqui a parte essencial, com o desprazer de ter de eliminar o efeito poético dos deslizes gramaticais e das expressões dialéticas: "Meu marido não serve para nada. Assim que me casei com ele, me mandava até o tio Ario para trazer dinheiro; agora, ele manda para os próprios filhos. Deus é que sabe o que eu sinto quando sou obrigada a fazer isso, e fico pensando: se isso ficar assim para sempre, Giano não vai sarar nunca. Já tem dias que ele está, de novo, trancado no quarto escuro dele. Por favor, doutora, escreva para os meus filhos mais velhos falando o que eles têm de fazer, antes que seja tarde demais. Mas não conte para eles que fui eu quem pedi...".

Finalmente, depois daquela carta, enxergávamos mais claramente. Emaranhado desde pequenino no jogo do casal, Giano esteve, durante anos, subjugado à mãe. Mas quando, aos dezoito anos, decidiu largar a escola para jogar-se como um Hércules na construção da forja e das casas, candidatou-se a entrar no grupo dos homens. Infelizmente não foi acolhido. Os irmãos queriam conservar o primado. Como fazia antigamente o tio Ario, eles também ditavam ordens ao pai, que, entretanto, tal como antigamente, aceitava colocar-se à parte e delegava aos filhos mais velhos a tarefa de vigiar sua mulher. Foi assim que Gina, depois de tanta luta, encontrou-se de novo na situação de vinte anos antes, com um marido que não se interessava por contas e a mandava procurar o filho Cesare para estender-lhe a mão, como fazia anteriormente com o tio. Ela que se havia matado no banco para dar uma casa aos familiares, estava de novo sem pagamento e sem dinheiro, obrigada a criar coelhos e pombos para conseguir alguma pequena soma que não fosse controlada.

Quanto a Giano, esse deve ter-se sentido abandonado por todos. Pela mãe, que só pensava em seus rancores, e pelo pai e irmãos, que não o haviam acolhido. Foi assim que ele resolveu assumir nele mesmo as reivindicações. Obrigava os adultos a suarem por ele também. Ficava na cama e era mantido por todos. Tinha-se tornado, afinal, o revisor das contas, o que havia conseguido equilibrar a balança.

Aquela carta da mãe foi discutida profundamente, até que se chegou a uma decisão. A terapeuta nem a responderia e, muito menos, escreveria aos filhos mais velhos como pedia a mãe. A batalha por uma mudança estava tendo início. A terapeuta havia feito surgir, na mãe e em Giano, aquelas tendências antagônicas escondidas que, irresistivelmente, levam a uma nova organização.

No dia 2 de junho de 1985, a terapeuta telefonou para a mulher que havia enviado a família e pediu-lhe notícias. Logo ela contou: "Giano está muito bem. Posso dizer que ele está com todo o bem do mundo. Já faz três anos que ele está bem e sem qualquer medicação. Só que os irmãos dele tiveram de entender que o tinham deixado muito aborrecido! Eles se obstinavam em considerá-lo um menino, nunca dando a ele a possibilidade de um diálogo ou de uma decisão da sua própria cabeça. Agora eles estão em igualdade, mas ele teve de batalhar. Está até namorando, numa paixonite danada. Ficou magro e bonito. Bonito de verdade! Os pais vão levando bem a vida. Gina, a quem eu vi alguns meses atrás, me disse que vocês fizeram um milagre, mas ela estava com vergonha de telefonar-lhe porque, diz ela, se sente culpada em relação a vocês; só não me disse o porquê".

Quando a Prescrição é Absorvida no Jogo do Casal

Foi o jeito zombeteiro de um autêntico toscano do povo, Lido, que nos ensinou, pela primeira vez, que em alguns casos a prescrição de desaparecer só podia ser seguida se imaginássemos para ela uma modalidade que excluísse a suspeita de que fosse um divertimento e um prazer. É que só assim um homem digno de ser homem poderia limpar sua reputação.

Tratava-se de cônjuges relativamente idosos, casados tardiamente e pais de um único filho, esquizofrênico crônico. Dos dois, era a mulher, Nelia, quem tinha a vida fortemente condicionada pela patologia do filho e se mostrava mais motivada ao tratamento. Pela pesquisa pudemos entender que ela fora uma jovem bastante bonita, crescida como costureira no frívolo ambiente de uma butique de moda; no final das contas, acabou casando-se com aquele brutamontes, depois da enésima desventura amorosa com outros. Tendo deixado a capital da província, os dois montaram casa num povoado próximo ao Arno, região originária do marido, que era operário em uma fábrica de curtumes. Nelia tinha querido, a todo custo, continuar a trabalhar como costureira em casa. A história do casal deixava, facilmente, que intuíssemos a impiedosa guerra escondida entre aquela senhora paciente, ávida por amizades e sempre passeando pelas lanchonetes para conversar com os outros, e aquele homem rude, ciumento, que bem desejava ter tido condições de prender a esposa entre quatro paredes, só para ele.

Quando chegamos à etapa dos desaparecimentos noturnos e o casal apresentou-se com as anotações, poderíamos desafiar qualquer pessoa a adivinhar qual seria a escolha de Lido: uma granja abandonada, com uma garagem ao lado, alguns quilômetros afastada do povoado! E Lido nos explicou: "A gente colocava no carro uma garrafa térmica de café, uma sacola de pães dormidos, dois cobertores, um pacote de velas, e lá íamos nós! Depois de uns poucos quilômetros, prestando atenção para que ninguém estivesse vendo a gente, nos metíamos na estrada para a roça e vapt-vupt... já estávamos dentro da garagem. Lá, era certo que não encontraríamos ninguém. A Nelia, coitadinha, mesmo morrendo de medo de deixar o Duccio sozinho, bem que teria gostado de um restaurante. Há anos, já, que ela vem dizendo que eu nunca a levo a lugar algum. Mas eu a fiz compreender que uma prescrição de vocês é como tomar remédio, não é para gente se divertir, não. Só que quando a gente voltava para casa e o Duccio estava lá, olhando para gente de boca aberta, a gente fazia cara de alegria e parecia, mesmo, que tínhamos aproveitado para valer."

Só para não deixar a mulher levar a melhor, levando-a a divertir-se, Lido havia elaborado toda essa confusão. Uma verdadeira carreata em cima da obstinação, teimosia e o mutismo que, silenciosamente, vão impregnando o relacionamento de casais assim. Começar a entender isso nos levou a perceber, sem perguntas inúteis, o desgosto evidente com que certos maridos acolhiam a prescrição de desaparecer. "Não é absolutamente necessário que leve sua mulher para divertir-se", arriscávamos, "o importante é que vocês estejam de acordo para o bem do filho, que ele ache que vocês se divertiram... Claro, para o senhor é mais difícil, pode ser até meio humilhante... Não consegue impedir que suas cunhadas fiquem rindo por trás: 'olha só o ursão em que aquele peralta se transformou! Agora ele leva a mulher Deus sabe para onde... deve ter ficado ruim dos miolos!...'" Tentar adivinhar, jogar à mesa as cartas do jogo que podem ser intuídas, com humor e compreensão, isso tudo poderia permitir, por vezes, desmistificar antigas desavenças endurecidas pelo silêncio.

Deparamos, entretanto, com alguns casos em que a execução da nossa prescrição fez vir à tona fenômenos que contra-indicavam o prosseguimento. E isso pelo fato essencial de a prescrição, inserindo-se no jogo do casal, ter sido habilmente jogada por um dos cônjuges, que assinalava pontos a seu favor.

Vamos ver um caso típico. Um marido, pai de uma garota de dezesseis anos que apresentava uma depressão em alto grau, apareceu à sessão, depois de um desaparecimento de final de semana, com um comportamento irritado e hostil. Mostrando empatia, a terapeuta insistiu para que ele se explicasse e acabou provocando um desabafo sarcástico: "A senhora tem idéia de há quantos anos eu conhecia aquele hotelzinho romântico no alto dos Apeninos, aonde fui com minha mulher este mês? Imagina? Já são vinte anos!... e há vinte anos eu venho insistindo com ela para passarmos lá um final de semana. Mas ela sempre tinha a desculpa da mãe dela. Já desta vez, veja só, veio na maior boa vontade... só mesmo pra me fazer entender que estava toda contentinha de obedecer à prescrição da senhora, doutora. Por vinte anos, me deu a desculpa da mãe e, agora, está toda feliz de obedecer à senhora, doutora!".

Na discussão em equipe nós nos convencemos de que, numa situação dessas, continuar a prescrever desaparecimentos era contra-indicado. Seria o mesmo que tomar o partido da mulher. Mas fazer o quê? Surgiu, finalmente, uma decisão que não apenas deixava de lado a prescrição como, implicitamente, empurrava a mulher a aliar-se ao marido, parando de contrapor-lhe "as mulheres" (não somente a terapeuta mas, também, a filha Barbara, a quem ela se subjugava como uma escrava). De volta à sessão, a terapeuta dirigiu-se à mulher compadecendo-se dela por ter deslizado, ainda uma vez, embora já tivesse se transformado em co-terapeuta, naquele velho jogo da sua família de origem: o de ficar ao lado das mulheres só para mortificar os homens. Os desaparecimentos não podiam mais, de forma alguma, ser colocados em prática. Mas havia, talvez, ainda uma esperança para ajudar Barbara a sair disso: que a senhora inventasse, ela mesma, e se impusesse uma prescrição qualquer no sentido de mudar os comportamentos de Barbara e de obter a concordância do marido para que os dois a seguissem juntos. A senhora se sentiu muito sem-jeito com isso, mas aceitou sem dizer palavra.

A proposta funcionou. Os dois se reapresentaram, na sessão seguinte, muito satisfeitos. Tinham discutido juntos e, depois, colocado em prática uma iniciativa interessante. De acordo com o médico da família, que prescrevia remédios "inócuos", a mulher ficou de cama, por dez dias, com o pretexto de uma dolorosíssima artrose lombar que a impedia de qualquer movimento. Bárbara tornou-se incrivelmente prestativa: cozinhou e levou as refeições para a mãe, na cama, depois foi jantar com o pai e até empenhou-se em sair para fazer as compras mais urgentes.

Casos como os aqui apresentados ensinaram-nos muito a respeito dos jogos de casais, e contribuíram para que aperfeiçoássemos nossas capacidades táticas. Mas outros, e não poucos, nos colocaram diante de uma parede altíssima, absolutamente impenetrável. Desses casos falaremos adiante.

Quando os Pais Competem para Monopolizar o Paciente Identificado

Com o passar dos anos, tendo aumentado nossa experiência, capacidade de conduzir o trabalho clínico e presteza em captar os indícios, ainda que mínimos, de informações-chave, fomos progressivamente sendo capazes de "desenhar" partes do jogo tão perniciosas quanto sofisticadas. Esse é o caso dos genitores que competem para monopolizar o filho.

Também aqui a relutância em executar os desaparecimentos do fim de semana e, até mesmo, a piora da situação geral subseqüente a uma primeira execução, levaram a autênticas revelações sobre as numerosas intrigas tácitas postas em prática por algumas famílias e, o que é ainda mais importante, nos sugeriram a maneira de dissolvê-las. Eis aqui um caso que demonstra isso.

Trata-se de uma família a que daremos o nome de Malerba e se constitui de quatro membros. O pai é um homem bem-sucedido no campo publicitário e a mãe, uma professora do segundo grau. O paciente identificado, Primo, de quinze anos, foi enviado com um diagnóstico de depressão, enurese noturna e encoprese. A irmã Gaia, de doze anos de idade, é considerada sã. Dos dois genitores, é a mãe quem reage com profunda angústia à prescrição dos desaparecimentos, mesmo sendo os filhos já grandes e jamais tendo apresentado comportamentos estranhos a ponto de considerar-se imprudente deixá-los sozinhos. De forma cansativa, e sem transformações substanciais, chega-se à prescrição de três desaparecimentos nos finais de semana; a prescrição suscita na mãe medos tais que a fazem, repetidamente, pedir o adiamento da sessão. Quando, finalmente, os genitores se reapresentam, confessam ter executado apenas dois desaparecimentos, e mostram-se bastante decididos a não fazer mais nenhuma. A mãe dirige-se à terapeuta em tom hostil. O resultado é que os desaparecimentos não provocaram inconvenientes: os filhos comportaram-se bem, mostrando, aliás, uma capacidade insuspeita de arranjarem-se sozinhos. Em compensação, os sintomas de enurese e encoprese de Primo acentuaram-se bastante e até se complicaram com um comportamento de total descompromisso em relação à escola. Não só isso: o relacionamento conjugal deteriorou-se de tal forma que a mulher havia falado seriamente em separação legal.

Vejamos o que iluminou a averiguação executada pela terapeuta para tentar entender o que aconteceu. A mulher revelou que, após cada desaparecimento, o marido tinha, literalmente, coberto Primo de presentes caros. Para equilibrar a balança, gastava quantia equivalentes também para a menina. Só que quanto mais ele comprava, mais Primo ficava pretensioso, como se lhe devessem o mundo inteiro. Era como se o pai tivesse de desembolsar grandes somas a título de indenização. Ou seja, o pai devia ressarcir o filho por ter-lhe impingido a desfeita de dar preferência à esposa, sumindo com ela. Coerente com essa lógica, o pai tinha até mesmo reservado, numa agência de viagem, uma caríssima excursão aérea para o exterior, para acompanhar o filho e assistir a um importante jogo de futebol. O que significa que não faltava nem a viagenzinha de ressarcimento e era isso que, obviamente, tirou a mulher do sério.

Mas o que foi que se descobriu indagando mais profundamente? Quais foram os motivos autênticos do furor da mãe? Descobriu-se que ela, no campo do dinheiro, não podia competir com o marido. É verdade que ela havia feito pesar sobre ele suas origens de uma família aristocrática que tinha ficado com vergonha de tornar-se parente de um "fanfarrão da publicidade", mas os antepassados aristocratas, infelizmente, não tinham dinheiro, o que significava que ela não dispunha mais do que de seu salário de professora. Veio à tona então que, para ganhar terreno de novo, gastava horas e horas ajudando Primo em suas tarefas escolares, fazia para ele versões e resumos, gravava-lhe páginas e páginas de histórias, para que ele pudesse ouvi-las passeando! Fazendo isso, naturalmente, exibia desprezo pela prodigalidade do marido. Era dessa forma que o jogo competitivo do casal havia incluído Primo. Cada um dos genitores pedia-lhe mais perdão por tê-lo traído, desaparecendo com o próprio e legítimo cônjuge.

É importante notar que essa intriga nos ficou evidente apenas na sétima sessão, logo depois do efeito desestabilizante provocado pelos dois únicos desaparecimentos nos finais de semana, que empurraram os pais àqueles gestos competitivos tão grosseiros que eram absolutamente visíveis. E, no entanto, a competição entre eles para seduzir o filho com certeza existia antes, só que dissimulada e dificilmente revelável. O esclarecimento do jogo sugeriu-nos uma intervenção especificamente provocatória que funcionou bem. A terapeuta declarou-se de acordo com os pais na suspensão dos desaparecimentos já que eram difíceis demais para eles. Compadeceu-se dos dois coitadinhos que vinham sendo manipulados por um filho muito esperto (e por uma filha ainda mais astuta, que, sem se expor, recolhia o ouro que lhes escapulia dos bolsos). Pesquisou e colocou em evidência as numerosas manobras culposas que Primo praticava junto deles. Finalmente, deu-lhes a tarefa de imaginar alguma pequena iniciativa qualquer que contrabalançasse o poder patológico de Primo, acrescentando, porém, que não estava muito convencida do sucesso do casal.

Essa exposição coloca em evidência alguns pontos importantes. Antes de tudo, que a relutância aos desaparecimentos assinala, exatamente como faria um medidor Geiger com um objeto metálico, que os pais intuem logo os efeitos incongruentes do seu jogo. Esse fenômeno deve colocar o terapeuta em posição de alarme e induzi-lo a indagar a respeito dos fatos subjacentes, procurando distinguir as diferentes posições dos pais, ainda que, como vimos, freqüentemente sejam diferentes apenas na aparência. Saber recolher, a tempo, os motivos da relutância pode ajudar-nos a prevenir a recusa da prescrição.

Não podemos nos esquecer, e devemos até enfatizá-lo, de que eventuais fenômenos negativos decorrentes da execução da prescrição para todo o fim de semana podem, como no caso que acabamos de descrever, ser exatamente aqueles que nos permitem enxergar as intrigas do jogo. Mas aqui entra em campo a posição do terapeuta, e sua habilidade em servir-se corretamente da prescrição. Essa habilidade aumenta quanto mais ele se afasta do uso da prescrição invariável como método de tratamento, e quanto mais se orienta a considerá-la — para o bem ou para o mal — como o mais potente instrumento para que se obtenham informações sobre a prática do jogo. Na verdade, diferentemente do microscópio ou do telescópio que, ao aumentar uma célula ou um astro, nos permitem observá-los deixando-os invariáveis, a prescrição é um instrumento que, com grande freqüência — mesmo que não sempre[4] — altera o que observamos, provocando a erupção de fenômenos reveladores. Se o terapeuta não se deprime nem se torna hostil diante do aparente insucesso da prescrição, mas o considera um sinal e guia para uma investigação posterior, se servirá desse fracasso como de um trampolim para dar um salto à frente.

---

4. Vejam-se certos casos de absorção silenciosa da prescrição invariável na prática do jogo, descritos no parágrafo anterior.

Em um outro caso, esse também bastante revelador, os genitores apresentaram-se à sessão escondendo o medo de dar continuidade aos desaparecimentos atrás de um tal manto de desconforto, que chegaram a dar mostras, à terapeuta, de verdadeiro desespero. No esforço de compreender os motivos desse desconforto o que foi que descobrimos por detrás do manto? Exatamente que o paciente identificado, também ele um jogador consumado, havia respondido aos desaparecimentos dos pais com uma reação negativa tão hábil que conseguiu assustá-los e dissuadi-los de prosseguir. O exemplo diz respeito a Celina, uma moça de dezoito anos, anoréxica e bulímica crônica, viciada em Optalidon, filha única de dois profissionais liberais. Como resposta aos desaparecimentos deles, a moça conseguiu fazer-se "adotar" por um casal bem mais velho que não possuía filhos, um casal que estava à procura de um significado para a sua existência. Com a mesma finalidade, lembrou-se de uma ex-professora de quem já havia esquecido e fez dela sua nova confidente, passando com ela e o marido fins de semana no campo, que definia como encantadores. A ameaça que Celina jogava sobre os pais era eloqüente: já que vocês me largam sozinha no mundo, eu me arranjo com outros pais bem mais agradáveis. Naturalmente, os dois verdadeiros pais não relacionaram de forma alguma o seu desencorajamento com a terapia com a reação ameaçadora de Celina. Uma referência ao fim de semana da filha foi feita, casualmente, enquanto estavam falando de outra coisa, tanto que o terapeuta nem prestou atenção nela. Foi o supervisor quem percebeu a importância do indício e o chamou, imediatamente, pedindo-lhe que explorasse a questão em profundidade. Foi assim que se esclareceu a manobra astuciosa de Celina e os dois pais foram batizados, provocatoriamente, de "os dois pobres orfãozinhos" induzindo-se-os a perseverar.

Descobertas como essa nunca deixam de nos espantar, de tão extrema que nos parece a intensidade de tais relações familiares, sem falar na sutileza das manobras e contramanobras postas em prática.

Na lista de casos assim, em muitos aspectos trágico-grotescos, queremos inserir um verdadeiramente patético. Trata-se do casal de que já falamos no último parágrafo do capítulo III. Foi Giuseppe quem telefonou à terapeuta que conduzira o tratamento. Já tinham passado cerca de dez meses depois do fechamento da terapia e seu êxito era considerado satisfatório, a ponto de o casal definir Alex como "um rapazinho de ouro". Os dois haviam-se casado cerca de um ano antes. Só que, agora, Giuseppe relatava à terapeuta certo crescimento de comportamentos provocatórios por parte de Alex. Em comparação à sintomatologia precedente havia, porém, uma grande diferença. Alex respeitava a escola, onde trabalhava e era apreciado. Era só com a família que ele se mostrava insuportável: "Comporta-se como um imbecil e nos faz de imbecis. Estamos desesperados e nem sabemos mais o que fazer". A terapeuta propôs uma conversa somente com os pais, o que foi rapidamente aceito.

Com o intuito de que o leitor seja introduzido, ao vivo, naquela sessão, decidimos transcrever o relatório que a terapeuta fez na ficha clínica, naquela mesma noite.

> Hoje à tarde eu me sentia exaurida; pela manhã, tinha conduzido uma sessão terapêutica desgastante e quase sentia náusea pela idéia de entrar, de novo, naquele cômodo. Entretanto deparei, como por milagre, com uma descoberta maravilhosa que, pouco a pouco, foi emergindo das informações fragmentadas dos cônjuges. Isabella foi logo desabafando e dizendo que o relacionamento deles estava igual ao de antes da terapia, porque Giuseppe, outra vez fechado e amuado, torna sombrio o ambiente da casa. Em resposta à lamentação de Isabella, Giuseppe fica indignado. Dirigindo-se à terapeuta, conta-lhe com a voz embargada que várias vezes nos últimos meses andou pensando e repensando em uma hipótese dela mesma, feita numa das primeiras sessões de terapia: a de que Isabella estivesse atiçando Alex contra ele, talvez sentindo prazer em vê-lo perturbado.
> Conseguindo sair, com muito cansaço, desse fluxo de acusações recíprocas, formulo para eles uma pergunta objetiva: "Substancialmente, por que no ano passado vocês estavam bem? O que havia, essencialmente, de diferente?" Fiquei estupefata com as respostas deles, praticamente ao mesmo tempo, sem titubear, sem qualquer dúvida: "Nós dois estávamos bem porque Alex era bom; é verdade, ele era bom pra gente..." Essa resposta em uníssono atua em mim como um raio luminoso que me empurra a perguntas específicas que vão delinear os seguintes fatos. Se Alex é mau, os dois se exasperam com ele, sim; mas, principalmente, se entopem de rancor recíproco, pois cada um coloca no outro a culpa da malvadeza de Alex. A comoção que experimento diante de tal descoberta permite-me transmitir a eles uma enorme empatia. Começo por descrevê-los como dois coitados abandonados que tiveram pais excessivamente insatisfatórios: é por isso que Alex significa, para eles, o sol, o ar, o amor. Se Alex é bonzinho com eles, eles ficam felizes e se querem bem. Se Alex é mau para eles, eles se tornam infelizes e acusam um ao outro. Prossigo: mas Alex é inteligente e sensível e percebe o tremendo perigo de ficar enredado nas necessidades dos dois, de

dever ser sempre uma gratificante mãezinha para eles. Alex precisa ir para a frente, precisa crescer e é por isso que frustra os dois. Como que iluminados por minhas palavras, Isabella e Giuseppe vão repetindo: "É isso mesmo! É isso mesmo! Nós dependemos em tudo e por tudo de como o Alex se comporta conosco...". Continuo, então, e afirmo que não é Alex que os provoca mas, ao contrário, são eles que o provocam com expectativas absurdas.
Ambos vão confirmando o que digo, mas Isabella me dá a confirmação definitiva quando se lembra de um episódio. Poucos dias antes era Carnaval, e Alex representava uma peça no colégio. Todos os pais foram convidados, mas eles dois não puderam comparecer. O garoto voltou para casa destruído, pois tinha sido aplaudido e os dois não viram. "É verdade mesmo", comentou Isabella, "nós estamos lá sempre pedindo consolo a ele, mas não somos capazes de sentir coisa alguma do que ele pede, do que é necessidade dele".

Concluo a sessão dizendo que uma luz como essa não admite prescrição. À sua maneira, eles vão amadurecer uma solução. Giuseppe afirma, com segurança, que tudo quanto compreendeu hoje vai fazê-lo mudar, radicalmente, seu relacionamento com Alex. E, eles mesmos, parece que já estão transformados. De vez em quando se olham face a face e disparam a rir. Isabella explica que é engraçado demais ver-se vestida de mendiga do amor de Alex. Na hora da despedida, senti o maior carinho pelos dois. Abraçando ambos pelas costas, em um gesto de confiança que nunca uso, vi-me dizendo docemente a eles: "Vocês são mesmo dois jovens queridos". Agora, escrevendo, me apercebo de que, talvez, se eles possuírem uma mãe que os compreenda, consigam deixar Alex encontrar o seu caminho.

TERCEIRA PARTE

ESTABELECIMENTO DE MODELOS PARA OS PROCESSOS PSICÓTICOS

VIII

A METÁFORA DO JOGO

O Uso Intuitivo da Metáfora do Jogo

Em publicações anteriores (Selvini, 1985; Selvini Palazzoli et al., 1985), falamos a respeito seja da metáfora, seja do *modelo* do jogo, arriscando-nos a induzir uma certa confusão. Hoje, diferentemente de ontem, não temos mais qualquer intenção de definir o que entendemos por "jogo". Na verdade, nós próprios não tentamos aderir a uma teoria e nem tivemos a pretensão de formulá-la. Ao contrário, o consideramos uma metáfora que, nesse caso, só pode permanecer como uma imagem intuitiva e indefinida. Nosso objetivo é outro: o de definir, cada vez melhor, os tipos de processos que levam um indivíduo a agir psicoticamente. Ou seja, buscamos construir *modelos* dos processos psicóticos da família. Por "modelo", entende-se comumente a formalização ou explicitação (conforme as diversas disciplinas e suas linguagens) de uma explicação científica. Neste sentido, trata-se de um sinônimo de "teoria científica".

Portanto, foi errôneo, de nossa parte, falar de *modelo do jogo* no sentido de teoria científica dos jogos humanos. Nosso interesse, e ponto de partida, foi o de construir uma teoria *local* (isto é, limitada e provisória) mais adequada que as já existentes, para compreender (e conseqüentemente tratar) os comportamentos humanos definidos como *psicóticos*. Com tal finalidade, utilizamos no passado o *modelo sistêmico*.

Paralelamente à crescente insatisfação clínica com os métodos paradoxais de que falamos no capítulo I, foi-se acentuando, em nós, um mal-estar análogo, crescente e silencioso, também em relação às teorias sistêmicas. E eis que, mesmo continuando com nossas profissões de fé sistêmica, começamos a pensar primariamente em termos de jogo. Todavia, não nos referimos às teorias existentes do jogo (como exemplo, a de Von Neumann ou os fragmentos de Bateson e Jackson) no sentido de *adotá-las como nossas premissas teóricas*. E menos ainda de construir uma nossa "teoria geral dos jogos humanos".

Ao contrário, recorremos à metáfora do jogo para *sugerir intuitivamente*, com a expressão "jogo familiar", o que sugerem as expressões jogo político, jogo financeiro, jogo de poder, jogo de equipe etc.

Trata-se, portanto, de um uso intuitivo e informal da metáfora do jogo, que tem a finalidade de produzir associações, comparações e linguagens apropriadas para enquadrar, de forma mais imediatamente inteligível, os fenômenos que nos interessam.

Uma Linguagem das Relações Humanas

O termo "jogo" produz imediatamente associações com as idéias de grupo, equipe, sujeitos (jogadores), posições (comando, ataque, defesa etc.), estratégias, táticas, movimentos, habilidade, alternância de turnos (logo, seqüência temporal). Assim, temos a possibilidade de dispor de uma linguagem bastante ligada às relações interpessoais visto que elas são intercâmbio de comportamentos. Palavras como *"imbroglio"*, instigação, ameaça, promessa, sedução, reviravolta, cooperação, vitória, derrota, impasse são muito ligadas à necessidade de descrever os acontecimentos inter-humanos. Além do mais, trata-se de termos que não são, em absoluto, gírias, porque fazem parte do patrimônio lingüístico de todos e são, por isso mesmo, facilmente compreensíveis até pelos próprios pacientes.[1]

O jogo consiste em trocas de comportamentos concretos entre pessoas, enquanto, bem freqüentemente, a linguagem sistêmica induzia à confusão porque falava de outra coisa: de componentes eletrônicos, de substâncias químicas, de máquinas, de astros, de fórmulas matemáticas, de organismos biológicos elementares etc. A metáfora do jogo inicia uma corrente de metáforas. Remete, por exemplo, ao conceito chave de

---

1. Há um paralelismo claro entre essa mutação na linguagem e o abandono da atitude reticente em relação aos pacientes (ver capítulo XIV, "O problema da reticência").

estratégia. Esse é um termo militar, que remete, por sua vez, a *conflito* onde é importante o *engano* etc.

Assim, pensar em termos de jogo ajuda-nos a colocar alguns conceitos fundamentais para o nosso campo de reflexão. É de se pensar em pares de conceitos opostos-complementares como: indivíduo/sistema, cooperação/conflito, autonomia/dependência, conservação/mudança. São conceitos-chave para o estudo de processos interativos, que, porém, não podiam encontrar uma colocação clara na dimensão da linguagem sistêmica.

Tomemos, por exemplo, o par cooperação/conflito. É claro que, em qualquer jogo, a dimensão cooperativa (seguir as regras para alcançar o objetivo comum do jogo) e a conflitual (competição) são indissoluvelmente entrelaçadas. A família é uma microrganização baseada na cooperação para fins comuns (bem-estar, sustento recíproco, educação dos filhos etc.). A negociação das modalidades dessa cooperação, por causa do fisiológico egocentrismo de cada sujeito, comporta necessariamente o nascimento de conflitos. De fato, cada sujeito pode desejar uma negociação mais favorável a ele, seja com respeito à sua posição dentro do grupo específico a que ele pertence (como a família nuclear), seja com respeito aos diversos grupos de que é membro (como a família extensa, o contexto do trabalho, o contexto do tempo livre).

Pensarmos em termos de jogo gera uma linguagem nova e envolve, assim, uma série intuitiva de comparações com vários tipos de jogos. Até os jogos convencionais (individuais ou de equipe) podem ser uma fonte útil de analogias. Obviamente, é evidente que a comparação nunca equivale a uma identificação, dado que as diferenças entre a história de uma família e uma partida de xadrez são macroscópicas.

Ligação entre Raciocínio Sistêmico e Estratégico

A metáfora do jogo é muito adequada para integrar as regras gerais da interação dos jogadores (raciocínio sistêmico-holístico) com os movimentos dos sujeitos (raciocínio estratégico). De fato, na idéia de jogo convencional, são já intuitivamente evidentes: a) o princípio intransferível de alternância dos turnos (já que o jogo, como o diálogo, estrutura-se na alternância das intervenções singulares, não em sua simultaneidade);[2] b) a aceitação, por parte dos jogadores, das regras que o governam, com o intuito de reduzir a incerteza dos movimentos; c) a manutenção da possibilidade, dentro das regras, de dispor de uma ampla escolha de movimentos que, garantindo ao jogo aspectos de imprevisibilidade, permitem a emergência da habilidade e da inteligência estratégica de cada jogador, que confere sua identidade à partida.

De fato (estamos nos referindo sempre aos jogos convencionais), uma vez explicado um determinado jogo *genericamente* definido pelo uso de determinados instrumentos e pela adoção de certas regras (tênis, futebol etc.), esse jogo se identifica *especificamente* apenas pela seqüência das intervenções alteradas de cada um dos jogadores, de tal forma que seu desenvolvimento seqüencial pode ser verbalmente descrito (pense-se nos comentários, pelo rádio, de um jogo de futebol). Um jogo é, portanto, sempre o produto das intervenções alternadas de cada jogador que, motivado a ganhar, individualmente ou em grupo, dentro de regras explícitas consensualmente aceitas, executa a toda hora a sua jogada, após a jogada adversária. Neste sentido, a metáfora do jogo facilitou-nos o acesso a uma visão que não separa as interdependências particulares das recíprocas, nem separa a interdependência do indivíduo, mas considera cada indivíduo interdependente e, no entanto, relativamente imprevisível, visto que é mais ou menos capaz de efetuar, dentro das regras e conseqüentemente dos movimentos do adversário, todas as escolhas que ainda se mantêm possíveis.

Uma Liberação de Dogmatismos Proféticos

Pensar em termos de jogo proporcionou-nos maior liberdade mental. A referência à teoria dos sistemas tinha assumido um sabor muito dogmático. Acabamos por atribuir às idéias sistêmicas uma conotação de "Verdade" em contraposição (agora, de forma sectária e ideológica) ao "Erro" (a psicanálise e demais teorias intrapsíquicas). Neste sentido, sem dúvida, havíamos sido condicionados ao estilo às vezes algo profético e religioso de determinados escritos de Bateson.

Tomar distância de um corpo doutrinal (Bateson, 1972; Von Bertalanffy, 1968; Ashby, 1954; Watzlawick et al., 1967) articulado e sistematizado, sem que o substituíssemos por nada mais que uma metáfora aberta como a do jogo, restituiu-nos uma notável independência

---

2. A esse propósito aconselhamos ler o esplêndido trabalho de Kaye (1977).

frente a esquemas pré-constituídos. Hoje, para nós, as teorias sistêmicas são ainda importantes como imagens sugestivas e potencialmente úteis para a compreensão da evolução dos processos interpessoais.

Falando de *metáfora* do jogo nos referimos de novo ao conceito de jogo que vem sendo utilizado nas ciências sociais contemporâneas. De fato, mesmo com significados diversos, esse conceito é usado para a descrição da "realidade" e dos relacionamentos interpessoais na psicologia, sociologia, economia, ciência política etc. Como, de forma apropriada, enfatiza Ricci (1984, p. 303), esse conceito "transforma em caducas as tradicionais fronteiras entre as disciplinas sociais e leva, inevitavelmente, cada pesquisador a se aventurar em campos que, 'oficialmente', não são os seus".

A Redescoberta do Indivíduo e a Superação do Holismo

Em um sentido mais específico, pensar em termos de jogo impediu-nos de continuar a ignorar os sujeitos, como era típico do pensamento sistêmico. Movimentos e estratégias individuais pularam para o primeiro plano. Nesta estrada, a idéia de *organização* nos ajudou demais (isto é, comparar uma família a uma organização). De fato, uma organização tem seu organograma oficial, que prevê a posição hierárquica de cada membro. Não se trata, portanto, de um conceito holístico. Comparar organogramas reais e organogramas oficiais já significa estudar os próprios sujeitos e suas estratégias (Selvini Palazzoli et al., 1981).

Na linguagem sistêmica sempre se falou de jogo (Don Jackson, principalmente), mas com referência exclusiva às *regras* que o jogo pressupõe, declinadas no aqui e agora, sem utilizar a dimensão temporal e sem diferenciar as estratégias de cada sujeito (lembremo-nos do famoso exemplo dos marcianos que observam uma partida de *bridge*) (Jackson, 1965). Fazendo assim, ficávamos no holismo sistêmico, ancorados a um tipo de simplificação dos fenômenos que, aos poucos, ia se revelando grosseira demais.

As analogias sistêmicas com os conjuntos cujos componentes não têm subjetividade (células, telefones etc.), levam ao cancelamento da dimensão individual. Na fase do holismo sistêmico, consideravam-se apenas as variáveis que podiam levar a conceber a família como um todo (por exemplo, comunicação, mito, regra etc.).

A Confusão a Respeito das Regras

Naquilo que concerne especificamente ao conceito de regra, o fato de ter restituído maior atenção ao indivíduo e às suas estratégias permitiu-nos notar como, na terminologia sistêmica, oscila-se sempre confusamente, quando se fala de regras, entre duas acepções distintas:
1. a que vê a regra como *fruto de uma negociação entre os jogadores* (ou de uma aceitação de uma norma externa). É o significado a que nos referimos quando comparamos a família a um Estado com sua própria constituição, com seus vários artigos (regras), sejam eles explícitos ou implícitos.
2. a que vê a regra como uma *inferência do observador*, útil para descrever do exterior certos comportamentos redundantes em que as redundâncias são comportamentos que se repetem exatamente pela *incapacidade em negociar as regras*. Nesse caso, a regra é puramente uma construção externa; do ponto de vista dos jogadores trata-se, de um conjunto repetitivo de manobras (ou táticas) que não prevêem qualquer negociação explícita ou implícita. Ao contrário, a repetição dessas configurações estáveis de movimentos deriva da incapacidade dos jogadores em negociar quanto a um ponto determinado. Um exemplo dessa segunda acepção do termo "regra" poderia ser a impossibilidade de definir a relação característica da família com transação esquizofrênica ou a recusa como a modalidade típica de comunicação da família anoréxica.

Ora, toda a atenção que os trabalhos sistêmicos mais clássicos reservaram às regras (Haley, 1959; Selvini Palazzoli, 1972) é explicável exatamente com a perspectiva holística em que, na época, nos ancorávamos. As regras eram para a observação dos úteis artifícios conceituais a que se costumava recorrer para *descrever* um sistema substancialmente indiferenciado no próprio interior, no qual se renunciava a alcançar o funcionamento em termos de estratégias individuais e limitava-se a observar as redundâncias. Mas, com um salto lógico, pretendia-se depois fazê-las elevarem-se como regras do sistema. A nossos olhos de hoje, parece absurdo, recorrendo ao exemplo de Watzlawick do jogo de xadrez (Watzlawick et al., 1969, pp. 30-1), denominar com o mesmo termo "regra" tanto o modo como cada peça pode movimentar-se no tabuleiro (restrição consensualmente aceita por todos os jogadores), quanto o fato de dois adversários igualmente hábeis concluírem, freqüentemente empatados, um jogo: essa, sim, poderá ser uma redundância, mas não certamente uma regra negociada entre as partes (mesmo se assim pudesse parecer a um marciano incapaz de alcançar as estratégias dos dois jogadores).

Na prática, parece-nos agora oportuno reservar o termo "regra" só à primeira acepção, evitando, assim, suscitar confusões: por isso, o empate do casal, em uma família "psicótica", não é uma regra, mas somente o efeito de duas estratégias contrapostas que se equilibram reciprocamente.

O Funcionalismo

O holismo tinha trazido consigo a funcionalidade, ou seja, a idéia que os comportamentos dos subsistemas *servem* à sobrevivência/unidade do conjunto. No trabalho clínico, isso avaliza a idéia de que o sintoma do paciente identificado serve à sua família e, por isso, ele se sacrifica por ela.

Bogdan definiu muito bem o funcionalismo que caracterizou a concepção *sistêmica* da terapia familiar: "O terapeuta sistêmico acha que as famílias perturbadas precisam, pelo menos temporariamente, ter um problema, mesmo quando dizem que querem resolvê-lo. Se não tivessem *aquele* problema, teriam um outro ainda pior. Se o menino com fobia da escola não ficasse em casa, a mãe ficaria ansiosa, porque não agüentaria ficar sozinha. Se o jovem delinqüente não preocupasse e abalasse os seus pais, eles brigariam furiosamente e acabariam por divorciar-se. Em outras palavras, o problema do paciente identificado é funcional, pois protege a família" (1986, p. 30). Bogdan diz, com toda razão, que o funcionalismo deu certo porque permitia ligar o sintoma individual à família, justificando, assim, a própria existência da terapia familiar.

Na nossa pesquisa, abandonamos gradualmente a idéia funcionalista[3] ao formularmos a hipótese da conexão entre sintoma e família. No pe-

---

3. O funcionalismo tem uma longa história nas ciências sociais (ver a enciclopédia Garzanti), desde Durkheim até Parsons, passando por Malinoushi, Spencer (organicismo), Saussure (lingüística), Radcliffe-Brown etc. O ponto central das polêmicas antifuncionalistas, na sociologia, consiste exatamente em frisar a incapacidade de esse modelo em fazer-nos perceber a evolução, a história, a mudança. É singular como fizemos o mesmo percurso em nossa busca "local" da psicose: abandono de um funcionalismo "sincrônico" para passar a uma concepção de processo que recusa a idéia organicista de função.

ríodo funcionalista, era um dogma que não se procurasse a causa, e sim o efeito de um comportamento (nunca o "por quê", mas o "para quê").

Durante algum tempo, procurávamos sempre no aqui e agora a utilidade do sintoma para os outros familiares. Já discutimos, no Capítulo I, a errônea passagem lógica dos efeitos pragmáticos do sintoma (por exemplo, conservar mais tempo em casa um irmão) à hipótese de que o sintoma escondesse uma intencionalidade semelhante. Acreditamos que a experiência clínica desminta a presunção tautológica funcionalista segundo a qual o sistema é a melhor explicação de si mesmo. Em nossa prática clínica, como já vimos, isso foi utilizado nos paradoxos de forma sistemática, mas instrumental, como um artifício retórico para fazer o paciente identificado se irritar, caricaturando-o como um santo inteiramente dedicado a seus familiares (contra os quais, na verdade, achamos que ele está cheio de ressentimento).

Hoje, utilizando a metáfora do jogo, tiramos proveito da experiência adquirida como funcionalistas e puristas do sistema: treinamo-nos para ver as conexões entre o comportamento individual e as relações familiares. Abandonamos, porém, o estereótipo comunicacional e biológico segundo o qual esta conexão é funcional, positiva, sacrificial. A conexão está no processo em espiral de manobras e contramanobras determinado pelas estratégias de atores mais ou menos hábeis (nível individual), ligados pelas jogadas dos parceiros (nível micro-sistêmico) e pelas regras socioculturais (nível macro-sistêmico) e influenciados por acontecimentos imprevisíveis.[4]

Ou o sintoma é influenciado pelos outros (com as suas jogadas) *ou* é "projetado" pelo paciente identificado no interior de uma estratégia. Inspirando-nos na metáfora do jogo, habituamo-nos a pensar que uma estratégia individual só pode ser, em primeira instância, egocêntrica. Até mesmo diante da proteção/defesa que um cônjuge faz do outro (comportamento aparentemente altruísta), vamos partir da hipótese de que isso faça parte de uma estratégia em interesse próprio, com prováveis objetivos táticos.

Diferenças Individuais e Homem Estratégico

A última praia do holismo sistêmico foi, para nós, a do holismo cognitivo. O foco da atenção cai, então, sobre as crenças que distin-

---

4. Ver "A determinação complexa do sintoma" no capítulo XII.

guem uma família aqui e agora (regras, mito, visão de mundo, epistemologia linear), e sobre a ligação entre essas crenças e o sintoma do paciente identificado. Esta é, de certo, a acepção teoricamente mais refinada do holismo. No entanto, não foge aos limites de fundo da formulação inadequada de modelos do sujeito e dos processos evolutivos familiares. Na verdade, raciocina nos termos de uma epistemologia (visão de mundo) da família que demonstrou ser inadequada para resolver uma fase crítica do ciclo vital e não nos permite interrogarmos sobre as diferenças entre os vários membros de um conjunto familiar. É exatamente essa indagação que enfim poderemos fazer se, ao contrário, raciocinarmos com base na metáfora do jogo.

Por certo é verdade que nenhum participante de um jogo tem poder individual sobre o conjunto. No entanto, está errado levar essa constatação a extremos. Afirmar que o poder não existe e está, apenas, nas regras do jogo faz-nos esquecer a liberdade do homem estratégico.

Existem, na verdade, grandes diferenças de poder (ou de liberdade), entre os membros de um "grupo com história". Essas diferenças podem ser definidas em vários níveis:

1. nível hierárquico — liga-se à posição do indivíduo no organograma oficial do grupo a que ele pertence;
2. nível cultural — relaciona-se com as leis do Estado e as crenças consolidadas; veja-se como exemplo os diversos direitos de sucessão de filhos e cônjuges;
3. nível subcultural — refere-se à adaptação particular de um certo grupo social às regras culturais; por exemplo, nas camadas emergentes contemporâneas, tem-se afirmado um tipo de mulher que não renuncia à realização pessoal e profissional.
4. nível do jogo intrafamiliar — ocupar, na família, uma posição de prestígio ou, ao contrário, ser desprezado, pode conferir um tipo diferente de poder;
5. nível individual — os dotes específicos do sujeito (beleza, força física, inteligência, riqueza) permitem a quem os possui uma possibilidade maior de jogadas.

O entrelaçamento complexo de todas essas diferenças faz com que cada indivíduo tenha suas próprias cartas para jogar e, evidentemente, determinadas possibilidades de influenciar os próprios familiares. Se definirmos *poder* (ou liberdade) como a possibilidade do indivíduo de fazer com que os outros façam o que ele quer, ou de não fazer aquilo que o outro quer, isto é, a gama de suas escolhas e decisões potenciais e, conseqüentemente, a sua capacidade de influenciar os outros, então devemos certamente admitir que o poder não existe somente nas regras do jogo, mas está ligado, também, às diferenças citadas que passam pelos indivíduos. Por exemplo, em um casal, o homem, devido à sua profissão, à subcultura em que vive etc., pode ter determinados comportamentos (isto é, certas jogadas) que, para a mulher, seriam impossíveis. Como explicar, de outra forma, o dado estatístico de que, na Itália, o percentual de homens que voltam a se casar, depois do divórcio, é muito mais alto do que o das mulheres? É óbvio que a nossa cultura impele as mulheres a ficar com os filhos, e os homens, a procurar novas companheiras. Da mesma forma que impele o homem a procurar uma mulher solteira (ou, pelo menos, sem filhos), enquanto leva a mulher a "contentar-se" até mesmo com um divorciado, só para não ficar solteirona. Essas regras culturais são um importante vínculo sistêmico para os jogos familiares.

Não sabemos se é conveniente continuar a usar o já gasto termo "poder"; por exemplo, o poder de um homem de divorciar-se e encontrar outra companhia. Porém, apreciar as diferenças individuais, sejam as culturalmente induzidas, sejam as produzidas pelo jogo e por sua história (por exemplo, o prestígio conferido a um membro da fratria), sejam as intrínsecas aos indivíduos (beleza etc.), é fundamental para que se superem os simplismos do holismo sistêmico.

Da Concepção Atemporal à Concepção Processual da Circularidade

Uma vantagem suplementar da metáfora do jogo, além da superação do holismo, é dada pela ajuda na recuperação da dimensão histórica dos fenômenos.

O processo interativo intrafamiliar é constituído pela colusão, em seqüência temporal das distintas estratégias de cada indivíduo. O "dogma" sistêmico da eqüifinalidade tinha-nos levado a ignorar a história dos indivíduos e de suas famílias e a ocuparmo-nos, apenas, do aqui e agora. Hoje, porém, parece-nos claro que o princípio de eqüifinalidade só pode ser válido em alguns dos sistemas biológicos mais simples. Como relata Von Bertalanffy (1968, p. 211), uma célula-ovo dividida pela metade desenvolve-se em dois organismos normais, mas um feto humano dividido pela metade não se desenvolve em nada de vivo! O menino autista que não passa pelos vários estágios do desenvolvimento cognitivo normal só poderá recuperar, quando chegar à adolescência, capacidades intelectivas e lingüísticas parciais. O modelo do sistema cibernético (computador, termostato) levou-nos a enfatizar o *feedback* negativo, isto é, processos de conservação. No mesmo sentido vão as metáforas sistêmico-orgânicas (biologia): o sistema visa à sua própria sobrevivência.

No plano terapêutico, isso leva à anulação da dimensão temporal. Olha-se só para o presente e ignora-se a história do indivíduo e da família.

As concepções sistêmicas do grupo de Palo Alto (Watzlawick et al. 1967), parcialmente herdadas por nós, estão implicitamente baseadas no modelo da rede telefônica. Isso comporta uma concepção ingênua da circularidade das interações. Numa rede telefônica, todos os usuários são iguais, não interessa nem sua individualidade específica, nem sua história. Na rede telefônica, interessam apenas ações e retroações que se desenvolvem num período de tempo limitado. O circuito das influências recíprocas é velocíssimo. Este modelo implícito transferido para o estudo da família revelou-se inadequado. A circularidade de um processo psicótico familiar precisa de muitos anos para chegar a produzir um paciente identificado.

A *circularidade está, portanto, na história e não no aqui e agora*. Tomemos um marido que bate na mulher. Esse sintoma é fruto de um processo histórico complexo. No nível sistêmico das regras culturais, o terreno foi preparado por uma certa concepção da posição do macho na sociedade. No nível sistêmico da subcultura familiar, temos um fundo de aceitação e elaboração (adaptação) a essas normas culturais. É decisiva a história do jogo familiar, das alianças ou rupturas do casal com seus familiares e com seus filhos. Não podemos ignorar nem mesmo o que poderíamos chamar de *variáveis intermediárias* (entre a regra sistêmica e o jogo familiar, de um lado, e os comportamentos específicos, de outro), determinadas pelo fato de a história da participação do marido numa cultura e num jogo familiar específico ter produzido uma orientação individual característica (aprendizagem individual, personalidade, motivações e expectativas).

Querer à força limitar-se ao aqui e agora (por exemplo: o que foi que a mulher fez um minuto antes de o marido bater nela?) é, certamente, redutivo e simplista. Exatamente como é "minimalista" a abordagem de Palo Alto que consiste em olhar, apenas, as seqüências de comportamentos que precedem e seguem-se ao sintoma (e, em particular, à solução tentada).

Certamente, é necessário pensar *também* nesses termos, focalizando o aqui e agora que, depois, será integrado em modelos multidimensionais. O marido que bate foi predisposto a isso por uma série de influências que vão bem além da provocação específica feita pela mulher imediatamente antes das pancadas.

Lembramo-nos muito bem de certos momentos do nosso trabalho terapêutico passado. Afligia-nos pensar que vantagem um marido poderia *realmente* ter com a depressão de sua mulher. Éramos vítimas do simplismo biológico funcionalista: todos os membros do sistema são iguais, todos são motivados pela unidade/sobrevivência do sistema, portanto o sintoma deve interessar a todos.

Concluindo, hoje não abandonamos de forma alguma uma concepção circular das influências, porém saímos do ingênuo horizonte de uma igualdade de atores interagentes em um brevíssimo período de tempo (como o do famoso exemplo da rede telefônica). Nossa atual circularidade é o fruto da solda de arcos de circuito (logo, de peças lineares), mediante um longo processo temporal que passa, também, pela elaboração das variáveis intermediárias (indivíduo).

Equívocos Possíveis e Perigos Inerentes ao Uso da Metáfora no Jogo

A adoção da metáfora do jogo não fornece apenas vantagens. Pode ocasionar, também, equívocos perigosos. O primeiro deles, e também o mais banal, é o de entender essa metáfora em termos lúdicos. Nada poderia estar mais distante da realidade. O jogo da nossa família, como todos nós sabemos por experiência própria, é a parte mais essencial da nossa vida. Uma coisa que inevitavelmente tendemos a levar muito a sério... A incrível violência dos sentimentos que inspiram e acompanham o jogo familiar pode ser decisiva para acarretar conseqüências dramáticas, ou fazer com que criaturas promissoras se apaguem na mediocridade.

Porém, o equívoco mais freqüente e perigoso é o que está ligado ao uso lingüístico corrente de termos como jogo político e estratégia. Ricci (1984, p. 302) diz expressamente que a noção de jogo e de comportamento estratégico carrega, em nosso uso lingüístico, "uma forte conotação negativa de ação premeditada e consciente, em geral contra alguém". A analogia com jogos políticos intensamente competitivos e conflituosos cria confusão visto que ignora a natureza solidária de conjuntos como o da família. E também a analogia com jogos essencialmente competitivos, como os simulados por Von Neumann, carrega uma forte ênfase dos conceitos de *decisão* e *resultado* (Rigliano, 1988). Em nossa pesquisa com as famílias, sentimos o quanto nos desviava do rumo interpretar e descrever o que estávamos observando, tendo em mente esses parâmetros. Numa família, resultados e decisão são conceitos de *indefinição* elevada (ao contrário de um balanço de empresa ou de uma competição eleitoral) e, portanto, inutilizáveis. Conseqüência direta desse equívoco "economicista" seria conceber o sujeito, membro de uma família, como uma espécie de gerente ou político. Até mesmo estes últimos, aliás, como atores familiares, estariam certamente bem longe de ser racionais, calculistas, cônscios dos próprios objetivos, lúcidos ao prever resultados de suas decisões, como devem ser no âmbito profissional.

No contexto de nossas relações afetivas mais íntimas, ao contrário, e quanto mais importantes são para nós, nossos objetivos não ficam muito claros e, na verdade, às vezes, são até um tanto confusos. Além disso, sempre por causa da importância vital que esses laços têm para nós, tendemos, com freqüência, a nos enganar, embelezando as nossas verdadeiras motivações com pretextos nobres. O encobrimento e a obliqüidade característicos dos jogos psicóticos representam o ponto extremo desses mecanismos comuns de auto-engano. Ao falar de estratégias encobertas não queremos, porém, fazer alusão a uma lúcida projeção de ardis e tramóias, friamente calculados para tirar vantagem dos prejuízos infligidos aos próprios familiares. Não achamos que o pai *"imbrogliante"* ou "instigador" tenha uma percepção clara do que está fazendo. Talvez eventualmente, e de forma subliminar, perceba estar fazendo algo de reprovável. Do mesmo modo, podemos fazer um raciocínio análogo com respeito à convivência do paciente identificado.

Há, finalmente, um terceiro equívoco no qual esbarramos com freqüência: o de achar que só em famílias "patológicas" haja "jogos". Se o jogo é um modo de representar uma organização interativa que evolui no tempo, *não jogar é impossível*. Qualquer grupo com história e, portanto, também a família, *não pode deixar* de organizar a sua própria interação. Dependerá em grande parte da modalidade dessa organização interativa e de sua evolução (ambas, amplamente independentes da determinação consciente dos indivíduos), se cada membro do grupo se sentirá suficientemente à vontade. Ou se, em determinado momento, algum deles revelar, com um sintoma, o fato de estar sentindo um mal-estar relacional insustentável.

IX

A CONSTRUÇÃO DOS MODELOS DIACRÔNICOS

O Primeiro Esquema de um Processo em Seis Etapas: Em busca de um Modelo Geral

Já dissemos várias vezes que a utilização da série invariável de prescrições representou uma estratégia de pesquisa de fecundidade insuspeitada, que não só nos permitiu trazer à luz fenômenos subterrâneos e sutis, por exemplo, a instigação e o *imbroglio*, como também nos levou a redescobrir o indivíduo e as suas estratégias. O resultado mais significativo desse novo modo de trabalhar, porém, foi o passo adiante que ele nos fez dar na formulação dos modelos de jogos familiares. É como se, aos poucos, os arcos individuais começassem a ligar-se numa única grande espiral cujo perfil ia surgindo: o processo interativo que dá origem à psicose.

Já na fase em que a primeira equipe do Centro trabalhava inventando, para cada família, um novo paradoxo ou um ritual específico, ela sonhava em conseguir traçar um dia um mapa que lhe servisse de guia para o labirinto psicótico.

As equipes sucessivas, já de posse do novo instrumento da série invariável de prescrições, e, portanto, não mais dominadas pela ânsia de aplicar a cada vez uma intervenção nova, e não mais perturbadas por uma multiplicidade de variáveis não-essenciais, que pareciam remeter a uma série potencialmente infinita de configurações familiares diferentes, puderam concentrar-se no registro das repetições de padrões percebidos ao passar de uma família psicótica para a outra. E as redundâncias entre as várias famílias (da mesma forma que as diferenças entre cada uma delas e as outras) saltavam aos olhos, com uma evidência nítida, agora que todas elas eram vistas contra o pano de fundo da referência *constante* à série invariável de prescrições. Assim, após anos de trabalho despendido concentrando-nos minuciosamente no aqui e agora, à luz do princípio da eqüifinalidade, a dimensão temporal surgiu diante de nós, pela primeira vez, como concretamente manejável. E a árdua tarefa de percorrer e reconstruir, de trás para diante, a evolução de um jogo que deu origem à psicose já não nos parecia inacessível.

A Primeira Etapa do Processo Psicótico: O Impasse no Casal Conjugal

Para descrever essa seqüência temporal, escolhemos como ponto de partida o jogo no casal parental. Essa escolha, como frisamos na primeira apresentação de nosso modelo (Selvini Palazzoli, 1986), é — e não pode deixar de ser — arbitrária. Poderíamos facilmente, na realidade, fazer com que a disfunção do casal conjugal resultasse de um jogo preexistente de cada um dos pais com a sua família de origem, jogo que, tendo marcado profundamente o processo de aprendizado de cada um dos cônjuges e influenciado neles a escolha do parceiro, continua a condicionar as suas estratégias. Assim, remontando biblicamente, de geração a geração, poderemos sempre identificar um estágio significativo que tomaremos como ponto de partida e que, no entanto, nunca é o originário, o momento zero em que o jogo começa.

Apesar disso, embora arbitrária, a escolha do jogo do casal como primeira etapa do processo não é casual. Ela nos leva às raízes históricas da terapia familiar e ao *slogan* cunhado, há décadas, pelos primeiros estudiosos da família: "Quando há distúrbios nos filhos, sempre há algum distúrbio no casamento, embora nem todos os casamentos perturbados produzam filhos perturbados" (Framo, 1965). Estamos, agora, em condições de oferecer mais uma especificação dessa intuição básica original. Em primeiro lugar, de precisar como é o aspecto dessa "perturbação" no casal. Achamos que, para gerar uma psicose em um filho, não basta um tipo qualquer de distúrbio conjugal, como brigas explosivas ou violentas, ou uma série repetida de traições e reconciliações, ou uma distribuição rígida de papéis que empobrece cada um dos parceiros e paralisa o casal numa modalidade única de funcionamento. Não. A nossa busca levou-nos a formular a hipótese de que *o* distúrbio prejudicial é sempre o jogo a que demos o nome de *impasse*.

Entendemos por jogo de impasse aquele em que os dois adversários, como os dois jogadores de uma partida de xadrez, parecem destinados a se enfrentar eternamente, numa situação sem saída: a sua relação não passa por crises verdadeiras, nem por explosões catárticas, nem por separações liberadoras. Às vezes, um dos dois exibe uma série mais evidente de movimentos de ataque, provocações, triunfos aparentes. Mas, quando parece que ele está prestes a levar a melhor, o outro, invariavelmente, e de maneira muito serena, faz um movimento que zera de novo o marcador.

Convencionalmente, chamamos o primeiro jogador de "provocador ativo" e o segundo, de "provocador passivo", ainda que essas definições sejam um tanto grosseiras. No entanto, costuma ser mais fácil identificar o provocador ativo. Definir o provocador passivo é mais difícil: é fácil confundi-lo com uma vítima, cercado como está, num canto do tabuleiro, pelas peças do adversário. Mas é em sua imperturbabilidade, no jeito como ele vai para a frente e para trás, fazendo sempre o mesmo movimento, que podemos perceber o seu peculiar poder de provocação.

O provocador passivo é, por exemplo, o marido que "se esforça" em fazer aquilo que a mulher lhe aconselha ou espera dele mas, na realidade, não o faz. É mais forte do que ele, e ele fracassa: não é por má vontade, mas fracassa. Quem sabe se, na próxima vez, se a mulher o aconselhar melhor (ou menos, ou com um outro tom...) Ou, então, é o cônjuge que cede em tudo, calado, rendendo-se diante das pretensões mais insensatas do outro; exceto num único ponto — e esse é o baluarte a partir do qual tem o poder de frustrar o parceiro, e desse poder não abre mão. A mulher deseja desesperadamente, por exemplo, uma vida conjugal delimitada por um mínimo de privacidade e o marido, que faz concessões em tudo, nunca a contenta nesse ponto. Mas sem uma tomada de posições, um choque direto, uma briga ou uma explicação que permitisse sair da situação de impasse. Simplesmente, filho único de mãe viúva como é, "não tem coragem" de não deixar as chaves da casa deles com sua mãe, pois ela se sentiria excluída. Pelo amor de Deus, ele não faz questão nenhuma de que a mãe venha visitá-los; é só que ele "não pode" dar a ela esse sofrimento. E desse modo, passivamente, sem sair em campo aberto, foge de enfrentar o fato de a mulher ser vítima de invasão. Mas assim fazendo, alimenta nela o interesse pela batalha, e ela nunca há de deixar o campo, tentando arrancá-lo daquele cantinho em que ele se entrincheira. Ou, então, é o cônjuge que nunca elogia e, quanto mais o outro se esforça para arrancar dele um sinalzinho de reconhecimento, mais silencioso fica; mas finge não ver os olhos cheios de desilusão do outro e, às admoestações eventuais, reage com respostas tão banais que dá vontade de sair correndo...

Já dissemos que as definições de parceiro ativo e passivo, no impasse do casal, são um tanto grosseiras e referem-se às aparências mais superficiais. Na verdade, devemos sempre levar em conta que cada jogo, na família, é um processo que evolui: uma seqüência de jogadas e de respostas comportamentais nas quais, de vez em quando, se inserem acontecimentos e as reações de cada um a esses acontecimentos. Assim é, também, o jogo do casal.

Devemos, porém, ter em mente que o que desemboca no impasse é um jogo particular, que parece destinado a evitar a escalada e, conseqüentemente, a ruptura. É um jogo no qual cada um dos parceiros reage ao movimento do outro com um contramovimento que anula a sua vantagem eventual, sem na verdade querer superá-lo. A pesquisa sucessiva deverá procurar responder por que motivo o casal conjugal chega a essa trágica disputa. No entanto, no capítulo XIX, inteiramente dedicado ao enigma do impasse, apresentaremos a evolução posterior dos nossos esforços para resolvê-lo.

O uso que fazemos da metáfora do jogo, e de um certo número de termos bélicos, poderia induzir o leitor a pensar que estamos convencidos de que os pais do psicótico se odeiam e desejam apenas ferir um ao outro. Mas não é assim: nas nossas discussões em equipe, depois de uma sessão com um casal em estado de impasse, trocamos várias vezes opiniões diferentes. Em alguns casos, sim, tem-se a impressão de estar diante de dois inimigos, prisioneiros de um jogo que eles mesmos criaram sem saber, e já não são mais capazes nem de interromper nem de abandonar. Outras vezes, no entanto, tem-se a sensação de que os dois contendores, empenhados, como dois esportistas, numa competição encarniçada que não lhes dá tempo para tomar fôlego, gostam um do outro, amam-se ainda, após tantos anos de casamento, estão talvez ligados um ao outro por uma forma real de paixão. Mas nem por isso cedem em suas posições respectivas; ao contrário, prosseguem, silenciosa e implacavelmente, com o seu jogo empatado. Os amigos, os conhecidos podem julgá-los o casal ideal. Eles próprios podem dizer um ao outro — e dizê-lo a nós, como o fez uma senhora de excepcional percepção e sinceridade: "Somos como dois rochedos que se chocam sem trégua. Mas é só com esses choques, em que nenhum dos dois cede um só milímetro, que nos oxigenamos".

De resto, ninguém pode ter a pretensão de perceber, de fora para dentro, em que consiste a felicidade ou a infelicidade conjugal de um casal; e é claro que nem nos passa pela cabeça tentar fazê-lo. Mas o filho que vai ficar psicótico, sim! E é a partir daí que nascem os seus problemas.

A Segunda Etapa:
O Enredamento do Filho no Jogo do Casal

Dissemos que é difícil reconhecer um provocador passivo, até mesmo de uma distância próxima. O erro epistemológico do futuro paciente consiste exatamente nisso: julgar linearmente o que é certo e errado, confundindo o provocador passivo com uma vítima, e o ativo com um carrasco.

Wynne e Thaler Singer, em suas clássicas pesquisas sobre a comunicação nas famílias que apresentam pacientes esquizofrênicos (1963), já tinham afirmado que o filho sintomático parecia ser o que mais se envolvia nos problemas dos pais. Quanto a nós, na primeira ou na segunda sessão, há algum tempo que fazemos aos filhos uma pergunta que já se tornou um ritual e visa explorar a percepção que cada um deles tem do relacionamento entre os pais: "Se amanhã você acordasse na pele do papai (ou da mamãe), o que você faria de diferente do que ele faz com a mamãe (ou ela com ele)?"

Indagando com gentileza, mas sem deixar-se desviar do assunto, verificamos que o paciente está inclinado a modificar o comportamento do provocador ativo de maneira unilateral, enquanto não é raro que outros eventuais filhos do casal repartam mais igualitariamente os erros e os acertos, ou então não se importem com o provocador ativo, achando que ele é um cão que late mas não morde. É possível também que os outros filhos compartilhem a opinião do irmão que é o paciente identificado, mas mostrem que não se preocupam tanto com as dificuldades conjugais, como se estas não lhes dissessem respeito.

Como já vimos no Capítulo III, o tema do envolvimento do filho nos problemas conjugais dos pais era um conceito guia já em *Paradosso e contraparadosso* (Selvini Palazzoli et al., 1975). Retomando essa temática à luz do modelo atual, podemos afirmar que é extremamente difícil, em cada um dos casos, determinar em que medida é espontânea a solidariedade do filho com o pai que lhe parece estar "perdendo", contra o que aparentemente está "ganhando". Em parte é, certamente, mas isso é suscitado por um erro de leitura, pois as jogadas ativas são muito mais visíveis do que as passivas, que podem com facilidade passar despercebidas. Além disso, é provável que o provocador ativo acabe utilizando, com o filho também, o mesmo repertório de jogadas que utiliza com o cônjuge: se é invasor e hipercontrolador com este, há de sê-lo, presumivelmente, mais cedo ou mais tarde, com o filho também, e assim fazendo vai empurrá-lo a solidarizar-se, de modo inconsciente com o outro genitor. Mas este último pode buscar também ativamente a solidariedade do filho, assumindo primeiro atitudes sedutoras mais ou menos encobertas (suspiros, alusões veladas à sua própria infelicidade...), ou aceitando as ofertas igualmente sedutoras do próprio filho (com troca de olhares, desafogos, confidências...)

É esta a fase do processo interativo mais difícil de reconstruir, visto que é certamente a mais secreta (porque naturalmente ela é sentida como ilícita). Atualmente, orientamo-nos da seguinte maneira. As comunicações sedutoras, confiadas ao implícito e ao analógico, podem ser perfeitamente interpretadas como *promessa ambígua*: toda sedução o é. "O paciente envolve-se no jogo atraído por essa promessa, cuja manutenção, porém, é continuamente adiada. Mas no momento em que o filho se compromete pessoalmente no jogo, a promessa ambiguamente formulada passa a ser *ambiguamente negada*, instaurando-se, assim, o típico andamento oscilante das coalizões já descrito pelo grupo de Bateson. Assim, quando o paciente identificado age de modo abertamente psicótico, o 'perdedor' entra em coalizão com o 'ganhador' contra ele. Ao contrário, quando o comportamento psicótico é (parcialmente) controlado, o 'perdedor' volta-se uma vez mais para o paciente identificado, fazendo novas promessas ambíguas e tentativas de sedução. E assim por diante. Há uma reviravolta real em relação ao paciente identificado, ainda que o objetivo não seja enganá-lo".[1] O centro focal é sempre o cônjuge e o jogo com ele.

O que diferencia essa configuração do clássico "triângulo perverso" descrito por Haley é outra característica posterior dessa coalizão: além de ser subterrânea, transgeracional e negada, é quase sempre exclusivamente instrumental, pelo menos por parte do pai. E nisso reside a sua potencial patogenicidade: não se trata, na realidade, de uma oferta de relação incestuosa compensatória ("consolemo-nos, um com o

---

1. Viaro, M. Comunicação pessoal.

outro, dos sofrimentos que aquele/aquela lá nos inflige") e, sim, de um laço que visa exclusivamente o provocador ativo. O centro de interesse do pai "provocador passivo" continua a ser o cônjuge, e não o filho, ainda que este crie a ilusão de ter-se transformado num cônjuge substituto: e é por isso que nos sentimos autorizados a considerar essa coalizão como um *"imbroglio"* de que o futuro paciente identificado será a vítima.

Fazemos questão de frisar isso especialmente como o aspecto substancial que diferencia o nosso modelo interativo dos conceitos de "coalizão negada" e de "triângulo perverso". Há, porém, um outro, não menos importante. O nosso modelo pressupõe uma dimensão diacrônica, isto é, uma sucessão coordenada de comportamentos interativos. O aspecto diacrônico falta nos conceitos antes mencionados, nos quais o fator tempo entra apenas como a condição para que se repita um padrão patogênico invariável. Nesse caso, fica sem explicação porque a psicose surge em um dado momento, e não em um outro.

As estratégias de *imbroglio* relacional e de sedução (promessas ambíguas) e, em seguida, a reviravolta inesperada do suposto aliado secreto, parecem-nos dar uma explicação mais convincente para o drama psicótico. "O verdadeiro problema não seria tanto que o paciente identificado construiu a sua própria personalidade sobre bases frágeis (psicanálise), nem que foi exposto sistematicamente a padrões comunicativos desestruturantes (*double bind*) e sim que *em certo momento foi falsificado o pressuposto básico sobre o qual ele construiu o seu próprio universo cognitivo e afetivo*".[2] Ele descobre o caráter instrumental da ligação que tinha com o seu suposto aliado. É verdade que, muitas vezes, o futuro paciente identificado também está sendo consumido pelo fogo da paixão e da fúria de pai que lhe parece "vencedor", e que ele também estaria disposto a tudo para poder controlá-lo e derrotá-lo: mas a sua escolha de "remediar" no outro genitor deve ser muito menos instrumental do que a de seu aliado infiel, se a conseqüente reviravolta deste tiver, como veremos, o poder de fazê-lo cair no abismo da psicose.

Naturalmente, nem sempre as coisas são simples assim. À medida que nosso estudo desses processos interativos se aprofunda e cresce o número dos casos estudados, surgem percursos mais detalhados, em ziguezague. Por exemplo, *não é pouco freqüente que o tipo de interpretação dado pelo paciente identificado ao jogo do casal parental se*

---

2. Viaro, M. Comunicação pessoal.

inverta (na adolescência isso é mais comum), em geral coincidindo com uma certa inversão da posição dos próprios pais no jogo. Desse modo, um futuro esquizofrênico pode passar a infância sendo aliado da mãe que, por circunstâncias concretas, ostenta ser — e lhe parece ser — vítima do pai e da família extensa deste. Mas, assim que, por motivo ou acontecimento casual, a situação se inverte e a mãe se desforra, o futuro paciente identificado alinha-se silenciosamente com o pai que, de alguma forma, lhe assinalou a gravidade da humilhação a que foi submetido.

A Terceira Etapa:
O Comportamento Inusitado do Filho

Durante toda a segunda etapa, o futuro paciente identificado toma em segredo o partido de um dos pais, mas não se declara por ele abertamente.

Aos poucos, porém, o filho deve aperceber-se de que o fato de ter tomado secretamente o partido do perdedor não fez com que este se encorajasse a reagir e, portanto, não mudou o andamento do jogo, que continua na mesma obtusa imutabilidade. Obcecado por esse jogo, decidido a acabar de uma vez por todas com a insolência do vencedor, que prossegue impassível com as suas provocações, e com a inércia de seu aliado, que continua a suportá-las passivamente, atira-se sobre a balança do jogo com todo o seu peso.

Até então, a sua solidariedade para com o perdedor tinha-se expressado apenas mediante sinais quase imperceptíveis; agora, será testemunhada por fatos que já não poderão mais passar despercebidos. E, aí, o filho inaugura um comportamento novo, que nunca tinha manifestado antes e, por isso, constitui para ele uma estranheza, mas sem caráter patológico. Por exemplo, insulta violentamente o pai vencedor, ou não lhe responde mais, fecha-se no quarto recusando-se a sair, ou começa a desperdiçar dinheiro, a voltar para casa tarde da noite, ou pára de estudar e até mesmo de ir à escola.

Com esse comportamento, persegue dois objetivos ao mesmo tempo: por um lado, propõe-se a desafiar a arrogância do ganhador, a dar-lhe o troco das provocações; por outro, pretende mostrar ao perdedor como deveria ter feito para rebelar-se: ou seja, quer dar-lhe um bom exemplo.

Fique bem entendido que essa etapa do processo é, com freqüência, difícil de reconstruir *a posteriori*, tendo em vista que os sucessivos comportamentos sintomáticos do filho em geral obscureceram nos pais a lembrança de outras "novidades" que surgiram em sua conduta, sem que, porém, caíssem sob o signo da patologia. Ou, por um "efeito dominó", os familiares tendem a atribuir um caráter de estranheza também a comportamentos que *de per si* são normais, típicos da contestação comum na adolescência, mas que, anteriormente, não estavam presentes no repertório do futuro paciente identificado.

Mas há mais. De acordo com a nossa experiência, por mais limitada que ela ainda seja, apesar de nossos oito anos de pesquisa, sabemos que o comportamento inusitado, que precede a explosão dos sintomas psicóticos, pode também ser um comportamento perfeitamente fisiológico que comparece pela primeira vez, anunciando a aquisição de autonomia por parte do futuro paciente identificado. Por outro lado, não podemos excluir a possibilidade de que também o comportamento fisiológico do adolescente não seja autêntico, mas apenas um jogo, com a intenção de ameaçar. Nos casos estudados, um dos pais (ou ambos) percebe esse comportamento como uma ameaça assustadora; isso permite defini-lo como um *pretenso sinal de aquisição de autonomia*, portanto já integrado no jogo psicótico.

Para esclarecer, sintetizamos aqui um processo psicótico no qual o comportamento psicótico assinalava a aquisição de autonomia da futura paciente identificado. Monica é filha única, concebida antes do casamento, de uma costureira muito jovem, exuberante e bastante bonita, casada com um profissional liberal pedante, controlador e possessivo. Provavelmente, durante toda a infância e a adolescência, Monica considerou a mãe um passarinho preso numa gaiola vigiada pelo pai. Ele não podia estar nunca sem a companhia da mulher. Assim, durante as férias escolares, Monica sempre era mandada para acampamentos ou colônias de férias. Esse período de separação, no verão, sempre foi perturbado pelos telefonemas angustiados de Monica para a mãe. Quando Monica faz quinze anos, a mãe convence o pai a tornar-se sócio de um elegante clube de campo, dizendo que já está na hora de a menina começar a freqüentar "gente bem". Logo, porém, fica claro que a mãe está se aproveitando dessa ocasião para agravar o terror que o marido sente de que ela tome gosto pelas atividades mundanas. Além do mais, ao se aproximar o verão, a mãe começa a proclamar, aos quatro ventos, que Monica deve ir para a Inglaterra, abrindo-lhe espaço para que possa desfrutar de férias de verdade. Mas, assim que chega a seu destino, começa a ter um comportamento inusitado. Não telefona mais para casa. A mãe é quem tem de ligar para saber notícias delas. Ela, porém, é evasiva e parece levemente aborrecida. Tem muito o que fazer, está se divertindo muitíssimo com os colegas do colégio.

Quando Monica volta para casa, está preparada para tudo, menos para os efeitos do susto que infligiu a seus pais. Ainda no aeroporto, a mãe lhe diz, na cara, acidamente, que ela engordou e, no dia seguinte, arrasta-a para um médico que lhe receitará uma dieta para emagrecer. Mas é o pai quem lhe reserva o pior. Já a substituiu por um novo filho! Convidou o filho de um irmão, rapaz de dezessete anos, que mora no campo, para matricular-se numa escola da cidade e vir morar com eles. Monica passa a odiar imediatamente esse primo enxerido, a quem a mãe parece entusiasmada em servir pratos e mais pratos de ravióli e lasanha, enquanto lhe reserva bifes magros e salada. E o pai gosta muito de ficar conversando com o rapaz depois do jantar, discutindo animadamente política e finanças.

Daquele momento em diante, Monica vai cair, da maneira mais atroz, na armadilha do jogo familiar. Ao chegar à nossa terapia, está com vinte e três anos, psicótica, inativa, isolada dentro de casa, vítima de ciclos perigosamente acelerados de oscilações de peso, indo do emagrecimento extremo, com 25 quilos apenas, até obesidades que a deixam totalmente desfigurada.

Este caso merece algumas palavras de comentário. Na nossa reconstrução *a posteriori* desse processo familiar, consideramos o comportamento inusitado de Monica como o efeito da sua passagem para o lado do pai. Irritada pelas ameaças provocatórias da mãe de se atirar nos prazeres mundanos (ameaças cujo efeito ela tinha podido observar no rosto entristecido do pai), Monica tinha inaugurado aquele seu comportamento inusitado como uma forma de dizer ao pai: "Não contem comigo para dar à mamãe o prazer de lhe repetir ao telefone que não posso viver sem ela. Faça como eu, papai. Não leve as fanfarronadas dela a sério". Mas o pai não entendeu esse recado e, assustado com o possível abandono de Monica, recorreu a uma contramanobra pesada: arranjou um novo filho. A vingança da mãe, por Monica não a ter tranqüilizado ao telefone, ainda deu para agüentar. Mas a atitude do pai, não. A oscilação do peso transformou Monica num pêndulo que flutuava entre dois atrozes rancores.[3]

---

3. O êxito desse processo deixa uma questão não resolvida: o comportamento inusitado de Monica é uma aquisição de autonomia autêntica ou "fingida"? Uma interrogação dessa natureza poderia, talvez, ser respondida em um tratamento individual.

A Quarta Etapa:
A Reviravolta do Suposto Aliado

Como nem todos os casais perturbados geram filhos psicóticos, como nem todos os filhos de casais em impasse interferem ativamente nos problemas do perdedor, tampouco torna-se psicótico todo filho que tenta dar uma lição ao genitor vitorioso. Não deveriam vir consultar-nos, por exemplo, as famílias nas quais o comportamento inusitado leva a uma recalibração, pelo menos parcial, dos equilíbrios preexistentes.

A essa altura, na realidade, o genitor ganhador pode retroceder, demonstrando ter "aprendido a lição" por medo de prejudicar o desenvolvimento do filho. Ou, então, quem "aprende a lição" é o pai perdedor que, finalmente, levanta a voz para defender o filho das prevaricações do outro: dessa maneira, demonstra, ao mesmo tempo e de uma vez por todas, que também sabe defender os seus próprios direitos que, até então, tinha deixado serem pisoteados.

Se nada disso acontece, porém, o filho fracassou redondamente em seu duplo objetivo: o pai vencedor continua imperturbável em suas provocações e o outro, em vez de aliar-se ao filho em sua rebelião, não desmente o papel de quem sempre suporta as coisas passivamente. Em particular, o pai perdedor assiste, sem nada dizer, às represálias que o seu cônjuge põe em prática contra a revolta do filho. Pior: numa reviravolta extrema, alia-se ao ganhador contra o filho, desaprovando-o e até mesmo punindo-o, passando, assim, para o lado daquele que o filho, ingenuamente, acreditava ser o "inimigo" comum.

A Quinta Etapa:
A Explosão da Psicose

Tendo fracassado em seu propósito de dominar o pai ganhador, traído pelo seu companheiro secreto, o filho sente-se sozinho e abandonado por todos. Provavelmente, seus sentimentos são uma total mixórdia, na qual a depressão pela traição que sofreu se funde ao sentimento de impotência, junto com uma cega fúria destrutiva e um desejo frenético de vingança.

É provável que o colorido depressivo prevaleça ali onde, por parte do filho, o vínculo com o pai perdedor era mais autêntico, menos instrumental, e a consciência de ter sido enganado, usado e abandonado seja, por isso mesmo, intolerável. A confusão psicótica é comparável à obscura sensação de que as cartas na mesa foram manipuladas, que os fundamentos lógicos do mundo e de seus significados foram revirados pelo avesso, visto que as previsões que se considerava certas demonstraram estar erradas. A componente agressiva passará a ser a dominante no momento em que o que mais fere o paciente é a derrota que sofreu ao tentar pôr de joelhos o pai ganhador, objetivo central de sua estratégia. Seja como for, caindo nas trevas da confusão, mergulhando no retiro da depressão, sentindo-se possuído pelo furor destrutivo ou oscilando entre esses três estados de ânimo, o paciente não larga a sua presa. O seu ingresso no jogo não admite retiradas. O filho cresceu num contexto de aprendizagem dominado pelo jogo do impasse entre seus pais, e não admite a possibilidade de declarar-se derrotado. A sintomatologia psicótica será a arma que, automaticamente, lhe permitirá prevalecer. O comportamento inusitado fracassou, mas agora ele não poderá mais fracassar: domará o vencedor e, ao perdedor, mostrará o que ele, o filho, é capaz de fazer.

A Sexta Etapa:
As Estratégias Baseadas no Sintoma

A partir do momento em que psicose explode, a família pode pôr em prática intervenções para a mudança. Em alguns casos, podemos supor que elas se cumpram exclusivamente dentro da família: não se pode excluir a possibilidade de que o protesto psicótico dramático obtenha algum efeito real de transformação e, com isso, vá se atenuando gradualmente até desaparecer: poderíamos explicar dessa maneira alguns episódios psicóticos que, às vezes, manifestam-se em adolescentes e jovens, e parecem regredir "espontaneamente" e sem deixar vestígios. Com mais freqüência, a eventual transformação posta em prática pela família tem como mediadoras terceiras pessoas, que intervêm do exterior: ela apresenta um pedido de ajuda a estruturas especializadas que, numa determinada percentagem de casos, conseguem dar início a um processo de evolução positiva: graças à inclusão de um membro externo, verifica-se uma mudança no jogo. Em outros casos, porém, o comportamento psicótico do paciente torna-se crônico. Quando ocorre essa eventualidade, significa que o jogo familiar passou à sexta etapa do processo psicótico: cada membro da família organizou a sua própria estratégia em torno do sintoma do filho, que tem o efeito pragmático de mantê-lo.

É intuitivo esperar um tal comportamento por parte do pai perdedor: de fato, ele tirava uma vantagem evidente dos aspectos da sintomatologia do filho que mais diretamente voltavam-se contra o outro genitor, o que estava vencendo. Um caso típico é o do homem retraído e introvertido que tenha-se casado com uma mulher extrovertida, irresistivelmente atraída pelas relações sociais: um filho psicótico, que mantenha a mãe acorrentada a ele, é coisa que lhe convém perfeitamente.

Assim, é possível observar que, todas as vezes que o paciente dê mostras de querer abandonar os sintomas, depara com obstruções encobertas mas implacáveis de seu pai. E o obstrucionismo se exerce de forma a criar confusão, pois o pai mostra-se muito paciente com o filho, cuja patologia ele mantém justamente dando provas de tolerância em relação a seus sintomas.

Mas até aqui, deparamos apenas com um fenômeno que já conhecemos há muito tempo: aquele em que um dos genitores (neste caso, o pai) mostra-se menos motivado do que o outro para o trabalho terapêutico, e o sabota, de forma mais ou menos aberta, como se de alguma forma precisasse dos sintomas do filho. Porém, enquanto o processo psicótico ainda não chegou na sexta etapa, o outro genitor comporta-se como um ardoroso partidário da terapia. No exemplo citado, é lógico esperar que a mãe não veja a hora de ficar livre das cadeias representadas pela sintomatologia do filho e aceite entusiasticamente qualquer ajuda que lhe seja oferecida para livrar-se delas.

Ao contrário, quando já se chegou ao estágio em que o problema torna-se crônico, às vezes não só o perdedor, mas também o outro genitor, opõe-se subterraneamente a uma mudança no *status quo*. Na verdade, ele também já elaborou uma estratégia baseada no pressuposto de que o sintoma persistirá e comporta-se de modo a mantê-lo. Freqüentemente, o objetivo que o vencedor persegue não está diretamente ligado ao impasse do casal; visa, de um modo geral, manter ligado a si, pela sintomatologia do filho, um aliado importante, do qual talvez venha se servindo há muito tempo, na batalha conjugal. Como já demonstramos no capítulo dedicado aos efeitos terapêuticos da série invariável de prescrições, uma mãe vencedora pode mostrar-se extremamente relutante em confiar-se à terapia, se percebe estar trocando o certo pelo duvidoso. O "certo" é o apoio que recebe da filha, a sua confidente privilegiada, ou da sua velha mãe (que, no passado, a tinha preterido, em favor de um outro filho): esse aliado está ligado a ela pelas preocupações com o paciente, nas quais ela o envolve diariamente. "Incertas" são não só a cura do paciente como também a possibilidade de modificar, um milímetro que seja, a posição de impasse em que a vida do casal se encontra há décadas (mais ainda do que a do paciente, é essa vida que entrou numa fase crônica!).

Assim, tendo chegado a esse estágio, não só um dos genitores, mas ambos, freqüentemente tornam-se, no plano prático, adversários igualmente implacáveis do trabalho terapêutico.

Além da Tríade: Os Irmãos do Psicótico

Apresentamos este esquema de processo em seis etapas como se o jogo familiar compreendesse apenas três jogadores, os pais e o filho paciente identificado, mal acenando quanto à presença de outros personagens. Mas, numa família com mais filhos, o jogo que descrevemos complica-se de maneira fascinante. Vejamos uma das variações que já tivemos, de modo a poder aprofundar mais essa questão.

No artigo sobre o irmão prestigiado que envia a família à terapia (Selvini Palazzoli, 1985b), já foi ilustrado de forma detalhada um caso de jogo familiar com quatro jogadores, no qual, a partir do clássico impasse do casal, o filho que se propõe a "reformar" a relação conjugal entre os seus pais não é o futuro paciente e, sim, o outro. Ele é enredado em uma intrincada malha de seduções e pedidos de ajuda vindos dos dois pais que o envolveram de tal forma em sua ligação como casal que já não conseguem mais passar sem ele. Ele também, por sua vez, não consegue imaginar, para si mesmo, um outro futuro senão o de "moderador" no jogo de casal dos seus pais, papel que considera altamente gratificante.

É contra essa tríade (e não contra o simples impasse entre os pais) que vem se chocar o futuro paciente identificado.

Ilustremos esse processo mediante a família de um jovem que chamaremos de Ciro, afetado por anos e anos de anorexia alternada com bulimia, com interrupções nos estudos e, mais tarde, no trabalho, e completo isolamento social. O seu irmão, Carlo, cinco anos mais velho do que ele, foi escolhido, desde a infância, como o marido substituto da mãe, profundamente descontente com o marido, que sempre a deixava sozinha, depois do trabalho, para ir com os amigos ao bar. Mais tarde, porém, esse mesmo Carlo tornou-se a menina dos olhos do seu pai, modesto comerciante, que se sentia orgulhosíssimo de ter um filho que se diplomara e conseguira um emprego prestigiado.

O casal de pais encalhou, há anos, em um impasse perfeito, no qual as provocações ativas da mulher constituem-se na dependência desproposital que ela mantém de seus próprios parentes, pelos quais faz tudo nem que, para isso, tenha de sacrificar os filhos e, é claro, o marido. Quanto a este, as suas provocações passivas consistem em ficar emburrado e ir para o bar, para não ter de lutar contra a invasão constante de sua casa pela parentada da mulher. Carlo, por seu lado, faz o que pode, dando uma no cravo e outra na ferradura: bate nos primos (nisso substituindo o pai) quando estes fazem bagunça demais em sua casa, mas também apóia sistematicamente a mãe, quando esta reclama da negligência do marido. Alia-se, porém, à mãe de forma mais constante e evidente do que com o pai.

Para Carlo, os pais construíram um segundo andar na casa, preparando-lhe uma moradia provisória em vista do futuro casamento. A família teria podido continuar mantendo por tempo indefinido esse equilíbrio, não fosse pela existência do filho mais novo, Ciro, que estava decididamente sobrando. Este, desde pequeno, deve ter compreendido que a única forma de não ser invisível de todo aos olhos dos pais, absortos no seu jogo e no uso que, neste, faziam de Carlo, era imitar o comportamento do irmão, para brilhar, pelo menos, com luz reflexa. Ao chegar à adolescência, porém, Ciro descobre uma outra possibilidade tentadora: seu irmão banca o advogado da mãe e lhe dá mão forte em suas insuportáveis ladainhas contra o pai? Pois bem, ele será o defensor do pai: se este vai sempre para o bar, tem toda razão do mundo em fazê-lo, pois é a mãe quem torna a atmosfera da casa irrespirável enchendo-a todo o tempo de parentes.

Assim, Ciro, que não esconde o intenso ciúme que sente dos primos e da velha avó, inaugura o protesto anoréxico e bulímico, obrigando a mãe, com esses meios, a reduzir os contatos com a família. Mas o que o rapaz não espera é o total desinteresse do pai que, em vez de lhe demonstrar gratidão, faz tudo o que pode para ajudar Carlo economicamente, fazendo com que ele e a sua jovem mulher sempre venham almoçar e jantar em casa, e dando a entender que ele, Ciro, é quem deveria contribuir para as despesas da casa, já que é ele quem desperdiça tanto com essa história de estar sempre vomitando! Além disso, a sua sintomatologia, que deveria ter servido para atrair a mãe, afastando-a não só de seus parentes mas principalmente de Carlo, não surtiu efeito algum, a não ser o de atirá-la ainda mais nos braços do primogênito, ao qual confidencia os seus sofrimentos com a "doença" do filho mais novo.

O próprio Carlo que, aparentemente, faz tudo o que pode para ajudar o irmão, acaba sendo o artífice de um outro *"imbroglio"*: na verdade, o que ele procura, ao ajudar Ciro, é única e exclusivamente o seu próprio triunfo, isto é, consolidar o seu prestígio aos olhos dos pais como o salvador do irmão e o responsável pela sua cura. E isso, nas famílias em que há um filho prestigiado, pareceu-nos regularmente ser o ponto essencial a ser atingido: não o empate original entre os pais que, agora, já pertence a um passado cada vez mais remoto, mas o excesso de poder atual do filho "sadio" que, parasitariamente, mantém, a expensas da patologia do irmão, a típica fachada do filho bem-sucedido, generoso e sempre pronto a ajudar. Desmascarando esse aspecto do jogo, emerge a tocante debilidade do pretenso filho ideal da família, que revela os seus pés de barro: precocemente seduzido pela mãe a assumir o papel de intermediário entre os dois membros do casal, não lhe agrada nem um pouco a idéia de abandonar o seu trono de onipotência infantil, e assim, manifesta, com regularidade, uma séria dificuldade em conseguir a autonomia de verdade fora da família.

Com as famílias que apresentam filhos psicóticos crônicos, acostumamo-nos a ter sempre uma idéia em mente: os problemas que surgem na primeira linha e são mais facilmente admitidos são os que se encontram no interior da fratria. Entre eles, a preferência, em termos de estima, de um ou de outro pai, ou de ambos, por esse ou aquele filho.

Quanto aos *"imbrogli"* interativos com os membros das famílias extensas, também esses são freqüentíssimos. Mas não sabemos como incluí-los nesse nosso modelo geral.

X

O PROCESSO ANORÉXICO NA FAMÍLIA

Uma Síndrome da Sociedade Opulenta

A anorexia nervosa é a única síndrome psiquiátrica cujo estudo, iniciado por Mara Selvini Palazzoli em 1950 (Selvini Palazzoli, 1963, 1981), deu corpo, em nosso trabalho, a uma hipótese epidemiológica complexa: *o sintoma anoréxico só pode emergir no ponto de confluência de um número coerente de fatores*, que podem ser reagrupados em duas categorias fundamentais:
1. fatores específicos da cultura ocidental e
2. modalidade organizacional-evolutiva (processo) das interações na família.

Relatamos aqui, sucintamente, o que foi exposto por Mara Selvini Palazzoli (1985a) num artigo originalmente destinado a uma revista de psiquiatria transcultural. Nele, a anorexia nervosa é vista como uma síndrome da sociedade mais próspera, com base no levantamento, nessa cultura, dos aspectos cuja presença parece indispensável ao surgimento do comportamento anoréxico.

O primeiro ponto para a formação dessa hipótese foi o seguinte: nos países do Terceiro Mundo, onde a comida é um bem escasso e regulado, a literatura médica não registra casos de anorexia nervosa. Ao contrário, no Japão, cada vez mais ocidentalizado e próspero, o número de casos de anorexia nervosa aumenta de forma impressionante. A abundância de comida, oferecida em profusão e até mesmo imposta, parece constituir, assim, um co-fator social primário. Isso, porém, se associa, paradoxalmente, na sociedade próspera, a uma moda: a da magreza, especificamente a feminina. Os imperativos dessa moda, pelos meios de comunicação de massa, que, nesse tipo de sociedade, estão amplamente disponíveis, atingem automaticamente as massas, isto, é, a maioria das pessoas. Em conseqüência disso, são muitas as garotas que se convencem de que estão gordas e submetem-se a dietas para emagrecer.

A esses dois fatores socioculturais (a moda da magreza unida à enorme oferta de comida) juntam-se outros dois, não menos importantes, que caracterizam, na sociedade próspera, a subcultura sociofamiliar. O *primeiro* é o deslocamento dos filhos de uma posição mais ou menos periférica, na família, para uma posição absolutamente central. Os deveres para com os filhos tornaram-se socialmente importantíssimos. Em conseqüência, ser considerado bom ou mau pai torna-se socialmente discriminatório. O *segundo* fator é o crescente prolongamento da fase de dependência que os filhos têm dos pais, com o conseqüente adiamento do momento em que eles terão de assumir as suas responsabilidades.

Em síntese, no que diz respeito aos fatores socioculturais, o comportamento anoréxico, como greve de fome (mascarada), parece poder desenvolver-se nos casos em que:

1) a comida é abundante e oferecida em profusão;
2) a magreza está na moda;
3) o bem-estar dos filhos é um imperativo central na família;
4) a dependência que os filhos têm dos pais e, com isso, a responsabilidade que estes assumem por eles, é enormemente dilatada em relação ao ciclo vital.

Dito isso, passemos à nossa elaboração do modelo do processo familiar.

Um Processo em Seis Etapas: Do Jogo do Casal Parental ao Sintoma Anoréxico da Filha

Para descrever o processo anoréxico na família, escolhemos ainda, como ponto de partida, o jogo do casal parental. Nele, cada um dos genitores inflige ao outro um certo tipo de provocação, sem chegar a obter uma resposta apropriada. Se, por exemplo, a mulher protesta com o marido por alguma coisa, ele, para escapar do problema de como lhe responder, pode ignorá-la, ou então, explodir poucos segundos, assim bloqueando qualquer possibilidade de interação. Essas duas reações do marido, diferentes mas levando a um resultado idêntico, dependem da escolha tática que ele fez, no jogo do casal. A tática que de longe mais freqüente é a do marido silencioso, que engole tudo, e parece incapaz de impedir que a mulher seja invasiva, irritante, implicante e controladora. A tática menos freqüente é a do patrão autoritário, centralizador. E, no entanto, o aprofundamento do jogo interativo mostra como, também nesse caso, a mulher, que se apresenta ou é percebida como vítima, é também uma vítima provocadora: não só porque deixa claro como o seu sofrimento é pesado mas, sobretudo, porque sabe conquistar, em torno da sua cruz, hábeis vitórias, que o marido tem de suportar. Por exemplo: os incontestáveis deveres que ela tem em relação a seus próprios pais, já idosos, aos quais dedica tempo e energia, fazendo o marido ferver de fúria absolutamente inútil.

Na relação do casal, vê-se a mulher, quase invariavelmente, numa atitude de reivindicação em relação ao marido: essa reivindicação não é apresentada em nome de exigências próprias e, sim, apelando para os deveres de "bom pai" em relação à família, aos filhos etc. Quanto ao marido, ele poderá escapulir das manobras de provocação-reivindicação da muher contrapondo-lhes uma definição diferente desses mesmos deveres e refutando a que ela tem. Poderá, por exemplo, aumentar os seus compromissos de trabalho, passando cada vez menos tempo em casa, mas suportando em silêncio as suas recriminações cada vez mais amargas. Desse modo, estará comunicando implicitamente ter assumido de forma plena a sua tarefa principal — prover a tranqüilidade econômica da família — e, além disso, contribui de todas as maneiras para a serenidade doméstica, não reagindo às provocações. Ao mesmo tempo, estará frisando, de modo implícito a incapacidade da mãe em assumir o seu próprio dever primário, o de ser uma mãe amorosa e equilibrada. Naturalmente, as exigências dos filhos serão, facilmente, objeto de definições opostas por parte dos cônjuges, cada um deles refutando as definições propostas pelo outro.

Uma vez esboçada a configuração geral do jogo do casal, podemos prosseguir esquematizando, em seis etapas sucessivas, o processo interativo familiar que desemboca no comportamento anoréxico.

1. O primeiro estágio é o jogo do casal parental descrito anteriormente. Nas condições do impasse, estão envolvidos, quase sem exceção, membros das famílias extensas.

2. O segundo estágio é o seguinte: a filha que vai ficar anoréxica parece estar precocemente envolvida no jogo dos pais. No que se refere às modalidades desse envolvimento, já pudemos distinguir dois grupos, respectivamente denominados A e B.

Na infância e na pré-adolescência

Grupo A: a filha que vai ficar anoréxica é muito ligada à mãe, que freqüentemente lhe faz confidências, revelando-lhe os sofrimentos que lhe são infligidos pelo marido e, às vezes, pela família extensa, fazendo assim com que ela participe de seu ponto de vista relacional. A filha se compadece da mãe, ainda que raramente a estime, e é a única na família a ajudá-la espontaneamente em seus trabalhos domésticos. Nessa situação, a filha fica convencida de que tem uma superioridade moral em relação aos outros e um certo privilégio nas relações com a mãe, o que lhe dá forças para impor-se o dever de ser uma pessoa irrepreensível.

Grupo B: a filha que vai ficar anoréxica sempre foi, de forma até mesmo ostensiva, a predileta do pai, que a considera semelhante a ele e aprecia algumas de suas qualidades. Ela, por outro lado, admira o pai, o considera superior à mãe, e acha injustificáveis alguns tratamentos que esta lhe inflige.

Nesta fase, a futura paciente identificada (em ambos os grupos) não age contra um ou outro de seus pais, mas mantém uma posição eqüidistante.

3. O terceiro estágio é o da *chegada da adolescência* da paciente identificada: nela ocorrem fatos decisivos, que alteram a percepção que a garota tinha do pai ou, então, a impelem ainda mais para junto dele:

Grupo A: a "queridinha" da mamãe descobre dramaticamente, ou se apercebe aos poucos, de que o coração de sua mãe bate é por outra pessoa: com freqüência por um irmão ou uma irmã com o qual talvez brigue apaixonadamente, mais raramente por algum novo afeto ou por novas formas de fuga. Sentindo-se abandonada, a futura paciente identificada volta-se, cheia de esperanças, para o seu pai. Esse período é caracterizado por relações de sedução intensas, embora mascaradas e secretas, entre a filha e o pai. A filha vê o pai com olhos diferentes: sente-o só e abandonado como ela, adota os valores pessoais dele, alude e intercambia com ele promessas que se referem a uma afinidade eletiva comum (ela, sim, saberia ser a mulher ideal para ele!). Diante das interações dos genitores, ela começa agora a tomar o partido do pai, que gostaria, em segredo, de ver reagir com firmeza e determinação diante de certos comportamentos da mãe (da qual, a princípio, não percebia o componente provocatório). Quanto ao pai, ele não deixa de mostrar à filha como a mulher é pesada e frustrante para ele, até mesmo em suas relações íntimas, e como ele tolera aquele tormento apenas porque ama a paz (*instigação recíproca contra a mãe*).

Grupo B: com a entrada na adolescência da futura paciente identificada, o vínculo de sedução entre o pai e a filha às vezes aumenta de forma embaraçosa. Conseqüentemente, intensifica-se o processo (recíproco) de instigação. A filha gostaria, secretamente, que o pai não se submetesse à mãe e, sim, que reagisse e a controlasse.

Nos dois grupos, em conseqüência de "tender para o lado do pai", a futura paciente sente-se mancomunada com ele, como vítima, junto dele, de uma mulher que é mesquinha e pouco sincera.

4. Quarto estágio: *nesse período de intenso mal-estar relacional, ocorre a dieta:*

Grupo A: abandonada pela mãe e instigada pelo pai, a futura paciente sente a exigência de se diferenciar da mãe, demonstrando uma aversão direta pela idéia de ficar parecida com ela. Ela toma a primeira decisão por si mesma (comportamento inusitado), adequando-se, não mais aos pedidos da mãe, mas ao modelo proposto pela moda dos jovens de sua idade, na tentativa ainda confusa de tornar-se autônoma e de sentir-se melhor socialmente.

Grupo B: a dieta é, em parte, decidida como um desafio à mãe. Desde logo é um protesto. Já formulamos a hipótese de que estes sejam os casos em que a amenorréia é precoce em relação ao emagrecimento. Com freqüência essa decisão foi precedida por comportamentos específicos da mãe que magoaram o pai ou a própria filha.

Assim que a redução alimentar começa, ela se desenvolve rapidamente num protesto mudo e numa negação da mãe. Em ambos os grupos, as futuras pacientes identificadas consideram a decisão que tomaram um sinal de que desejam mudar. *Ao contrário de suas expectativas, a redução alimentar insere, na tríade mãe-pai-filha, uma espiral interativa que reforça o jogo parental e, conseqüentemente, a sensação que a filha tem de estar enredada.* A mãe começa a meter o bedelho em sua dieta, com os comportamentos invasivos de sempre; o pai tenta fracamente convencê-la a não fazer isso, mas acaba desistindo, como sempre; e vão aumentando a raiva da filha e a vontade de opor-se a eles, abstendo-se, cada vez mais, de comer. O recurso à greve de fome é ativado pela atitude do pai, que a garota considera cada vez mais covarde e incapaz de seguir o seu exemplo. Certamente ele desaprova os excessos da mulher. Mas nada faz para apoderar-se da liderança que a filha lhe está oferecendo silenciosamente, e não dá início, com ela, à aventura das afinidades eletivas que lhe é prometida de forma alusiva. A filha sente que o pai mentiu para ela, mas não entende que ele não quer comprometer definitivamente a relação que tem com sua mulher.

5. *O quinto estágio depende da reviravolta paterna.* A filha sente-se traída pelo pai. Seus sentimentos em relação a ele transformam-se em rancor, às vezes em desespero e desprezo. Ela reduz sua alimentação a níveis absurdos. Só assim poderá pôr a mãe de joelhos e mostrar ao covardão do pai o que ela, a filha, é capaz de fazer...

6. No sexto estágio, o jogo familiar continua pelo que já chamamos de *estratégias baseadas no sintoma.* Por seu lado, a paciente descobriu o incrível poder que lhe é conferido pelo sintoma, que lhe permite reconquistar a posição de ilusório privilégio de que tinha desfrutado na infância e na pré-adolescência.[1] Freqüentemente, ela amarra a mãe a si mediante um vínculo pseudo-simbiótico que mascara a hostilidade e o controle. Com o passar do tempo, como já vimos no capítulo precedente, cada membro da família pode elaborar estratégias *pro domo sua*, baseadas no pressuposto de que o sintoma persistirá. A qualquer momento que a paciente tentasse abandonar o sintoma, depararia com um obstrucionista encarniçado (ainda que dissimulado).

---

1. É possível que, em alguns casos de reações anoréxicas transitórias de duração inferior a um ano, o abandono do sintoma dependa da não-aquisição do poder patológico.

XI

ALGUMAS OBSERVAÇÕES SOBRE OS COMPORTAMENTOS PSICÓTICOS NA INFÂNCIA

A Criança Como Sujeito Estratégico

Quando, em nosso conjunto de casos, nos encontramos diante do desconcertante mistério da psicose infantil, atravessamos grandes períodos de labuta teórica e emotiva. Os pequenos pacientes para os quais éramos consultados, na verdade nos pareciam tão deteriorados em seu desenvolvimento que acabávamos tendo dúvidas a respeito de se nos encontrávamos diante de uma obrigação praticamente irrecuperável, quer fosse por um fundamento orgânico, quer por uma evolução anômala em fases tão antigas do crescimento que já haviam provocado danos irreversíveis.

Depois de longas discussões levadas adiante entre escrúpulos e sofrimentos, a equipe decidiu ficar ligada ao modelo que se ia delineando para as famílias dos psicóticos adolescentes (ver capítulo IX), propondo-se a verificar sua extensibilidade também às situações de psicose infantil.

Com esse objetivo, propusemos nossa modelização a algumas famílias. A intenção explícita era a de confrontar os dados por nós conjecturados com os da situação específica deles, como os genitores a viviam e eram capazes de descrevê-la. Na verdade, não podíamos contar, se não numa medida mínima, com a contribuição comunicativa do paciente identificado, habitualmente muito pequeno e com uma linguagem comprometida ou ausente na comunicação direta. Normalmente, além disso, o paciente era filho único ou com irmãos em tenra idade e, por isso, com freqüência faltava-nos também a colaboração preciosa de outros filhos do casal.

De qualquer forma, vieram à tona extraordinárias coincidências entre nossas hipóteses e os elementos fornecidos pelos pais, coincidências por vezes admitidas com sofrimento e, às vezes, por eles negadas de maneira tormentosa como se quisessem se defender. Isso nos encorajou a superar nossas perplexidades e a prosseguir na pesquisa.

O que mais nos atormentava era a intencionalidade ativa da parada de desenvolvimento do pequeno paciente e o seu significado de "movimento de entrada" no jogo do casal conjugal. Enquanto, de fato, era relativamente simples reconstruir uma pista de voluntariedade atrás das provocações que precediam o sintoma psicótico do adolescente, achávamos impossível atribuir uma consciência de seus atos a sujeitos que haviam iniciado a própria carreira patológica em idade tão precoce.

Nossos estereótipos culturais faziam com que, muito facilmente, atribuíssemos ao pequeno paciente as conotações de vítima passiva, impossibilitada de desenvolver-se por estar privada das oportunidades e dos estímulos afetivos necessários.

As investigações das primeiras sessões colocavam diante de nossos olhos complicados jogos de relacionamentos que remontavam a mais gerações. Neles, os pais do paciente identificado apareciam estritamente envolvidos, e com vínculos muito frustrantes; *isso fazia com que se acreditasse que tinham descuidado de dar relevância afetiva ao filho enquanto se empenhavam emocionalmente com o próprio passado familiar, ainda tão vivo ou presente que era capaz de constituir, na maioria das vezes, o núcleo essencial da separação conjugal.* Parecia, portanto, legítimo concluir que a criança tivesse sido amplamente "jogada" no relacionamento, por causa da fatal insensibilidade dos pais às suas necessidades de comunicação e de crescimento. As falhas graves e sofridas pintavam-no como a vítima ignorante do jogo que precedia seu nascimento. Entretanto, chegávamos à conclusão de que, aceitando tal pressuposto, não teríamos ido além dos modelos já existentes (ver, principalmente, Mahler), que a essa altura já tinham demonstrado todos os seus limites tanto no plano cognitivo como no tratamento. Se, de fato, tivéssemos considerado a criança psicótica como indivíduo com graves carências, modificar o jogo familiar, no ato, não teria preenchido suas lacunas de evolução. Mais coerente teria sido, nesse caso, optar por uma espécie de "reeducação psíquica", do tipo proposto por uma terapia individual intensiva. E, ao contrário, de nada teria servido enfrentar o impasse do casal e libertar os cônjuges das interferências frustrantes da família de origem, se não se houvesse previamente aceitado o pressuposto de estar diante de um ser humano que "jogava" *no momento, e ativamente,* a própria condição de paciente. Nesse caso, devíamos atribuir ao pequeno paciente prevalentemente movimentos em nível de cálculo (ver capítulo XX), pois sua capacidade de autoconsciência era modesta demais, em virtude da idade. Somente abraçando a hipótese de que o paciente identificado se recusava ativamente a aprender, crescer e adaptar-se, poderíamos experimentar novos caminhos e verificar quais resultados terapêuticos podiam ser obtidos na base desse pressuposto. Se fosse verdade que a criança se recusava a utilizar as reações evolutivas para um protesto dissimulado contra situações frustrantes de relacionamento, então teríamos podido, modificando as situações que a perturbavam, reconciliá-la com aqueles que tinham a obrigação de fazê-la crescer e induzi-la a colaborar. O salto conceitual de pensar também na criança pequena como um sujeito ativo e estratégico era essencial.

A Psicose Infantil Como Ataque à Mãe

A literatura relacional definiu o sintoma psicótico como um ataque dissimulado do filho contra os pais. Nossos dados clínicos mostravam-nos, todavia, que os dois genitores não reagiam da mesma forma a esse ataque. Na quase totalidade dos casos, de fato, as mães mostram-se mais machucadas e angustiadas do que os pais. Geralmente, eram elas que pediam ajuda terapêutica. Os pais, ao contrário, mesmo nas diferenças de caráter e de situação, mostravam uma atitude mais resignada. Muitos atribuíam os sintomas a causas orgânicas e justificavam com essa evidência a resistência que tinham às terapias psicológicas. Portanto, a julgar por seus efeitos, o ataque do paciente identificado atingia mais duramente a mãe. Esse fato, sem dúvida determinado por um jogo familiar específico, originava-se, certamente, da definição social do papel maternal, segundo a qual a falência do crescimento de um filho depende, principalmente, da pessoa que o amamenta.

Reconstruíamos, pesarosos, o processo de transformação dessas mulheres: anteriormente, personalidades ativas, competitivas no plano profissional, dominantes na relação conjugal e que habitualmente não desejavam uma gravidez, agora não conseguiam subtrair-se da pressão angustiante da doença do filho sobre sua vida pessoal. Por causa dele, não investiam mais na carreira, cediam em seus "princípios", se atormentavam de todas as formas, tributando à sua poderosíssima "vítima" uma submissão que, certamente, não haviam concedido a ninguém mais e nem ao próprio cônjuge. O filho, com a chantagem patológica, estorquia-lhes tudo que o marido nunca soube tomar para si.

Sabe-se bem que em nosso trabalho, infelizmente, só se consegue observar um fenômeno quando já o conjecturamos e que fazer descobertas é coisa muito rara! Agora que, com a visão um pouco mais apurada, procurávamos encontrar uma analogia entre as exigências sintomáticas do paciente identificado e as profundas reivindicações (tácitas ou reprimidas) do pai, achávamos correspondências impressionantes. O marido censurava tacitamente a esposa de ser fria e pouco expansiva? O filho passava horas a beijar a mãe que, aterrorizada de medo de perturbá-lo, reprimia suas exasperações e tolerava ser beijada. O pai detestava os sogros e as interferências deles em sua própria casa? O filho procurava tornar a vida deles impossível, com represálias sintomáticas como destruir de forma selvagem as flores da vovó, e maltratar aos coelhos do vovô. A mãe corria, preocupada, para reparar os danos. Porém, tinha de agüentar o descontentamento dos pais e suportar que se afastassem, desgostosos.

Devemos nos perguntar, neste ponto, com que ânimo o marido pode assistir a essa espécie de vingança, quer dizer, assistir ao fato de que a mulher o desiludiu, e ainda continua frustrando-o, seja colocada a uma dura prova em decorrência da doença do filho. Como não supor que isto apareça a seus olhos como um castigo justo? Como não aceitar que ele se resigne tanto à patologia porque em nível de cálculo (não de consciência) traga-lhe benefícios? Obscurecido pela falsa consciência (ver capítulo xx), ele poderia perdoar a patologia do filho com a finalidade de fazer a mulher pagar pelas suas insatisfações. Mas, para manter fundada a hipótese de que o pai tivesse exercitado e exercitasse sobre o filho uma ação instigadora desta ordem, faltavam provas. Um de nós recorda, com emoção, a primeira vez que o pai de uma menina psicótica admitiu simultaneamente a si próprio e à terapeuta a exatidão dessa suposição. Durante uma entrevista individual (às vezes oportuna para aprofundar alguns problemas do impasse de casal), confessou sua experiência ao assistir às exasperantes provocações da filha contra a mãe: "Era um bálsamo nas minhas feridas... ver minha esposa, sempre fria e sempre me desprestigiando, perdendo o controle, cedendo e humilhando-se com Francesca. Sempre me envergonhei desse meu sentimento e sempre o escondi, mas devo admitir que, quando minha esposa me pedia que fosse severo com Francesca, não me sentia capaz. Me parecia que ambos, tanto eu como a menina, tínhamos sofrido demais às custas daquela mulher. Assim, eu não tomava atitude alguma... para compensá-la com um afeto pela frieza da mãe".

Da Díade à Tríade

Ao mesmo tempo em que se encontravam respostas para algumas interrogações, outras iam nascendo. A extremamente precoce manifestação dos sintomas na psicose infantil colocava-nos diante do problema de compreender porque um menino muito novo "queira" castigar sua mãe. Na verdade, não podíamos abraçar, sem perplexidade, a hipótese de que ele se coloque do lado do pai "que perde" na relação conjugal (como, ao contrário, havíamos suposto para uma crise de adolescência), colocando por sua vez, de joelhos, o genitor que ele considera "vencedor". Suas capacidades perceptivas e discriminativas são imaturas demais para permitir-lhe uma leitura, mesmo se intuitiva e errada, do complexo jogo de relações que definimos como "impasse" do casal. Assim, levantamos a hipótese de que na psicose infantil (*autistic disorder or pervasive developmental disorder*, segundo o DSM III R) o processo, do ponto de vista subjetivo do paciente identificado, *parte de um estágio diádico para alcançar um sucessivo estágio triádico*. De início o menino reagiria somente a uma experiência frustrante no relacionamento com a mãe. Ele obviamente ignora os motivos que a torna contingentemente incapaz de responder ao dever biológico de nutridora. Ignora, também, possuir no pai um potencial aliado à sua própria rebelião. Percebe tão-somente um mal-estar e reage a ele. *Será o* feedback *a essa reação inicial que dará o avante ao processo psicótico.*

Vejamos como descreve a situação, iluminando-nos, Clelia, mãe de um menino psicótico de seis anos, Andrea. Durante a gravidez, Clelia havia atravessado um período de depressão suicida. Seu pai, falecendo após uma longa doença durante a qual ela havia cuidado dele com amor, tinha deixado ao filho primogênito grande parte de seus bens, inclusive a casa onde, por dez anos, havia convivido com a família de Clelia. Agindo dessa forma, havia literalmente deixado-a na miséria. A "traição" paterna a arrasara, empurrando-a para uma profunda apatia. De fato, ela estava cheia de rancor também contra o marido que, em vez de defendê-la, espezinhava-a pelos sacrifícios que ela tinha feito para o pai (provavelmente o marido vingava-se, dessa forma, das prepotências da mulher em nome do pai ancião). Quando Andrea nasceu, sua mãe estava em estado desastroso. Não tinha forças para tomar conta dele e, por boas três vezes, tentou o suicídio e foi para o hospital.

Andrea ficou meio esquecido em casa nos primeiros meses, sem que provocasse qualquer aborrecimento. Foi somente quando a mãe decidiu reagir, de um lado jogando-se num trabalho que a apaixonava e, de outro, tratando de ocupar-se com mais cuidado do filho, que ele começou a apresentar problemas: chorava sempre, vomitava. O que havia lhe acontecido? É provável que a condição de pobreza de estímulos do período de quase abandono tivesse sido bruscamente substituída pela presença ansiosa da mãe, desejosa de reparar aquela situação inadequada. Como um bom "estrategista", o pequeno tinha começado a fazer-se sentir presente utilizando "jogadas" que aborreciam, ampliadas pela ansiedade da mãe. A inevitável escalada entre uma mãe cada vez mais ansiosa e um filho cada vez mais operativo teria tido fim se a mãe, por necessidade, debaixo das reações opressoras do menino, tivesse acabado por aprender a responder coerentemente às solicitações dele, ou para reprimi-las, ou para satisfazê-las. Antes ou depois, mesmo entre erros e sofrimento, a relação teria chegado a um equilíbrio e a uma adaptação compatíveis com as necessidades de ambos. De fato, era assim que Clelia contava: "Eu, um pouco dava razão a ele e, um pouco, não o levava a sério".

Portanto, se paramos na díade mãe-menino, não conseguimos explicar o andamento psicótico. Os dados clínicos que surgiram de nossa pesquisa parecem demonstrar como, neste ponto, a polaridade do terceiro jogador torna-se essencial para compreender por que a relação assume um andamento psicótico. Voltemos às palavras da mãe de Andrea: "Naquela época, durante o dia eu ia dando conta do menino, mas quando meu marido chegava em casa, me sentia mal. Ele me olhava enviezado se a limpeza da casa não estava bem-feita e ralhava se eu deixava Andrea choramingar. Ele teria preferido que eu perdesse o novo trabalho que havia conseguido e, aliás, era por isso que me criticava. Eu procurava me salvar e a tudo e todos, porque gosto de ter o controle das situações; só que ficava muito nervosa, e ele falava que era por isso que o menino se agitava e não crescia bem. Cada vez que eu ouvia Andrea chorando, ficava no maior apuro. O choro dele e, mais tarde, o vômito me pareciam uma acusação. Eu sabia que me descuidara dele e que ainda tinha pouco tempo para ele".

O pai de Andrea, por sua vez, confessa ter visto a esposa com outros olhos durante o crescimento do pequeno. Tinha-se interessado pouco pelos outros filhos, mas agora percebia todos os descuidos da mulher. Desiludido com o próprio trabalho, onde viu desaparecerem no ar as possibilidades de uma carreira, voltou-se para a família com todas as emoções que tinha, desejoso de encontrar a esposa pronta a passar-lhe um bálsamo nas feridas, especialmente nesse momento em que, tendo falecido seu sogro, não havia mais estranhos dentro de casa. Clelia, ao contrário, desiludida com o próprio pai, culpou o marido por seu desinteresse pelo patrimônio da família e, ainda, porque não ganhava bem. Atirando-se, ela mesma, ao trabalho, já que necessitava de novas fontes de renda, agravava as humilhações do marido. Por esse motivo, era fechada e não lhe tinha afeto: ele "lhe causava nojo" porque demonstrou ser um fraco e um falido.

Frustrado por não receber da mulher o afeto de que precisava, o pai de Andrea ficou particularmente predisposto a perceber de que forma a mãe falhava com o menino. Por isso, sublinhava, com azedume, a frieza e o nervosismo de Clelia com Andrea, *em vez de reivindicar em seu próprio nome*. De fato, envergonhava-se de pedir abertamente, para si mesmo, manifestações de carinho, temendo ser recusado. Compulsivamente, num ambiente desses, a relação mãe-filho deteriorou-se de forma grave. Quanto mais Andrea se tornava problemático, mais sua mãe se sentia exposta às críticas do marido e desejosa de fugir do dever frustrante de acudir uma criança que lhe mostrava que ela ia fracassar de qualquer jeito. Andrea, por sua vez, reagia aos sinais de intolerância de uma "mãe malvada". Reclamava um direito seu procurando proteger-se. Por outro lado, também a mãe buscava, fugindo dele, apenas proteger-se, e exatamente porque Andrea a expunha ao duro ataque do marido. Esse, lá do seu canto, criticava a mulher daquele jeito para emparelhar o fracasso dela como mãe a seu próprio fracasso profissional, devolvendo-lhe críticas tão duras quanto as dela, implícitas em seu desprezo. Estava tragicamente pronta a espiral psicótica.

A Coalização Pai-Filho Estabiliza o Processo

Se de início, como já vimos, o paciente identificado não intui a importância do pai na constelação familiar e nem reage, diretamente, aos comportamentos dele, mais tarde a situação se modifica. O pai adquire uma posição central no processo patológico, reforçando-o com a própria tolerância permissiva.

O pai de Francesca, a pequenina do primeiro exemplo, declara explicitamente ter desejado "compensar" a menina da frieza da esposa.

É típico esses pais darem a explicação, a eles próprios e ao terapeuta, da atitude extremamente condescendente que assumem diante do filho psicótico. Por um efeito de "falsa consciência", eles não percebem ou, pelo menos, não admitem a sabotagem que esse comportamento determina sobre as tentativas da mãe de educar o menino. E é dessa forma que se funda, também na psicose infantil, a aliança encoberta que descrevemos detalhadamente nas psicoses que surgem mais tarde: aquela entre um cônjuge desiludido pelo outro e incapaz de se impor a ele, e um filho que reage em relação ao mesmo genitor por certos abandonos.

Naturalmente, aos olhos da Francesca, o pai é "bom", pródigo de presentes, permissivo, pouco exigente. Tanto mais que, por contraste, a mãe, percebendo-se sozinha na tarefa de educar, e ansiosa com o próprio insucesso, indubitavelmente fica irritante e muito restritiva. É por isso que Francesca coloca-se do lado do pai. Mas o que recebe no relacionamento com ele está bem longe de ser uma ligação autenticamente positiva. É provável que, de forma confusa, perceba a baixa estima que inspira aquela postura permissiva. O pai do paciente identificado é, de fato, um aliado desleal. O filho, prova do fracasso existencial da esposa-mãe, não está investido do real afeto do pai, que não consegue ver nele qualquer outra coisa que não o aborto educativo da mulher. O filho fica sendo o "pobrezinho" de quem nada se pode exigir.

Efeitos interessantíssimos foram observados quando, em seguida à terapia, modificou-se a permissividade (e a baixa estima) paterna. Andrea começou a comer sozinho e, depois de um mês, começou a usar a primeira pessoa do singular na linguagem falada. Francesca controlou completamente a instabilidade de atenção e psicomotora que lhe tornava impossível qualquer aprendizagem. No decorrer de um trimestre, conseguiu o resultado admirável de aprender a grafar as letras de imprensa. Essa aquisição representou o incentivo, não pequeno, que fez seu pai encontrar motivação para enfrentar e superar o pesado problema conjugal.

A renúncia a utilizar o paciente como veículo das próprias necessidades conjugais é o ponto de chegada da terapia. O impasse do casal é o ponto focal. Uma simples modificação pedagógica da atitude paterna não seria suficiente para modificar o comportamento do paciente. Essa modificação deve vir associada a uma imagem diferente da relação do casal conjugal, que o garoto está prontíssimo para receber.

Vamos fechar este capítulo com um aviso fundamental. As reflexões deste parágrafo ficaram restritas à tríade para que pudéssemos limitar a complexidade do assunto. No trabalho clínico, porém, é sempre indispensável partir da ampliação do campo de investigação para além da família nuclear. Em nossa experiência, resultaram particularmente "malignos' os casos em que os membros da família extensa da jovem esposa, mais ou menos dissimuladamente, tomavam o partido do marido. Algumas vezes, ficou claro que o marido soube seduzir os sogros. O mais freqüente, porém, era que essa tomada de partido, confusa e antinatural, tinha raízes em problemas não resolvidos entre a jovem esposa e sua velha mãe. Nesse caso, a avó materna podia também ter exercitado e podia exercitar, sem tomar consciência, uma ação de instigação do menino contra a mãe. Intrigas contorcidas e encobertas nas relações merecerão, no futuro, um tratamento especial.

XII

PSICOSE NA ADOLESCÊNCIA E IMPASSE DO CASAL

A Prevalência das Coalizões Contra a Mãe

Chegados ao término da apresentação dos modelos diacrônicos relativos às famílias mais representadas em nossa casuística (com pacientes propriamente ditos afetados pela psicose da adolescência, anorexias e psicoses infantis), gostaríamos de acrescentar uma reflexão.

Um dado clínico a respeito do qual nos interrogamos durante muito tempo é o seguinte: por que colocamos em relevo uma clara prevalência de coalizões do paciente identificado com pai, contra a mãe, *mesmo nas psicoses que surgem durante a adolescência ou a juventude*?

Um fenômeno como este é compreensível no processo anoréxico. Nele, como já se viu, o sintoma intervém quando a filha percebe o casal de genitores formado por uma mãe prevaricante e um pai escravizado. O jejum anoréxico deriva, coerentemente, dessa percepção. E ele visa, de fato, atingir a mãe, a tradicional provedora do alimento.

A mesma percepção de posições contrapostas no relacionamento (pai vítima aparente-mãe perseguidora aparente) verificamos nas psicoses infantis. E, também aqui, em coerência com um dado cultural, porquanto a recusa de aprender — manifestação essencial do bloco psicótico na infância — é dirigida a quem tem a obrigação primária de acudir a prole (em nossa cultura, de forma preponderante, a mãe).

Mas nas psicoses que explodem durante a adolescência, quais poderiam ser as razões *culturais* que expliquem essa reedição do mesmo esquema prevalente, que vê o filho solidarizar-se com um pai considerado escravo de uma mãe prevaricante? Não nos parece que nos papéis dos dois genitores com filhos já adolescentes estejam presentes diferenças˙tão significativas (além daquela relativa à função da mãe-nutridora, objeto do ataque anoréxico) que justifiquem este dado. Parece-nos, isso sim, que um motivo passa ser o seguinte: em nossa sociedade, é mais coerente com os estereótipos sexuais *(gender role)* esperar-se que o provocador ativo seja o pai, em decorrência seja do modelo tradicional do homem forte e dominador, seja dos privilégios masculinos ainda não desaparecidos.

Ora, nos casos em que, no impasse de casal, é o pai a tomar o papel do provocador ativo (valendo, sem alterações, o que foi dito acerca da introdução do filho no jogo familiar e da reviravolta do presumível aliado), podemos sim registrar, no filho que se intromete, o aparecimento de comportamentos perturbadores, mas raramente eles são do tipo psicótico. De fato, mesmo se a mãe vítima instiga o filho contra o pai, pintando-o como alguém violento e sem coração, mas depois não agüenta o rapaz em sua rebelião contra o pai, uma traição dessas pode parecer, para o filho, relativamente compreensível.

É verdade que, por muitos anos, a mãe havia-lhe feito crer que não via a hora de sacudir dos ombros o jugo do ditador. É verdade que o filho esperava que ela, finalmente, chutasse o balde e se separasse do marido para segui-lo, o seu fiel paladino. Mas, se na hora certa, a mamãe perde a coragem de dar esse passo e de manter suas promessas, que se pode fazer? A traição dela queima, está certo. Mas, na verdade, é coerente com uma série de motivações culturais que a redimensionam e tornam explicável. Na nossa ordem social pode-se, de fato, esperar que a esposa seja ainda, não apenas psicologicamente, mas sobretudo econômica e socialmente, o cônjuge mais fraco. Se ela até mesmo vem se lamentando, durante anos, da prepotência do marido, como nos espantarmos que não consiga libertar-se dele? Depois da reviravolta da mãe, a revolta do filho contra o pai assumirá, em escalada, caracteres marcadamente anti-sociais (furto, dependência de tóxicos etc.), enquanto o fato de não ser apoiado por ela vai fazer o rapaz sentir-se desesperadamente só e vai empurrá-lo, cada vez mais, a fazê-lo pagar ao pai em nome da fraca mãe. Só que essa sensação de abandono não vai confundi-lo tanto a ponto de levá-lo a uma desordem psicótica.

Já em nossas famílias com um paciente identificado psicótico, existe um duplo fator de confusão: antes de tudo, o provocador passivo é o pai (contrariamente às expectativas relacionadas ao *gender role*), que seduz o filho e instiga-o contra a mãe. Além disso, no momento do ajuste de contas, esse mesmo pai não "ousa" apoiar a decisão do filho de rebelar-se contra a mãe. Ao contrário, fica solidário a ela, reprovando-o. A confusão e o desconcerto do adolescente, nesse caso, agravam-se pelo fato de o pai, em nossa cultura, dispor com maior freqüência de instrumentos econômicos, sociais e culturais para exercer uma pressão decisiva sobre a mulher. Pode ser que, fora da família, seja um homem de prestígio, respeitado e honrado por todos. Como se explicaria que um homem, nessas condições, se comporte covardemente em relação à esposa que lhe é tão inferior e a quem ele, uma vez atrás da outra, demonstrou nem amar, nem estimar?

Eis porque nossa casuística mostra, até agora, uma absoluta maioria de pais que contradizem o estereótipo do macho independente, forte e impositor, e, ao invés disso, aparecem absurdamente tolerantes, passivos e covardes, como escolha estratégica dentro de um impasse conjugal.

A Determinação Complexa do Sintoma

O leitor deve ter observado como, neste último parágrafo — e ainda mais difusamente no Capítulo x, dedicado ao processo anoréxico —, nos referimos também a fatores culturais e não mais, apenas, a fatores intrafamiliares. Esse é um dos territórios ainda em boa parte inexplorados que se abriram à nossa pesquisa graças à introdução da metáfora do jogo em nosso "pensar complexo" (ver capítulo xx). Esta permite, de fato, uma união entre as determinantes socioculturais e as individuais, que, de vez em quando, foram vistas de forma contraposta e quase se anulando de modo recíproco. Atualmente, podemos pensar no sintoma psiquiátrico tendo presentes, ao mesmo tempo, três níveis de determinantes: respectivamente, um nível sociocultural, um nível familiar e um nível individual.

O nível sociocultural define as formas específicas nas quais o mal-estar psíquico se expressa nas várias épocas históricas e nas diversas camadas sociais (ver a histeria na burguesia sexofóbica do século xix). O nível familiar ficará sendo aquele em que, enquanto a família for a matriz biológica e afetiva do indivíduo, poder-se-ão gerar as configurações de relacionamentos em que tal mal-estar tem origem. O nível individual refere-se aos fatores pessoais que expõem um determinado membro da família — e não outros — a se envolver e a deixar-se envolver em uma posição insustentável.

Evidentemente, nosso papel de terapeutas familiares e a nossa competência específica levam-nos a concentrar a atenção no segundo nível, o do jogo familiar que, de qualquer forma, julgamos ser o mais significativo, seja para indagar a origem do mal-estar, seja para descobrir uma intervenção (mesmo que de terapia individual). Isso não significa fechar os olhos diante das determinantes sociais dos vários sintomas: por exemplo, é evidente que para que surja a dependência de tóxicos, além de uma organização peculiar de relações internas da família, é necessário um ambiente externo em que a droga seja acessível mas, ao mesmo tempo, culturalmente um tabu. Obviamente, não teremos drogadictos onde a droga não existe, ou onde ela seja de uso habitual como entre os cultivadores de ópio entre os quais, ao desgaste físico causado pelo consumo usual dos estupefacientes não se soma, entretanto, o aspecto de desvio.

Também os fatores individuais, que colocamos resolutamente entre parênteses, impulsionados pela necessidade de treinarmo-nos a compreender o nível sistêmico, estão voltando à tona — como já o dissemos — em nossa pesquisa, embora ainda estejamos buscando uma aproximação do estudo do indivíduo que não seja incoerente com nossos pressupostos de base. Por isso, não sabemos ainda como integrar, em nossa teorização, os dados que outras pessoas recolheram dentro de diferentes teorias. Citamos entre eles, exemplos dos dinamismos intrapsíquicos, conscientes ou inconscientes, e o dos fatores genéticos que predispõem às doenças mentais.

A esses três níveis se acrescenta o poderoso fator causal do acaso, do fato fortuito, do incidente que subverte o destino dos indivíduos e a história das famílias.

XIII

QUANDO O NASCIMENTO DE UM FILHO É UM MOVIMENTO DO JOGO DE CASAL

Um Jogo de Humilhações e de Vinganças

O número de mães e pais que parecem inteiramente presos ao amor pelo próprio filho, a quem dedicam uma grande parte das próprias energias, é, como se sabe, enorme. Também é comum observar que um cônjuge aprecia no próprio filho exatamente aquelas qualidades que não existem no consorte e as elogia quase como se se tratasse de uma concepção partenogenética. Foi realmente essa banalidade de aparências, pelo menos é o que pensamos, que nos deixou míopes por tanto tempo no sentido de colher e reconstruir um jogo que ousamos descrever aqui, mesmo que com algumas lacunas. No entanto, pareceu-nos que fosse nosso dever fazê-lo, na esperança de que possamos transmitir a outros uma idéia ou um fio condutor. Exatamente porque, por causa das aparências banais, o jogo nocivo que está por detrás poderia passar despercebido, como nos ocorreu em dois casos. Foi somente no trabalho com o terceiro caso que percebemos o jogo a tempo e recebemos uma imediata confirmação de nossas intuições pelas retroações na sessão.

Vamos tentar explicar do que se trata. São casos em que um cônjuge, no interior de uma certa evolução de seu relacionamento com o outro, chegou a sentir-se intoleravelmente humilhado. Escolhemos o termo "humilhado" porque ele compreende reações de uma grande variedade de comportamentos vexatórios do outro cônjuge. Em dois de nossos três casos, o cônjuge intoleravelmente humilhado era a mulher, e percebemos as seguintes interações. No primeiro caso (A), o marido (financeiramente bem) exercitava sobre a mulher (de origem humilde) um controle minucioso e totalitário; ele a definia, a todo instante, como uma propriedade dele e não lhe consentia o direito, nem mesmo um mínimo, de controle recíproco sobre ele. No segundo caso (B), o marido (um professor dedicado aos estudos) comunicava invariavelmente à esposa (não-diplomada) que o papel dela era o de servi-lo com devoção ou, em outras palavras, cuidar daquele grande homem e respeitar seus altos pensamentos. No terceiro caso (C), em que o cônjuge humilhado era o marido, as interações que se manifestavam a nós são as seguintes. A mulher (sem cultura e vulgar, mas proveniente de uma família de certa categoria em que se incluíam profissionais de sucesso) tratava o marido (órfão de camponeses paupérrimos que, apesar disso, conseguiu obter, graças à ajuda de um tio sacerdote, um diploma e, em seguida, um cargo numa repartição) como se ele fosse um beato incompetente, desprezava-o pelo baixo salário e resolvia por conta própria tudo o que concernia à casa e à criação das filhas, ignorando os desejos dele.

De qualquer forma, *a humilhação torna-se intolerável a quem se vê como vítima, e essa pessoa considera-se, também, possuidora de motivos válidos para ter uma baixa opinião do prevaricador*. Mas, sobretudo, a vítima acredita absolutamente não possuir qualquer possibilidade de fazer o cônjuge entender seu mal-estar e negociar com ele uma mudança da situação; muito menos de rebelar-se abertamente ou desforrar-se com algum sucesso.

Aquele que — pensem nos cônjuges derrotados dos nossos três casos — acaba caindo numa armadilha desse tipo é obrigado a inventar uma estratégia para safar-se, pelo menos em parte sem ver-se forçado a fazer declarações que o comprometam pessoalmente.

Nesse caso, desejar ardentemente pôr um filho no mundo parece o projeto ideal. De acordo com os mecanismos da falsa consciência, o desejo é, provavelmente, vivido como autêntico. Obtido o consenso do parceiro, o filho é posto no mundo. A partir desse momento, o cônjuge, que chamaremos de "procriador", terá nas mãos uma estratégia inatacável, pois ela se baseia no amor e no dever de satisfazer as necessidades do filho *em relação ao qual também o parceiro tem obrigações de pai*.

As Táticas do Pai "Procriador"

Essa estratégia global é feita de jogadas que se distribuem ao longo da sucessão temporal adaptadas ao sexo e às características próprias do filho e, também, aos vários episódios felizes ou infelizes de seu crescimento e desenvolvimento.

Durante a primeira infância do filho, as táticas do pai "procriador" são sempre semelhantes. Em nome das sacrossantas necessidades da criança, o pai "procriador" consegue facilmente:
a) negar ao cônjuge certas atenções (que nunca teria podido negar-lhe sozinho);
b) extorquir do cônjuge certas concessões (que nunca teria ousado pedir-lhe sozinho), de modo absolutamente pacífico, sem ter de modificar a definição recíproca da relação. Em vez disso, há de recorrer, se for o caso, a culpabilizações veladas referentes às obrigações de *um pai de verdade*.

Na meninice e na adolescência, as táticas do "procriador" vão ficar cada vez mais complexas. Vão se relacionar mais especificamente às modalidades pedagógicas e vão se adaptar às características naturais do filho. No relacionamento com ele, o pai "procriador" vai se colocar de forma oposta ao cônjuge (tolerante, se o outro é rígido; atento, se o outro é distraído; disponível, se o outro é distante, etc.). Além disso, vai empenhar-se em descobrir e potencializar, no filho, determinadas qualidades que, a seu ver, faltam no parceiro, quase destinando *o próprio filho* a tornar-se uma espécie de antítese triunfal. Vamos dar um exemplo apresentando um esboço do caso C.

Desde sempre humilhado pela mulher, aquele pai sentiu-se amargurado também por causa da morte da terceira filha. Secretamente, está sempre culpando a esposa por negligência. É ele quem força uma nova gravidez para amansar o vazio deixado pela caçulinha. Quando nasce uma quarta menina, ele dedica a ela um afeto visível, pega para si os cuidados noturnos e a coloca na cama todas as noites, contando-lhe histórias. Com seu crescimento, tende a fazer dela uma espécie de antiesposa. Valoriza seus gostos refinados (a esposa é uma vulgar), a dedicação aos estudos (a esposa é inculta), a indiferença pelo dinheiro e prodigalidade (a esposa é ávida e tacanha), o perfeccionismo obsessivo (a esposa é negligente), etc. Fazendo isso, urde um *"imbroglio"* relacional ao redor da filha que se acha uma verdadeira privilegiada e, ao mesmo tempo, instiga-a contra a mãe pelo fato de ter assumido o papel.

Tem mais. Se por acaso o filho, em sua evolução, desenvolvesse qualidades destacáveis (beleza física, ótimo andamento escolar, dotes atléticos ou veia artística), o parceiro "procriador", escondido atrás do mais que legítimo orgulho paterno, imprimiria aos sucessos do filho, de forma muito sutil e irritante, uma coloração competitiva em relação ao cônjuge, como se o filho fosse a encarnação viva de sua vingança. Exemplar o caso B. Aquela mãe humilhada não perdia ocasião de comparar o marido, envelhecido e desleixado, com o porte atlético do filho. À sua diligência, opunha o brilhantismo do outro; à sua erudição pedante, a criatividade que ele tinha para desenhar. (Nosso ponto de vista é que devia ser exatamente essa irritante forma de competição, cada vez mais clara a partir da falta de reação do cônjuge, que desgostava o filho, que o empurrava a renegar as próprias realizações para ficar a favor do outro genitor, na tentativa de conseguir, com ele, um relacionamento desinteressado.)

As Reações do Outro Cônjuge e do Filho

Como reage o cônjuge "não procriador" a tais manobras estratégicas do parceiro?

De acordo com a típica atitude redundante do jogo de impasse do casal, ele evitará manifestar ou admitir, para o parceiro, sentimentos de frustração, de exclusão ou ciúme. Vai ater-se escrupulosamente aos ditames formais de seu papel de genitor (acumulando, entretanto, de forma velada, certa hostilidade pelo filho). Fora isso (e é esse ponto obscuro que devemos pesquisar mais detalhadamente), não vai desistir de comunicar ao filho, de várias formas, a pouca estima pelo parceiro de quem tolera determinados comportamentos só porque é uma pessoa de paz. O comportamento do genitor "procriador" não é suficiente, por si só, para empurrar o filho a decisões autodestrutivas. É necessário também o comportamento polimorfo do "não procriador" para tirar do filho as ilusões de poder finalmente conquistar aquele genitor sempre tão desejado. Somente uma esperança desse tipo, de algum jeito fomentada pelo genitor, pode induzir o filho a tomar determinadas decisões, a acreditar que será compreendido e acolhido no momento em que colocar em prática, como numa rebelião, a renúncia àquelas qualidades ou àqueles sucessos que tanto gratificam o genitor instrumentalizador.

Veja-se a primeira rebelião de Federico (caso B). Com dezessete anos, ele renegou a própria beleza, tão elogiada pela mãe, desenvolvendo uma angústia dismorfóbica em relação a seu nariz (sarcasticamente, via o próprio nariz tão feio como o de sua mãe!...) que o levou à mesa de um cirurgião plástico.

Mas a renúncia é o momento da verdade. A esperança que ele tinha não se confirma. O fato de ter punido o pai instrumentalizador, de ter-lhe tirado exatamente o instrumento de que se serviu para competir com o outro — que, por outro lado, jamais reagiu como devia — *não abriu ao filho o acesso ao genitor ambicionado*, por quem, aliás, se vê desprezado.

Na verdade, é como se ele (depois de tantos anos de rancor reprimido pelo isolamento, o ciúme, as concessões arrancadas do cônjuge em nome da devoção desmedida pelo filho) se visse, por fim, justificado. Como se finalmente pudesse proclamar: "Olha o belo resultado de todos aqueles cuidados, de todas aquelas ridículas exaltações! Era lógico esperar isso... só podia acabar assim..." No entanto, o genitor não proclama esses pensamentos, guarda-os para si. Mas eles transparecem mais que nunca por sua fisionomia, seus olhares, seus silêncios.

O filho se vê novamente sozinho. Se ele mesmo abandonou o pai "procriador", pelo pai desejado não foi compreendido, nem imitado, nem acolhido. No entanto, tendo crescido num contexto de apreensão simétrica que não admite retiradas, não vai abandonar a idéia de punir o genitor "procriador". Vai levá-la adiante, sozinho.

Como reage a todos esses acontecimentos o pai "procriador"? Nada mais pode fazer senão prosseguir no caminho da estratégia que ele escolheu. Por bem ou por mal, vai ficar grudado no filho que desejou e vai utilizar-se dele para escapulir do cônjuge.

Esquema do Decurso de um Caso

Para sermos mais claros, vamos apresentar aqui o percurso esquemático do caso A, que desemboca na psicose esquizofrênica do filho. (Poder-se-á ver bem, aqui, como a motivação instrumentalizante sabe adaptar-se e tirar partido de todas as vicissitudes concretas do crescimento e da evolução do filho.)

A mulher, exasperada pelo controle do marido que a trata como se ela fosse um objeto de sua propriedade, deseja ardentemente ter um filho. Nasce Massimo.

— Na primeira infância, Massimo tem uma saúde delicada e é asmático. A mãe dedica-se a ele de forma doentia. Dessa forma, ela rouba do marido tempo que deveria dedicar a ele e lhe arranca o direito de ausentar-se de casa por longas temporadas, por causa dos tratamentos climáticos do menino. O pai acaba adequando-se às prescrições dos pediatras.

— Na puberdade e início da adolescência, Massimo torna-se um rapaz prestativo, inteligente e esportivo. É brilhante no colégio e um bom jogador de tênis. A mãe empurra-o para as competições de tênis, confiando-o a um treinador. Exaltada com os primeiros sucessos do filho, parece viver da luz refletida dele. O pai mostra-se preso demais a seu trabalho para participar da vida do filho.

— Aos dezesseis anos de idade, no primeiro ano do segundo grau, Massimo encontra dificuldades no colégio e deixa as quadras de tênis. Declara sentir-se angustiado e estar doente. A mãe está sempre a seu lado, faz o que pode para estimulá-lo e encorajá-lo. Logo em seguida a uma crise de angústia, Massimo recupera-se em uma clínica psiquiátrica particular. O pai não se importa com as despesas para os tratamentos do filho.

— Aos dezenove anos, Massimo é um caso psiquiátrico crônico. Entupido de fármacos, obeso, vive trancado, em casa, junto da mãe, a quem tortura com pretensões absurdas. Se ela se ausenta por alguma necessidade, ele também sai do apartamento e agride, nas escadas, qualquer vizinho que esteja no caminho. Assim, a mãe sente-se impedida de deixá-lo sozinho; dedicada totalmente a ele, permite que se reflita no marido uma vida conjugal inexistente.

O leitor pode aperceber-se bem de como o nosso esquema deixa aberto o caminho a muitas interrogações, as mais importantes das quais se referem ao tipo de relação recíproca entre o genitor "não-procriador" e o filho. Essa relação é, a nosso ver, tanto oculta quanto determinante na produção do drama. Fica faltando, ainda, o estudo de muitos casos, além de uma grande dose de humildade e paciência, para que se dê uma resposta a essas interrogações.

QUARTA PARTE

A EXPERIMENTAÇÃO DOS MÉTODOS TERAPÊUTICOS

XIV

CONDUÇÃO DAS SESSÕES E PROCESSO TERAPÊUTICO

As Pesquisas de Maurizio Viaro e Paolo Leonardi

Como conduzir as sessões e que estratégias terapêuticas aplicar: eis um tema que, neste momento, nos é muito difícil tratar, pois estamos atravessando uma fase de rápida evolução nas modalidades de condução da sessão. Por isso, achamos problemático formular teorias ou sistematizar o que ainda estamos experimentando. Podemos apenas esboçar algumas linhas de tendência e descrever as dúvidas e as perguntas às quais estamos tentando dar resposta.

As técnicas de condução que caracterizaram fases precedentes de nosso trabalho foram muito bem analisadas por Maurizio Viaro e Paolo Leonardi (1983, 1986). Algumas de suas observações referentes ao passado ainda são atuais. Os autores citados falaram de *técnica de base* para a estratégia da condução que caracterizou a fase dos métodos paradoxais e foi descrita no artigo "Formulação de Hipóteses, Circularidade, Neutralidade" (Selvini Palazzoli et al., 1980b). Com relação àquela fase, muitas coisas mudaram.

Não mudaram, porém, as regras do "*setting* terapêutico", que assim foram sintetizadas por Viaro e Leonardi:

> Com o termo "*setting* terapêutico" designamos as condições espaço-temporais em que a entrevista se desenvolve e têm lugar as comunicações intercorrentes relativas entre a família e o terapeuta. Algumas delas são constantes, codificadas e podem ser brevemente relembradas e comentadas.

1) O primeiro contato entre a família e o terapeuta é telefônico: o terapeuta recolhe algumas informações-padrão e fixa a data do primeiro encontro. Com raras exceções, pede-se a presença, na primeira sessão, de todo o núcleo familiar.

2) O terapeuta é tratado apenas como o terapeuta familiar [...] prescindindo de qualquer outra qualificação profissional: psiquiatra, psicólogo ou outra. A família recorre a ele com o pedido específico de terapia familiar, segundo informações ou recomendações recebidas de outros. Quanto ao terapeuta, ao fixar a data do próximo encontro, ele deixa claro que a primeira sessão tem por objetivo apenas confirmar se é ou não o caso de fazer terapia familiar. O contrato terapêutico é estipulado no fim da primeira sessão — mais raramente da segunda —, momento em que o terapeuta aceita assumir um compromisso com aquela família. Isso prevê um máximo de dez sessões, com o espaço de um mês entre uma e outra. [...]

3) As sessões são conduzidas por um só terapeuta. [...] O consultório está ligado, por um espelho unidirecional e uma instalação acústica, a uma sala contígua, na qual se encontram um ou mais terapeutas na qualidade de supervisores. A equipe terapêutica, assim, compõe-se do terapeuta e dos supervisores. A sessão pode ser interrompida a qualquer momento, por iniciativa de um ou dos outros, para permitir à equipe discutir e decidir o que se deve fazer, sem a presença da família [...]. As sessões são gravadas em vídeo para serem estudadas posteriormente. Todas essas modalidades operacionais, bem como o custo das sessões, são explicadas à família durante a conversa telefônica e/ou antes de começar a primeira sessão (Viaro e Leonardi, 1983, pp. 29-30).

Queremos, além disso, deixar claro que a equipe dedica três horas a cada sessão. A pré-sessão dura cerca de trinta minutos e baseia-se na leitura da ficha preenchida ao telefone (quando se trata da primeira sessão) ou, então, na síntese da sessão precedente, sempre redigida pelo terapeuta direto. O decurso da sessão divide-se em três ou quatro partes, com intervalos nos quais a equipe se reúne para dicutir as informações recolhidas e como prosseguir o trabalho. A nossa equipe compõe-se dos quatro autores deste livro. Verificamos, porém, que ficarmos sempre os três por trás do espelho é contraproducente, pois não há espaço de trabalho suficiente para as reflexões de todos. Trabalhamos, portanto, de preferência, com um terapeuta e dois supervisores. Todos os membros da equipe se revezam no papel de terapeuta e de supervisor.

Em relação ao que Viaro e Leonardi descreveram, não mudaram nem mesmo as *regras da diretividade*, isto é, os direitos exclusivos do terapeuta como orientador da conversa. Viaro e Leonardi (1983, pp. 30-1) definiram assim essas regras:

> O jogo da entrevista — dessa técnica particular de entrevista — é, essencialmente, um jogo conversacional. A conversa, porém, é assimétrica, no sentido de que o terapeuta pode fazer um certo número de movimentos que nenhum outro pode fazer. Eles constituem, portanto, direitos exclusivos do terapeuta. No conjunto, têm como efeito assegurar ao terapeuta a função de dirigir a conversa. Mais precisamente:
> 1) *O terapeuta (T) tem o direito exclusivo de decidir aquilo de que se vai falar*, isto é, de decidir a sucessão de temas na conversa, sua articulação em subtemas, de decidir quando um tema deve ser abandonado e que outro deve vir substituí-lo [...].
> 2) *T tem o direito exclusivo de decidir quem deve falar em determinado momento*, isto é, de decidir a seqüência (determinação do rodízio) da conversa. O terapeuta indica o membro da família designado como o próximo interlocutor, freqüentemente de modo inequívoco, muito mais do que o faz um participante de uma conversa "informal" [...].
> 3) *T tem o direito exclusivo de tirar a palavra e inclusive de interromper quem está na sua vez de falar*. Esse direito reserva ao terapeuta, e só a ele, o direito de impor censura ao comportamento dos outros, de estabelecer o que cada um pode ou não pode dizer. É importante frisar que o termo "censura" não implica uma conotação negativa; cortando a palavra e censurando, o terapeuta rotula um certo comportamento como "não útil" à investigação naquele exato momento [...].
> 4) *T tem o direito exclusivo de suspender a conversa e decidir que ela terminou*. Só o terapeuta pode decidir a oportunidade de um intervalo e pode estabelecer que a conversação terminou. A entrevista não tem uma duração padrão.
> 5) *T tem o direito exclusivo de fazer perguntas e de resumir tudo o que os outros disseram antes; além disso, T tem o direito exclusivo de efetuar intervenções* [...] Está claro que o terapeuta não está sempre obrigado a seguir e a fazer com que sigam as regras, mas pode suspendê-las temporariamente por sua iniciativa própria ou a seu pedido, como se seguisse uma meta-regra:
> A) *T pode derrogar e conceder derrogação às regras da diretividade*. Além disso, em caso algum T enuncia regras de caráter geral. Deve, isso sim, respeitá-las e fazer com que as respeitem sem dizê-lo, como se seguisse uma segunda meta-regra.
> B) *T não pode enunciar regras gerais, comentá-las ou comunicá-las de algum modo*.

Fica, portanto, evidente que essas regras de diretividade têm como conseqüência lógica a afirmação da posição central da terapeuta nas sessões e a interdição da conversa entre os familiares. Essas definições, porém, não devem induzir a erro, fazendo pensar num clima de sessão judiciária e formal. A atividade e a diretividade do terapeuta não são rígidas e impositivas. Ele consegue, quase sempre, conciliar o controle da relação terapêutica (subordinação da família e assimetria da relação terapeuta-família) com um clima caloroso e cordial. O terapeuta deve usar o estilo que mais se adapte à sua personalidade, sem se forçar a utilizar modelos artificiais (o vocabulário e o modo de agir do "bom terapeuta") e, no entanto, sem perder de vista as regras do *setting* e a estratégia terapêutica de base.

Viaro e Leonardi (1986) também descreveram muito bem as técnicas de condução que foram introduzidas na fase da *terapia prescritiva*, que se baseia na experimentação da prescrição invariável. A fase da terapia prescritiva constituiu um momento de superação entre a terapia paradoxal e a atual, que vê prevalecer a atenção dada à formulação de modelos dos processos psicóticos como o elemento central das nossas estrategias terapêuticas. Os primeiros anos do uso da prescrição caracterizaram-se também pela permanência de uma óptica paradoxal. As intervenções paradoxais começavam, porém, a ser usadas durante a entrevista e não nas conclusões (que são, na realidade, predeterminadas pelo esquema da prescrição invariável). Essas intervenções durante a sessão, que Viaro e Leonardi chamaram de "aberturas", deixaram aos poucos de ser paradoxais para transformar-se nas primeiras tentativas conscientes de explicitação e revelação do jogo familiar.

Um Guia Geral Para a Formulação de Hipóteses

Na fase paradoxal, assim como na da terapia prescritiva, estávamos desprovidos de um "código de sinais" para a formulação de hipóteses que nos permitisse guiar a investigação sobre o jogo específico da família. Ter definido um modelo geral do processo psicótico na família dá-nos exatamente a orientação que por tanto tempo nos fez falta. No passado, enfrentamos o labirinto das psicoses sem o auxílio de um possível esquema geral útil para orientar-nos em meio a tanta complexidade. O guia para a formulação de hipóteses da fase paradoxal, mais do que de tipo cognoscitivo, era de tipo pragmático-intervencionista. O nosso objetivo primário era menos o de *conhecer* do que o de *imaginar uma intervenção que pudesse perturbar*. Utilizávamos a investigação sobre as relações e sobre a história da família para procurar, da forma mais encoberta possível, as informações que pudessem ser úteis para sustentar ou servir de argumento à intervenção paradoxal. Procurava-se, isso sim, identificar as vantagens que pais e irmãos tiravam da doença de seu parente.[1] Por essa razão, a condução da sessão do período paradoxal enfatizava muito o levantamento dos efeitos pragmáticos do sintoma[2] e do que, hoje, definimos como estratégias baseadas no sintoma. A investigação baseava-se no aqui e agora. Na verdade, as supostas vantagens para o familiar deveriam estar no presente, já que era no presente que o sintoma estava ativo. O interesse pelo processo histórico e evolutivo dos indivíduos e de suas famílias era relegado a segundo plano.

A queda do pressuposto intervencionista-funcionalista (as vantagens que o sintoma traz aos familiares "saudáveis") modificou radicalmente o embasamento de como conduzir dos primeiros encontros com a família: o pressuposto intervencionista-funcionalista foi substituído pelo guia do modelo geral do processo psicótico. Para a formulação da hipótese, dispomos agora de um guia de tipo majoritariamente cognoscitivo. Os aspectos mais intimamente ligados a uma teoria sobre "o que faz mudar em psicoterapia" transformaram-se, hoje, para nós, num terreno de reflexão muito problemático. Na fase paradoxal, estávamos bastante inclinados a exprimir julgamentos muito nítidos sobre a inutilidade do *insight*, sobre os limites do meio verbal, sobre o essencial valor terapêutico ("*terapeuticità*") de se experimentar o "fazer antes mesmo de/sem entender". Hoje, estamos refletindo (e experimentando) sobre essas questões difíceis, partindo de posições que, em princípio, são mais flexíveis e menos dogmáticas. Será esse o tema do capítulo XVIII, ao qual remetemos o tratamento dessa questão fundamental.

Técnicas de Condução
e Clima Emotivo da Sessão

Como já vimos, ficou estabelecido iniciar a primeira sessão com o pleno conhecimento das informações contidas em uma ficha detalhada

---

1. Por exemplo, um cão de guarda para a mãe em nome do pai ciumento, a ocasião de reconciliação para um casal em crise etc.
2. Pensem na graduação de quem se preocupa mais com os problemas do paciente, nas descrições das reações imediatas ao sintoma: "O que é que o papai faz quando a mamãe chora porque Elvira não fala? O que é que mudou na organização da vida de vocês desde que Elvira ficou doente? Na sua opinião, Riccardo, o que é que aconteceria entre o papai e a mamãe se a sua irmã Elvira fosse embora, de repente, para se casar na Austrália?

preenchida por telefone. Dispomos, assim, de uma descrição do sintoma e de sua história, e também de alguns dados essenciais sobre a família nuclear e a família extensa. Durante a pré-sessão, a equipe discute demoradamente essa ficha e faz o levantamento de eventuais lacunas nas informações de base. Um dos objetivos/conteúdos dessa primeira sessão será, então, preencher essas lacunas sem pedantismo, fugindo da adoção de um estilo burocrático. Na verdade, não iniciaremos a sessão falando dessas lacunas (às vezes relacionadas com dados que faltam, como o tipo de trabalho de alguém, o ano da morte da avó etc.), mas ficaremos atentos à oportunidade de inserir, na conversa terapêutica, perguntas rápidas que nos forneçam as informações necessárias. Em última análise, atribuímos importância cada vez maior à cronologia do comparecimento, da evolução e dos eventuais agravamentos do sintoma (ver "A Cronologia do Sintoma como Solução para Esclarecer o Jogo Familiar", p. 251). Se a ficha feita ao telefone apresentar lacunas nesse sentido (ocorrência possível na presença de doenças bastante longas e sintomaticamente instáveis), esse tema será diretamente encarado na parte inicial da primeira sessão. Consideramos positivo falar das variações do problema no tempo tanto diretamente com o paciente quanto na presença dele. Isso nos leva a fazer conexões imediatas com outros acontecimentos que interessaram à família, e aplaina o caminho para a formulação da hipótese relacional. Ao contrário, no caso de a ficha feita ao telefone oferecer lacunas na descrição das características atuais do sintoma, consideramos contraproducente iniciar a primeira sessão com uma transação do tipo "os pecados do Pierino".[3] Preferimos, então, "tolerar" a lacuna por enquanto, propondo recolher os dados que faltam sem que seja necessário recorrer a um interrogatório direto.[4] De outra forma, seremos obrigados a fazer-lhes perguntas, mas numa fase posterior do trabalho, na qual correremos menos o risco de focalizar a atenção de todos sobre o paciente identificado.

Nosso estilo de condução tem a finalidade de fazer com que a sessão se transforme em uma *experiência de elevada intensidade emocional*. Com esse objetivo, o terapeuta e a equipe direcionam a conversa para introduzir temas que a família, por si só, evitaria cuidadosamente. Na verdade, se permitíssemos à família assumir o controle da situação,

---

3. Na verdade, uma transação semelhante estaria em contradição com o que Viaro e Leonardi definiram como "o princípio da competência", de que falaremos no capítulo XVIII.

4. Ficará então bem claro como a ficha ao telefone é exaustiva na descrição do sintoma em todas as suas manifestações.

ela reproduziria, até mesmo no contexto da sessão terapêutica, os esquemas interativos (silêncios, banalizações, recriminações, acusações etc.) que caracterizam a sua vida diária. Consideramos que, para inferir, também durante a sessão, como é o jogo familiar, não se deve deixar a iniciativa à família. Ao contrário, é muito mais interessante observar como ela responde às iniciativas do terapeuta. Em escritos precedentes, talvez não tenhamos esclarecido o suficiente como a nossa escolha de basear o início de uma terapia numa ficha detalhada feita ao telefone liga-se também a um objetivo preciso: poder conduzir os primeiros encontros com um estilo tenso, de modo a suscitar, o mais depressa possível, uma atmosfera emocional muito intensa. Na verdade, é só tendo em mãos informações ricas que se dispõe da elevada probabilidade de enfocar rapidamente os pontos centrais das situações. A carência dessas informações tornaria muito alto o risco de que as "provocações" do terapeuta fossem excessivamente genéricas ou arbitrárias. A ficha feita ao telefone fornece, assim, uma base de informações específicas e evita que a sessão encalhe tempo demais em perguntas que talvez pudessem revelar-se informativas para o terapeuta, mas para a família pareceriam burocráticas e tediosas.

Da Busca das Pistas às Intervenções de Explicitação

Do estudo da ficha a equipe retira as primeiras pistas para a investigação. Essas pistas não se constituem de dados imediatamente conectáveis ao nosso modelo geral do processo psicótico. Definimos pista como uma diferença ou peculiaridade, que se pode retirar dos dados sobre a família que está sendo examinada e, de alguma maneira, a torna *diferente* do que esperávamos de uma família pertencente àquela cultura e àquela camada social. As pistas são "estranhezas", fatos inesperados. Eis alguns exemplos de perguntas que podem fazer as pistas aparecer: "Por que uma mulher que hoje tem trinta anos (e, portanto, estudou bem depois da introdução da escola média obrigatória) não passou da quinta série elementar?" ou "Por que os meninos foram criados pela avó se a mãe deles nunca trabalhou?" ou "Por que esses rapazes foram mandados durante muitos anos para o colégio interno?" ou então "Por que essa mulher mantém um trabalho de pouquíssimo prestígio em vez de bancar a 'grande dama', como lhe permitiria a alta posição social de seu marido?".

Obtidas as explicações sobre essas "estranhezas", que freqüentemente põem a nu áreas cruciais do relacionamento, decidimos se é oportuno parar em uma ou mais de uma das áreas gerais seguintes:

1) Evolução do relacionamento de cada genitor com cada um dos filhos. Utilizamos o conhecidíssimo método circular, que consiste em interrogar preferivelmente terceiros, colocados como observadores (mais ou menos imparciais) da relação diádica que nos interessa. Pedimos, por exemplo: "A senhora, que é a avó dos meninos, descreva-nos como viu a evolução do relacionamento de sua neta Elvira com a mãe. Como era ela quando Elvira era menina? E mais tarde, com a entrada da menina na adolescência?"

2) Reações a acontecimentos importantes (mortes, aposentadorias, divórcios, doenças graves dos indivíduos etc.).

3) Evolução do relacionamento dos indivíduos com a família extensa. Trata-se de apurar a existência, e o sinal, das eventuais interferências dos parentes nas relações do casal e na educação dos filhos.

4) Envolvimento de cada um dos genitores com a sua família de origem: posição encoberta no passado e implicações atuais ao assumir-se tal papel. Por exemplo: o dr. P. foi o filho privilegiado; fizeram com que estudasse medicina e, depois, nomearam-no tutor de seus irmãos deficientes; o dr. M. foi abandonado no colégio e, no entanto, reagiu com um brilhante sucesso nos estudos e na profissão; a sra V., embora casada e mãe de cinco filhos, não aceitou nenhuma responsabilidade maternal pois tinha sido designada por seu pai para desempenhar um papel empresarial na gestão de sua firma.

5) Problemas ligados ao relacionamento de casal dos pais.

6) Efeito pragmático do sintoma. Trata-se de entender quem é o membro da família mais atingido pelo sintoma. Os indícios já nos são fornecidos pela ficha: de um modo geral, o mais atingido é o que mais se mobiliza para a terapia. Procuramos, porém, outros dados específicos: qual dos genitores é mais crucificado pelo comportamento psicótico do filho.[5]

Estas são as áreas gerais nas quais se podem reagrupar os principais conhecimentos necessários à formulação da hipótese. No decurso

---

5. Ver o caso Galli no capítulo VI. O inquérito sobre o efeito pragmático do sintoma era considerado importantíssimo também na fase paradoxal. A diferença importante, porém, é esta: durante um certo tempo, procurávamos apenas os efeitos salutares do sintoma, ao passo que hoje analisamos a intencionalidade encoberta e os efeitos reais, enquanto consideramos o sintoma como um movimento dentro de um jogo.

da primeira sessão, o terapeuta não as aprofunda de maneira pedante, sistemática (primeiro o ponto 1, depois o ponto 2 etc.), porque possui informações (a ficha feita ao telefone, o comportamento imediato na sessão, a investigação das pistas), mas move-se de forma flexível e rápida, buscando informações que sejam úteis para verificar e especificar o modelo geral do processo psicótico.

A fase inicial, de investigação simples, pode ocupar apenas alguns minutos (quando as características específicas do jogo da família aparecem rapidamente e com clareza, dentro do quadro de referências gerais que nos é dado por nossos modelos dos processos psicóticos); todavia, de um modo geral, ela dura no máximo até a metade da segunda sessão: essa duração é determinada pela complexidade da situação, pelas reticências da família e pelo estilo do terapeuta.

As fases posteriores, de aprofundamento das informações, dependem de uma intervenção do terapeuta, que, utilizando os dados recolhidos, propõe uma interpretação mais ou menos completa do sintoma psicótico em questão. Trata-se das intervenções durante a sessão que Viaro e Leonardi (1986, p.22) chamaram de "aberturas". Eles escrevem: "*Assim que pode*, no decurso da entrevista, o terapeuta introduz o seu ponto de vista de especialista, ao perceber algum 'sinal' que corresponda a uma das hipóteses ou a um dos modelos do repertório". Vejamos um exemplo de abertura.

    A transcrição foi tirada da primeira sessão com uma família que tem um paciente sofrendo de anorexia crônica. Para essa sessão, foram convidados os conviventes, os pais, os dois filhos homens, a avó materna. A primeira parte da sessão é dedicada às reações da família ao momento em que a avó veio morar com eles em casa, ocorrido alguns anos antes, depois da morte do avô. Depois de uns 25 minutos, a avó é convidada a sair e a conversa prossegue com a família nuclear.
    Terapeuta: Agora eu gostaria de introduzir o que será o tema da sessão de hoje. Como vocês sabem, recebemos aqui muitas famílias como a de vocês e, por experiência, sabemos que a anorexia é sempre um forma de protesto... uma espécie de greve de fome não-declarada... contra alguém... que pode ser a mãe... porque ela é vista como uma pessoa insuportável... que faz o ar dentro de casa ficar irrespirável para o marido. Por que esse protesto não é feito em nome da própria pessoa e, sim, pelo menos no início, pelo papai... em defesa do papai? [...] É isso... o que eu gostaria de saber, agora... é que coisas a mãe faz para que o ar fique tão irrespirável

para o marido... a ponto de ele precisar ficar o maior tempo possível fora de casa? (Viaro e Leonardi, 1986, pp. 22-3).

Podemos, assim, parafrasear outras aberturas possíveis: "Se você, Caterina, trancou a boca a ponto de ter perdido tantos quilos em poucos meses, é porque estava com muita raiva de alguém. Qual dos seus genitores lhe passou a perna?" (abertura para o *"imbroglio"* e a reviravolta); "Se Giorgio tem essa raiva toda da mãe, todo esse desejo de fazê-la pagar, não pode ser uma raiva só dele, mas ele deve ter visto alguma coisa na cara do papai e da vovó" (abertura para a instigação).

Outras intervenções, com base em informações mais ricas e específicas, podem ser muito mais articuladas, mas desenvolvem fundamentalmente esses mesmos temas. As aberturas mais simples são, com freqüência, explicitações que assumem a forma de perguntas. Um exemplo dessas perguntas informativas pode ser o seguinte: "Paolo, há quanto tempo você se apercebeu de que não era apenas a sua mãe, mas o seu pai também, que tinha uma preferenciazinha pelo seu irmão Ernesto?". Intervenções mais articuladas e complexas podem assumir a forma, mais forte, da afirmação direta.

Nas transações que se seguem a esse tipo de intervenção, o terapeuta passa continuamente das afirmações às perguntas e, sempre que considera necessário, trabalha com dois conceitos-chave do modelo:

1) os graves problemas do casal conjugal (impasse) e a sua evolução no tempo;
2) o enredamento do paciente identificado nesse impasse, enredamento que está na origem de todos os seus problemas, e as várias fases atravessadas por esse envolvimento.

O trabalho do terapeuta, em seu todo, pode ser descrito como um processo de *revelação* à família das verdadeiras causas da "doença", em certo sentido assimilável a um diagnóstico. No que diz respeito às reações da família às aberturas do terapeuta, Viaro e Leonardi frisaram a predominância, durante a última fase da terapia prescritiva, de uma reação de surpresa seguida de uma fase de contestação, isto é, de tentativa de rejeitar o ponto de vista do terapeuta. Nossa experiência mais recente fez-nos observar uma ampla gama de reações: cólera, aceitação entusiástica, depreciação, negação, silêncio, aprovação parcial etc. Essas reações nos dão uma idéia clara das estratégias dos indivíduos, dão-nos novas informações cruciais (no sentido de que, para contradizer-nos, a cólera leva os indivíduos a nos dizer coisas que talvez nunca nos teriam revelado espontaneamente) e indicam-nos como prosseguir com o tratamento.[6]

De tudo o que foi dito até aqui, achamos que tenha ficado claro que a nossa equipe, ao defrontar-se com a família, não pensa em recolher informações mediante procedimentos tranqüilos, acadêmicos e assépticos. Conduz a terapia com muita energia, "puxando para fora" declarações que, com freqüência, são muito incômodas para todo mundo. Procuramos, porém, nunca cair no braço-de-ferro, ou numa briga com a família. Viaro e Leonardi frisaram como o terapeuta tenta reduzir ao mínimo as fases de clara contraposição à família, utilizando, para isso, uma tática diversionista, isto é, introduzindo um tema novo que, à primeira vista, pode parecer não ter a menor relação com o precedente. O terapeuta passa a fazer perguntas sobre um tema importante que, anteriormente, tinha sido deixado de lado e, com freqüência, as informações que emergem dessa investigação, unindo-se às próprias objeções e oposições da família ao que ele disse antes, fornecem-lhe dados inéditos muito importantes.

Assim, com base nas reações da família à sua "abertura", e de uma eventual fase de investigação posterior (distração), o terapeuta pode decidir mudar de rumo, ou reproduzir uma elaboração mais precisa e convincente da hipótese que tinha introduzido antes, deparando presumivelmente com resistências menores.

A Cronologia do Sintoma Como Solução Para Esclarecer o Jogo Familiar

Entre os mais célebres conselhos pronunciados pelos primeiros e grandes pioneiros da terapia familiar, o mais famoso é o de Murray Bowen (1966): *"Let the calendar speak"*. O calendário nos informa, deixêmo-lo falar. Esse conselho de Bowen parece-nos muito atual para o nosso método de trabalho. Para reconstruir o processo interativo de uma família, temos de seguir as suas seqüências temporais, trazendo-as à luz o mais possível. Tarefa notoriamente difícil com as famílias de

---

[6]. É frisada aqui uma diferença importante entre a nossa análise da condução das sessões, que é de tipo técnico e clínico, e a elaborada por Viaro e Leonardi. A análise deles, pelo contrário, é formal e não conteudística; tem intenções descritivas e não interpretativas; limita-se ao nível verbal e conversacional. Os dois autores têm em preparo um novo livro sobre esse mesmo assunto.

que tratamos. Por esse motivo, as seqüências cronológicas que se referem ao sintoma, as datas em que ele surgiu ou, eventualmente, atenuou-se, estabilizou-se ou teve recaídas agudas e dramáticas são, para nós, de extremo interesse. As hipóteses que sempre formulamos sobre o comportamento sintomático como resposta interativa aos comportamentos alheios servem de guia à atenção que damos ao andamento das investigações, de modo a podermos ligar tudo o que aconteceu em volta do paciente identificado, imediatamente antes das fases sintomáticas já mencionadas.

Para seguir com proveito essa operação, nosso modelo é de grande ajuda. Vamos supor, por exemplo, o início do trabalho com uma família cuja filha tornou-se anoréxica de uns meses para cá. De acordo com nosso modelo, vamos supor que a explosão do sintoma tenha sido precedida por um comportamento qualquer da mãe, que lhe provocou raiva ou sofrimento profundos, potencialmente agravados pelo comportamento inadequado do pai. Com total respeito pelos delineamentos e as histórias específicas de cada uma das famílias, é nesse sentido que conduziremos a nossa investigação.

Assim, no caso da Giuditta, uma bonita ruivinha de quinze anos, descobrimos quase imediatamente que a sua "greve de fome" havia-se manifestado agudamente depois que eles mudaram de casa. Como foi isso? Surgiu, então, uma história incrível. A mãe, que sempre fora muito ligada aos próprios pais (que detestavam o seu marido, acusando-o, entre outras coisas, de ser incapaz de prover à filha deles as coisas indispensáveis), resolvera, sem dizer nada a ninguém, e muito menos ao marido, aceitar deles um presente: um apartamento mais espaçoso do que aquele em que moravam. Em conseqüência disso, o marido só ficou sabendo que trocava de endereço no dia da mudança. Giuditta achou insuficiente a reação do pai a essa "surpresa": uma atitude triste e depressiva que ele ostentou durante algumas semanas. Para nós, da equipe, sair farejando em torno do momento em que o sintoma explodiu foi muito frutífero. Isso nos revelou uma rede de conflitos entrelaçados que envolviam três gerações.

Com muita freqüência, as razões que precedem o sintoma causador dos sofrimentos da futura anoréxica são bem menos visíveis. Vilma, ex-queridinha da mamãe, custou muito a conseguir expressar que sofreu tremendamente porque sua mãe, em uma centena de ocasiões, havia permitido que a tia (materna) demonstrasse descaradamente como a sua prima da mesma idade era muito mais inteligente, graciosa e jeitosa, sem mover um só dedo para defendê-la. Quanto ao pai, que ostentava um desprezo aberto por toda aquela parentada, ele nem sequer se havia apercebido das humilhações que estavam sendo infligidas à sua filha. Deve-se notar que, em casos como estes, não é nem um pouco cômodo levar o paciente identificado a se abrir. Não é raro que ele se envergonhe de falar sobre coisas que poderiam ser consideradas insignificantes ou mesquinhas. Assim, achamos útil, durante a investigação, apresentar-lhes explicitamente a nossa hipótese e encorajá-los a falar, citando o exemplo de algum outro caso menos dramático. O objetivo é fazê-los entender que não estamos procurando fatos clamorosos e, sim, pequenos desprazeres originários de fatos comuns, pertencentes à vida cotidiana.

Nos casos crônicos, que já vinham de muitos anos, nos quais a relevância do comportamento sintomático tinha apresentado altos e baixos, achamos mais frutífero concentrar a nossa investigação no período precedente à explosão da recaída — a que determinou o pedido de ajuda. Houve vezes em que surgiram conexões dramáticas, mas também muito esclarecedoras. Citamos o caso de Dea, uma belíssima moça de vinte e dois anos, que estava em sua segunda crise de distúrbio bipolar maníaco com manifestações psicóticas. A família de Dea, composta de quatro membros, já havia recorrido a nosso Centro por ocasião da primeira crise, bem mais leve do que a segunda. Naquela época, durante as duas primeiras sessões, trabalhando com toda a família, já havia ficado claro que Dea, envolvendo-se no impasse do casal parental, se havia aliado ao pai que, sem aperceber-se disso, a instigara contra a mulher, que ele se sentia incapaz de conter sozinho.

Aquelas duas sessões se encerraram com a dispensa das filhas e a convocação só dos pais. Naquela época, porém, éramos menos explícitos. No momento da dispensa, comunicamos a Dea apenas uma parte de tudo o que acreditávamos ter percebido. Na verdade, não lhe dissemos que o seu pai, inconscientemente, havia-se utilizado dela para mortificar a mulher. Dissemos-lhe apenas que era muito ingênua ao achar que poderia ser mais importante do que sua mãe no coração do pai. Aquela intervenção, porém, permaneceu inócua, porque a terapia não teve prosseguimento. Na verdade, o pai, ao apresentar-se com a mulher para a terceira sessão, rejeitou a prescrição do segredo. Não tinha coragem de revelar à sua própria mãe, já idosa, que Dea, a sua neta predileta, estava doente. Declarar-lhe o segredo teria equivalido a explicar-lhe por que estavam fazendo a terapia. De resto, disse ele, Dea já estava bem melhor e, por isso, preferia esperar. Mais adiante, mandou-nos dizer que Dea tinha arranjado um emprego e estava trabalhando com muito entusiasmo.

O pedido seguinte de ajuda, que ocorreu cerca de quatro anos depois, consistia substancialmente na descrição dramática de uma segunda crise de Dea. Essa crise já durava havia alguns meses, mas a família tinha esperado, confiando no efeito dos medicamentos. Desta vez, a crise havia explodido com graves comportamentos maníacos. Em poucos dias, Dea tinha gasto somas enormes comprando roupas, peles e jóias. Depois disso, as coisas se complicaram, pois veio-lhe a idéia delirante de que a mãe queria envenená-la, razão pela qual já não comia mais nada em casa. Na segunda sessão, em presença da família nuclear, a terapeuta concentrou-se nas circunstâncias que haviam precedido a explosão do fenômeno. E ficou sabendo de um fato extremamente significativo, referido à mãe. A família, que morava em um apartamento muito pequeno, tinha podido ampliá-lo com a anexação de um outro ao lado. Mas era preciso bastante dinheiro. Foi o pai quem teve a idéia de comprá-lo com o fundo de garantia do salário de Dea. A essa altura, a mãe frisou, com toda força: "Dea não gostou nem um pouco da idéia e recusou. Ficou muito perturbada, sem nos dizer por quê. Mas daquele momento em diante, eu fiquei convencida de que tinha sido essa a causa de sua recaída. Dea nunca mais foi a mesma. Daí a uns dias, retirou do banco toda a sua poupança. Em poucas semanas, desperdiçou tudo, 14 milhões de liras, em coisas frívolas e inúteis. De lá para cá, há quase um ano, não se recuperou, por mais que a tratem".

Diante daquela declaração da mulher, o pai pareceu ter tido uma iluminação. Era a primeira vez, disse ele, que se fazia a ligação entre a crise de Dea e a proposta que ele lhe havia feito. Mas a terapeuta sabia que havia ali uma abertura, como se se tivesse acendido uma lanterna dentro de uma mina, revelando um "vale escuro" que era preciso explorar com participação e respeito. Por que foi justamente o pai quem teve aquela idéia de usar o fundo de garantia do salário de Dea? Ele não se havia apercebido de que, agindo assim, estava hipotecando o futuro de uma filha de vinte e dois anos? Qual era a situação sentimental de Dea naquela época? Tinha um namorado? E quem desejava mais aumentar a casa, a mãe ou o pai? E por que motivo a mãe, que tinha feito a ligação entre a proposta do marido e a crise de Dea, nunca havia falado disso a ele que, pelo visto, estava ouvindo falar a respeito, pela primeira vez ali, durante a sessão? E assim por diante, de pista em pista, de resposta em resposta, percorrendo o abismo de trás para diante.

O respeito do segredo profissional impede-nos de entrar em detalhes que poderiam facilitar a identificação. Mas o que dissemos até aqui nos parece suficiente para mostrar aos colegas o que queremos dizer quando falamos sobre "encarnar" o nosso modelo nas variáveis específicas. O modelo geral por nós construído deve apenas servir-nos de bússola para conduzir a nossa investigação, de modo a podermos entrar nos aspectos mais sutis e idiossincráticos de famílias que tratamos.

O modelo, porém, é fundamental. Ao sugerir-nos a hipótese, nos inspira, às vezes, a coragem e a determinação para não nos darmos por vencidos, para superarmos reticências inauditas. Vamos relembrar a nossa tentativa dramática de impedir a morte de Albina, uma jovem de vinte e sete anos, filha única de gente modesta, anoréxica crônica, que foi levada até o nosso Centro em uma maca, nas últimas. O que mais havia chamado a atenção da equipe, na ficha clínica compilada ao telefone, tinha sido o andamento do sintoma. Iniciado perigosamente quando Albina tinha catorze anos, o sintoma tinha, em seguida, se tornado crônico, mas num nível menos grave, indicado por um peso insuficiente mas compatível com uma vida normal (trinta e seis quilos para um metro e meio). A queda catastrófica tinha ocorrido nos meses que precederam a sessão, e nem mesmo um período de recuperação no hospital havia conseguido bloqueá-la. Albina chegou à sessão pesando vinte e cinco quilos, já não conseguindo mais ficar sozinha em pé e falando com um fiozinho de voz. Acompanhavam-na os seus pais, cujo comportamento era alucinante: pareciam duas estátuas privadas de qualquer tipo de emoção. Acabamos apurando que a própria Albina havia pedido para ser trazida a nosso Centro. E eles, embora relutantes, acabaram por satisfazê-la.

Valendo-se da ficha clínica compilada ao telefone, a terapeuta concentrou de imediato a sua atenção nos acontecimentos que haviam precedido a perda súbita de peso. Esbarrando numa muralha de reticências, abreviou as digressões declarando sincera e abertamente o que estava procurando: "Após anos e anos de experiência com moças feito você, agora eu tenho certeza de que, quando a gente tranca a boca e não manda mais nada para dentro, faz isso porque está sentindo uma grande dor ou uma grande raiva... e você experimentou talvez as duas coisas, lá na sua casa... alguma coisa que foi o cúmulo, que você já não podia mais agüentar..."

Seria necessário um filme para mostrar, em todos os detalhes, o silêncio atônito que se seguiu a essa declaração e, depois, as olhadelas furtivas, e o lero-lero das divagações sem sentido. Mas a terapeuta não desistiu, e forçou Albina a enumerar os acontecimentos que tinham precedido o seu desmoronamento. E ficou sabendo que um de seus tios, irmão de seu pai, havia morrido num acidente; o pai tinha sofrido muito com isso; a mulher e as duas filhas do tio tinham ficado em dificuldades econômicas; e o pai gostava muito da sobrinha mais velha que, obrigada a sair da escola, tinha aceitado um trabalho humilde e cansativo. Mas o que tudo isso tinha a ver com a greve de fome que Albina decidira fazer? Correndo de um ponto para o outro, como um ratinho dentro de um labirinto de testes, a terapeuta explorava tudo incansavelmente. Qual era o relacionamento do pai com a viúva? Talvez fosse ciúme entre as primas? Será que o pai gostava mais da sobrinha do que de Albina?

Finalmente, foi a mãe quem falou, toda rígida e de olhos baixos: "Olha, doutora, há uma coisa que eu tenho de lhe explicar. Nesses anos todos, Albina sobreviveu graças aos restaurantes. Em casa, ela não comia nada. Mas, à noite, o meu marido lhe dava o dinheiro para ir comer num restaurante perto de casa. Ali, sim, ela comia tudo o que lhe davam e, com isso, ia levando em frente. Depois que o tio morreu, Albina foi, uma noite, pedir dinheiro a seu pai, para ir ao restaurante, e ele lhe deu, mas dizendo: 'Puxa vida, como é que você ainda pode ter vontade de ir a um restaurante depois da desgraça que aconteceu com o seu tio?' Desse dia em diante, nunca mais ela quis ir ao restaurante, e acabou ficando nesse estado."

Uma vez mais, o brilho na lanterna dentro da mina, criado pela ruptura no muro de silêncio, criou uma abertura para dentro do "vale escuro". E a terapeuta entrou por uma longa história de dores e erros. O pai de Albina, que ficara órfão muito pequeno, tinha sido criado por sua irmã mais velha. Já adulto, engravidou uma colega de escritório da mesma idade que ele. Casou-se com ela "por uma questão de honestidade", e trouxe-a para morar em sua casa, junto com a irmã-mãe. Daquele momento em diante, declarou-se uma batalha áspera e incessante entre as duas mulheres. Mas ele, o pai de Albina, tinha sempre tomado o partido "dos seus". Prova disso era a dor que sentia pela morte do irmão, e o desejo de economizar o dinheiro que Albina gastava no restaurante para, com ele, ajudar as sobrinhas que tinham ficado em necessidade. Sobrinhas corajosas e trabalhadoras que, certamente, ele estimava mais do que a própria filha. Era esse o "cúmulo" que Albina não lhe tinha perdoado. Aqui, também, a cronologia do sintoma tinha-nos fornecido a solução indispensável para esclarecer o jogo familiar.

O Problema da Reticência

Com o termo "reticência", designamos o fato de não se dizer tudo o que se sabe ou se sente, ou seja, manter algo escondido.

Na fase paradoxal, o terapeuta era reticente durante toda a entrevista circular que precedia a intervenção, enquanto procurava não impor o seu ponto de vista de especialista (Viaro e Leonardi, 1986). Na intervenção paradoxal conclusiva, o terapeuta dava mostras de estar abandonando a reticência e de comunicar o seu diagnóstico, escolhendo, entre as possíveis reformulações da situação em estudo, a que parecia mais provocadora e capaz de induzir a mudança. Assim fazendo, o terapeuta, na realidade, não dizia exatamente o que pensava (na verdade, não considerava que o paciente em questão estivesse se sacrificando pelos outros), mas fazia um uso estrategicamente provocador dessa interpretação funcionalista.

Pudemos verificar que a hipocrisia do terapeuta paradoxal tornava-se perigosa, principalmente nas terapias que se prolongavam no tempo. Os clientes percebiam confusamente estar sendo enganados e passavam a desconfiar da terapia. "Qual será o truque dessa vez?", perguntavam-se, procurando sempre segundas intenções nas palavras e nos atos do terapeuta. A relação, assim, ficava distorcida, baseada num jogo confuso, com resultados seguramente negativos. Trata-se de um fenômeno análogo (mas com valência pejorativa) ao que é gerado pela leitura de *Paradosso e contraparadosso* nas famílias que se apresentaram à terapia no período que se seguiu à apresentação do livro (ver Selvini Palazzoli e Prata, 1980). Na nossa pesquisa atual, deixamos de lado reticências e hipocrisia: dizemos claramente à família tudo o que entendemos e também o que temos a impressão de estar apenas intuindo ou de poder "adivinhar" com base em experiências precedentes com famílias semelhantes.

No início da primeira sessão, a terapeuta explicita o programa: "Para começar, considero meu dever explicar a diretriz do nosso modo de trabalhar. Ela consiste em procurar o que não funcionou nas relações entre os vários membros da família, porque achamos que os problemas pessoais do paciente estão diretamente ligados às suas relações com esta família e, de modo especial, com as dificuldades que os seus pais têm entre si. Para isso, preciso da ajuda de vocês". O terapeuta começa, assim, a enfrentar o problema fundamental da reticência e da mentira dentro da família. O fato de os membros individuais da família não poderem ou não quererem falar abertamente é determinado em pelo menos três níveis:
 1. como conseqüência de uma falta de motivação de todos ou de alguns membros para fazer a terapia;

2. como conseqüência do encobrimento do jogo familiar. A reticência individual dos membros quase nunca se volta contra o terapeuta. O fato de eles não falarem ou de mentirem é coerente com um jogo que os força a não "virar as próprias cartas" diante dos outros jogadores;
3. como conseqüência de necessidades autodefensivas dos indivíduos, que os forçam a atitudes de negação da realidade ou de auto-engano. A reticência é, assim, com muita freqüência, fruto de uma efetiva confusão ou incapacidade de ligar significativamente acontecimentos, comportamentos e relacionamentos.

O terapeuta abandona, então, a sua própria reticência com o objetivo de:
1. estimular a colaboração da família ao lhes propor um relacionamento aberto e empático;
2. fazer com que desapareçam os aspectos mais conscientes da reticência. Procurando intuir alguns pontos centrais do jogo, e esclarecendo-os, o terapeuta assume a responsabilidade de ser o primeiro a "pôr as cartas na mesa". Conseqüentemente, muitos podem permitir-se confirmar as suas afirmações, ou reagir com palavras que, de outra forma, não teriam tido a coragem de proferir;
3. procurar favorecer as adaptações pessoais mais realistas, explicitando as necessidades defensivas dos indivíduos e mostrando como eles podem ser compreendidos em sua história.

A Escolha do Melhor Momento Para a Intervenção: Quando e Quanto Dizer

A escolha do momento mais oportuno para apresentar à família a nossa "abertura" mais completa é decisiva, assim como é decisiva a escolha dos conteúdos dessa abertura. Às vezes, impelidos principalmente pela percepção de que a família está pouco motivada para a terapia, apresentamos a nossa hipótese, tirada do modelo do processo em seis etapas, numa fase muito precoce, até mesmo na primeira sessão.

Nesses casos, a revelação do nosso ponto de vista sobre a etiologia do sintoma tem, inevitavelmente, os limites de um certo caráter genérico porque, além dos dados contidos na ficha feita ao telefone e de al-

---

7. A não-motivação de alguns membros e o jogo encoberto são, de hábito, intimamente ligados, como se verá no capítulo XVIII.

guns poucos intercâmbios iniciais, as informações específicas em nosso poder são muito limitadas. Há, assim, o risco de fazer revelações de notável dramaticidade e, depois, de sermos forçados, pela evidência das provas contrárias com que a família reage, a desmentir e rever, de modo substancial, a nossa interpretação. O que se espera ganhar, em termos de intensidade emocional, suscitando na família maior disponibilidade para fornecer informações sobre os seus relacionamentos, é pago, assim, com a perda da credibilidade, pelo fato de termos de voltar atrás e nos corrigir. Existe também um segundo motivo contra a escolha de uma estratégia de antecipação extrema dos tempos da intervenção: a utilidade de dar a todos os participantes da sessão a sensação de que expressaram tudo o que consideram importante, isto é, a possibilidade de que eles comuniquem a sua visão do problema *antes* que a equipe proponha o seu próprio ponto de vista.

Pudemos, porém, verificar também que uma estratégia de "espera maior" nos arrisca, às vezes, a apenas perder tempo, incrementando o fechamento e a reticência da família. Na verdade, se se cria, na sessão, um clima frouxo e frio, não se suscitam as respostas emocionais fortes que são fundamentais para fascinar e cativar a família, para obter retroações que nos esclareçam, para fazer a família experimentar alguma coisa de novo e, portanto, de potencialmente terapêutico.

Não resta dúvida de que é difícil encontrar o equilíbrio exato na escolha dos tempos das intervenções e na manutenção do tom emocional adequado; trata-se de abandonar as estratégias pré-fabricadas em favor da busca flexível de uma "sintonia" adequada na relação da equipe com a família. A equipe deve, antes de mais nada, pesar bem tudo o que pode "apostar" de sua experiência e de seus modelos, ao "tentar adivinhar" a explicitação do jogo familiar (ou, pelo menos, de seus aspectos cruciais). Paralelamente, é necessário calcular o momento certo para efetuar essa abertura, percebendo quando a investigação já não está mais fornecendo informações importantes.

O Espírito de Competição

No decurso destes últimos anos de pesquisa, corremos freqüentemente o risco de uma condução demasiado rígida da sessão, que tendia a querer comprovar, a qualquer custo, que o nosso modelo de processo psicótico estava certo. A ânsia de encontrar confirmações do modelo de seis etapas induziu-nos, muitas vezes erroneamente, ao uso de uma certa agressividade verbal: caímos, assim, num espírito de competição com a família, para demonstrar aos pacientes (e, portanto, a nós mesmos) a "verdade" das nossas teorias. O grave risco dessa atitude é o de rejeitar, aprioristicamente, as objeções da família, considerando-as, de modo negativo, como formas de sabotar a terapia, ou até mesmo como mentiras. Ao contrário, as reações às nossas "revelações" e, em seguida, as reações ao conjunto da terapia, devem ser consideradas como o terreno fundamental da especificação e articulação das nossas hipóteses gerais.

Chegamos à conclusão de que era um erro tratar o nosso modelo como um dogma, ou como uma "verdade" a ser confirmada pelos casos individuais. Trata-se, ao contrário, de um esquema geral a ser encarnado no *específico*. Mas não é só isso: queremos também fazer progressos na busca do específico nos vários subtipos de processos psicóticos. É essa atenção que nos permitiu, no caso da anorexia mental, por exemplo, estabelecer, como já vimos, uma distinção entre os tipos A e B, dando, assim, um interessante passo à frente na especificação dos possíveis subtipos de processo anoréxico na família.

O modelo geral dos jogos psicóticos na família é, portanto, entendido como um esquema teórico inicial, a ser posto à prova e articulado com as diversas realidades da anorexia, das psicoses infantis e das esquizofrenias. Por exemplo, no que se refere à primeira etapa do modelo, o do impasse do casal, percebemos que, no primeiro estudo sobre essa questão (Selvini Palazzoli, 1986), tendíamos a oferecer dele uma interpretação estereotipada, como se todos os impasses de casal fossem iguais. Hoje, vemos claramente que existem vários tipos de impasse de casal e que um mesmo impasse está sujeito a evoluir no tempo. O nosso objetivo atual é o de encontrar uma conexão entre o tipo de impasse e os outros estágios do processo, assim como entre o tipo de impasse e o tipo de sintoma do paciente identificado.

A pesquisa deve evitar o perigo de impor à família idéias preconcebidas, para adquirir uma flexibilidade que tenha um significado terapêutico (é o terapeuta quem se adapta à família, e não o contrário) e também um significado cognoscitivo (andar em direção a um refinamento do código de sinais mediante a formulação da hipótese).

Nossa estratégia de condução está, portanto, avançando no sentido do abandono do *espírito de competição* que, com freqüência, a caracterizou. O espírito de competição da fase paradoxal estava em nossa atitude de "esconder-nos" (reticência) enquanto não tínhamos pensado na intervenção-bomba, cujo objetivo era perturbar a família, induzindo-a a mudar. Mais recentemente, fomos condicionados pelo espírito de competição ao querer impor a confirmação de nosso modelo geral dos jogos psicóticos. Hoje, esforçamo-nos a nos abrir para um espírito *terapêutico e cognoscitivo* que seja autenticamente colaborativo.

O Processo Terapêutico

Podemos, agora, tentar esquematizar as características gerais do processo terapêutico. Esse processo parte da indução de crises provocada pela revelação do jogo (primeiras duas ou três sessões), prossegue no plano prescritivo e, finalmente, permite ao terapeuta retornar ao jogo tendo em mãos mais elementos sobre duas áreas:
1. *dados de fato* sobre o impasse do casal, surgidos ou da forma como os pais seguiram (ou não seguiram) as prescrições, ou do esforço do terapeuta para induzir os pais a se abrirem, durante a sessão, sobre as suas jogadas mais secretas;
2. *dados de fato* sobre o enredamento do filho, deduzidos da forma como o terapeuta se sentiu "triangulado" no impasse do casal, sensação da qual pode partir para identificar-se com a posição do paciente identificado.

Um erro no qual o terapeuta se arrisca incorrer é o de não conseguir mais, tendo passado da fase de revelação do jogo à da prescrição, retornar ao desmascaramento do jogo, com argumentos ainda mais convincentes. Aconteceu-nos, às vezes, de retornar à explicitação do jogo, sim, mas refazendo uma espécie de liçãozinha, repetindo o trabalho de principiante extraído da primeira sessão, sem nada ter de novo ou de específico a acrescentar. Quando se cai nesse tipo de banalidade, significa que o casal genitorial conseguiu utilizar a prescrição para fazer com que o terapeuta saísse dos trilhos para becos sem saída, tais como:
1. o uso mágico e acrítico das prescrições (vejam, na nossa experiência, a supervalorização dos efeitos diretamente terapêuticos da prescrição invariável);
2. o uso igualmente acrítico da aliança dos pais contra o poder patológico do paciente identificado.

O processo terapêutico deve, ao contrário, continuar a basear-se na revelação do jogo. Essa revelação é um processo que passa por momentos descontínuos de "iluminação", mas também por uma verificação gradual do nível de colaboração entre a equipe e os pais.

O momento prescritivo transforma-se, então, no terreno em que é possível verificar a mudança do jogo (verificando, por exemplo, a capacidade cooperativa do casal genitorial e, portanto, a superação de seu impasse), bem como na ocasião para experimentar novas modalidades de relacionamento e, até mesmo, um teste constante para continuar a recolher informações sobre o próprio jogo.

Assim, o processo terapêutico parte das intervenções de desmascaramento do jogo, confronta-se com as reações da família a essas explicitações, e procura verificações concretas da mudança mediante o uso da prescrição.

Da Prescrição Invariável às Prescrições Específicas

Há cerca de dois anos, iniciou-se uma evolução importante do nosso método terapêutico. Ela consiste no abandono cada vez maior da aplicação da prescrição invariável. A lógica dessa evolução espontânea parece-nos fácil de interpretar. Vejamos.

O emprego sistemático da prescrição invariável, durante seis anos, facilitou para nós — graças às informações que ela permite recolher e classificar em categorias — a construção de um modelo geral dos processos familiares psicóticos. Em seguida, esse modelo, servindo-nos de guia para a formulação da hipótese sobre o jogo que está em ação em cada família, "encarna-se" nas variáveis específicas de uma certa família. Nesse ponto, esse procedimento ajuda-nos de forma muito consistente a reconstruir o jogo preciso e específico daquela família, de modo a sugerir-nos, se isso for oportuno, uma prescrição igualmente específica, que se adapte exatamente àquele caso. Consideramos, por isso, termos chegado a um progressivo abandono do uso da série invariável de prescrições.

Em alguns tratamentos, principalmente de famílias com pacientes que começaram recentemente a apresentar o sintoma anoréxico, o trabalho de esclarecimento das primeiras sessões, inclusive com a dispensa do paciente identificado, às vezes é suficiente para provocar o abandono do sintoma.

Vamos tentar explicar de forma bem detalhada o uso que, eventualmente, ainda fazemos da prescrição. Hoje, não utilizamos mais a prescrição com as modalidades padronizadas e repetitivas que caracterizaram necessariamente os anos de pesquisa com essa metodologia. Por exemplo, como veremos no próximo capítulo, não é mais segredo a prescrição ao paciente identificado e de toda a fratria. Entretanto, no caso em que, no final das sessões de consulta, decidimos construir uma aliança terapêutica com o casal genitorial, conservamos a prescrição do segredo como o teste fundamental da viabilidade desse caminho e, ao mesmo tempo, como uma útil manobra terapêutica.

Somente numa percentagem reduzida dos casos atualmente em tratamento utilizamos a prescrição do desligamento; no entanto, quando o prescrevemos, não o fazemos mais com modalidades invariáveis e, sim, com uma adaptação da tarefa à situação específica, e com uma explícita ligação com a hipótese de jogo que reconstruímos com aquela família determinada. E, depois, quando damos prescrições *ad hoc* tendo como interlocutores os dois pais, essas sempre são elaboradas dentro do espírito da série invariável de prescrições, no sentido de favorecer a construção fisiológica do casal genitorial. Até mesmo convocar para uma sessão apenas a mãe de um menino autista, deixando em casa o pai passivo e sabotador, tem um objetivo de casal: convencer aquela senhora de que, enquanto ela continuar agindo com hipereficiência, a única forma que o marido terá de reagir será se comportando como um peso morto.[8]

Essa evolução suscita em nós a esperança, infundada mas nem por isso menos ardente, de que, no futuro, algum santo nos inspire uma nova estratégia de conhecimento.

---

8. Quando há um pai único, viúvo ou divorciado, as prescrições específicas são avaliadas caso a caso, e são certamente as mais difíceis.

XV

MODOS DE DISPENSAR DAS SESSÕES O PACIENTE IDENTIFICADO

A Intromissão do Paciente Identificado é Tornada Patente e Desencorajada

No final da segunda ou terceira sessão, quando consideramos ter conseguido, com a colaboração de todos, as seqüências de nós no processo interativo familiar que desembocou no comportamento psicótico de um dos filhos, procedemos a uma intervenção crucial. Essa intervenção visa a um duplo objetivo:
 1. tornar patente e desencorajar a intromissão do paciente identificado nos problemas dos pais;
 2. formar uma aliança terapêutica com os pais.

Como já explicamos na primeira parte deste volume, com famílias que pedem ajuda para os filhos que são ou crianças ou adolescentes, torna-se freqüentemente mais eficaz a colaboração terapêutica apenas com os pais. Por isso, o nosso método nos impõe dispensar logo das sessões o paciente identificado, juntamente com os eventuais irmãos e irmãs. Essa dispensa, como já se viu, era feita, no passado, de forma despistada. Agora, ao contrário, antes de efetuar a dispensa, realizamos um movimento importante que consiste em deixar clara a parte ativa que o paciente identificado desempenhou no jogo disfuncional da família, trazendo à luz a sua coalizão com um dos pais.

Os anos de experiência com as intervenções ditas paradoxais já nos tinham ensinado que é necessário restituir ao paciente a dignidade de pessoa que realiza ações voluntárias, compreensíveis e voltadas para um objetivo claro. O pressuposto da doença biológica (e conseqüentemente da idéia de que os comportamentos do paciente não são voluntários, controláveis ou compreensíveis) era e continua a ser derrubado com o pressuposto da competência individual (Viaro e Leonardi, 1986), que implica a existência de motivações e intencionalidade determináveis. Algumas intervenções paradoxais, como já vimos no capítulo I, obtinham efeitos de mudança quando conseguíamos atingir nós importantes do jogo familiar. Mas o atingido era principalmente o paciente, visto que a exaltação dos seus sintomas como "sacrifício" pelo bem da família era percebido como uma provocação sarcástica. No entanto, o perigo de se ser genérico e vago e, portanto, ineficiente, imputável à falta de modelos-guia, era desagradavelmente grande.

Qual é o alvo de nosso esforço atual? Esclarecer, de maneira detalhada e específica, de que modo e até que ponto *o paciente se envolveu nos problemas de relacionamento do casal genitorial*. Como ele *construiu uma leitura pessoal* desses problemas. Como, em decorrência dessa leitura, *tomou o partido do pai que considerava perdedor*, identificando-se com ele. Como, em seguida, *entrou ativamente no jogo*, ou para resgatar o perdedor ou para induzi-lo a associar-se a ele no desafio ao pai que (em sua opinião) estava prevaricando. E como, no final, *esse envolvimento ativo revelou-se um fracasso total*: inútil para o relacionamento do casal e catastrófico para ele.

Se o terapeuta faz uma demonstração dessas ao paciente com a devida habilidade, as respostas que ele suscita são, às vezes, surpreendentes e até mesmo comoventes. Vejam o fim da terceira sessão com a família de Miriam, filha única, de vinte e dois anos, que apresentava anorexia crônica complicada por acessos de delírio e desgastantes cerimoniais obsessivos. No início da sessão, o pai — o caso típico do marido cachorrinho, que seguia sem discutir as ordens da mulher generala — tinha descrito até que ponto a sua mulher estava exaurida por estar sempre obedecendo às imposições da filha. Depois dessa informação, e de acordo com o nosso modelo, o terapeuta tentou, por longo tempo, e com toda delicadeza, fazer surgir um possível entendimento entre Miriam e o pai, tão visivelmente inofensivo. Mas nada aparecera. Todos, a começar pela interessada, insistiam em dizer que Miriam tinha-se colocado inteiramente na órbita da mãe.

Lá para o fim da sessão, já tendo decidido comunicar a Miriam que ela estava dispensada, o terapeuta voltou-se para ela com estas palavras, pronunciadas num tom de interesse afetuoso: "Diga-me uma coisa, Miriam... A julgar pelo que seu pai disse aqui, hoje, parece que você conseguiu, depois de tantos anos de trabalho duro, induzir sua mãe a reduzir um pouco as suas exigências... mas, diga-me... você acha que, a essa altura, seu pai também está começando a fazer alguns progressos, no sentido de aprender com você, de também conseguir se impor à sua mãe, como você faz, pelo menos de vez em quando? Você conseguiu fazer com que seu pai desse uns passinhos para a frente?" Miriam respondeu inesperadamente como se a minha fosse a mais normal das perguntas: "Olha, doutor, ele, pessoalmente, eu diria que não... mas mamãe começou a pedir conselhos a ele. Se há um problema, diz que vai esperar até de noite, para perguntar ao papai. E isso, ela nunca fazia!" A essa altura, o terapeuta teve a oportunidade de mostrar a Miriam como era medíocre o balanço de um esforço no qual ela empenhara sete anos de sua vida!

Se, no decurso das primeiras sessões, procuramos principalmente demonstrar como um dos pais, sem aperceber-se disso, utiliza o filho na batalha do dia-a-dia com o cônjuge, no momento da dispensa é essencial deixar claro como o filho se envolveu ativamente no jogo, comportando-se de forma estúpida. Nossa escolha lingüística do adjetivo "estúpido" não é casual. Nasceu da observação de um fenômeno universal em nossa cultura. Não são poucos os que parecem dispostos a aceitar os atributos de mau ou doido (que podem também implicar requisitos que, hoje, estão na moda, como a dureza ou a esquisitice). Mas ninguém, ninguém mesmo, está disposto a aceitar, sem ficar zangado, que o chamem de estúpido, ainda que essa qualificação se limite a um setor determinado de seu comportamento. E nós contamos muito com as reações de raiva como uma isca para fazer mudar o comportamento.

No entanto, em vista da eficiência terapêutica, é indispensável que a equipe tenha colhido, nos mínimos detalhes, os móveis específicos da conivência do paciente com um de seus pais. Uma provocação genérica seria apenas ofensiva. Às vezes, pareceu-nos oportuno frisar como ele foi ingênuo em acreditar que era realmente o primeiro no coração de um dos pais que, na verdade, está integralmente absorto nos problemas de relacionamento com seu próprio cônjuge. Às vezes, demos maior relevo à sua ilusão de poder mudar o relacionamento entre os pais submetendo a sofrimentos o genitor que considerava vencedor, sem se aperceber de que o seu comportamento não tornava mais corajoso o genitor que, na sua opinião, estava perdendo!

Muitas vezes aconteceu-nos, porém, de não conseguir compreender o núcleo essencial do conluio do paciente no jogo. Assim, tivemos de fazer com que a dispensa do paciente fosse precedida de uma espécie de pequeno sermão um tanto genérico. No entanto, uma tal premissa à dispensa (à espera de sermos capazes de fazê-la cada vez melhor) parece-nos absolutamente indispensável para fundamentar a nossa aliança terapêutica. Vamos procurar nos explicar.

O Risco da Condenação dos Pais

A aplicação do nosso modelo para guiar o trabalho com a família e, principalmente, a nossa convicção da necessidade de abrir a porta trancada dos problemas do casal, comportam o risco, durante as primeiras sessões, de acentuar a condenação dos pais. Esse risco nós nos preocupamos em remediar, como já dissemos, dando início à nossa investigação com uma declaração explícita, pronunciada em tom bem enfático, sobre nossa convicção de que, para ajudar, é necessário, antes de mais nada, compreender. Recorremos, além disso, a tons e expressões que, em vez de uma acusação, assinalam uma participação dramática ou comovida.

Mas isso não é suficiente. Especialmente no caso de pacientes que exercitam um forte poder patológico sobre os pais, é bastante perigoso não responsabilizar o paciente pela sua intromissão indevida no jogo. Se as primeiras sessões tivessem apenas de mostrar os malfeitos dos pais, haveria fortes probabilidades de que um paciente, já tendendo a reagir agressivamente em relação a eles, tirasse dali munição para agravar seus ataques e reforçar a ditadura que já exerce sobre eles.

Menos evidente, mas também bastante insidioso, é o risco de que uma condenação dos pais provoque no paciente identificado um fechamento esterilmente depressivo: "Com pais desastrosos assim, o que eu posso fazer da minha vida?" Conseguiríamos, com isso, uma passividade provocatória e culpabilizante e ele talvez pedisse ajuda, mas só para demonstrar que "tudo é inútil".

O risco de fomentar no paciente explosões ativamente provocatórias pareceu-nos bastante próximo na segunda sessão com a família de Marcello, um menino encoprético de quinze anos, dotado de preocupantes comportamentos maníacos. No intervalo entre a primeira e a segunda sessão, os sintomas do garoto tinham-se agravado, juntando-se à encoprese dois acidentes de moto, além do consumo provocatório de uma droga leve, em casa, sob o olhar apavorado da empregada. A equipe se perguntou se a investigação sobre o conflito dos pais não teria tido um efeito instigador sobre Marcello. Derivou daí a decisão de dispensar o rapaz no final daquela sessão mesmo. Todo mundo estava de acordo com o fato de a modalidade da dispensa dever frisar os aspectos ativos e voluntários do comportamento sintomático (nunca usar papel higiênico deixando, com isso, que a roupa íntima e de banho ficasse suja de fezes), como tentativa "estúpida" de castigar a mãe em nome do pai, que ele considerava incapaz de se defender, pagando com isso um preço muito caro, o de sua própria identidade social.

Falando ao paciente, a terapeuta assim começou a segunda parte da sessão: "Por que você tem essa vontade de castigar os seus pais, Marcello, por causa do que considera serem falhas deles? Assim fazendo, você se esquece inteiramente de si mesmo! O inconseqüente é você. Daria para entender o seu comportamento se você fosse um menininho de três anos. Você castiga a sua mãe fazendo-a lavar um monte de roupa suja de cocô, que ela lava de noite porque tem vergonha da empregada, mas na verdade o castigado é você mesmo! É a mesma coisa com a maconha, as bagunças na escola e as bobagens que você faz com a moto, para punir a inércia do seu pai. Você não passa de um menininho que só vê duas pessoas no mundo: os seus pais. E quando a gente olha para você, vê que você não parece tão estúpido assim!" Marcello ficou vermelho feito um pimentão e tentou se defender, mas foi interrompido pela terapeuta, que lhe perguntou: "As suas namoradas não têm nariz? Como elas conseguem andar de moto com você, sempre cheirando a cocô desse jeito? Uma garota não agüenta isso. Se você não sair dessa, está acabado como homem. Logo você, que quer mostrar a seu pai como se faz para botar a sua mãe de joelhos! Que estúpido que você é!"

Uma intervenção dessas serve de exemplo para fazer o leitor compreender os dois objetivos que lhe atribuímos. O primeiro refere-se ao paciente identificado. Com uma intervenção dessas, o terapeuta tenta restituir-lhe sua integridade psíquica, manifestando, ao mesmo tempo, a estima que sente por ele. Chama-o de estúpido pelo que *faz*, não pelo que *é*. O tom é direto, confidencial, intenso mas, ao mesmo tempo, autoritário e severo, como convém fazer com um adolescente de quem a gente gosta, apesar de tudo. Os temas familiares mencionados são específicos e pesados mas, no final, aquela alusão ao fato de ele poder transformar-se num homem que passeia de moto por aí, com garotas na garupa, livre das fraldas de seu mundo infantil, soa como um convite muito poderoso.

O segundo, indireto, refere-se aos pais. Declarar que o paciente se comporta como um bobo e um enxerido não visa apenas restituir-lhe o senso de responsabilidade, mas é também fundamental para contrabalançar o sentimento de culpa do casal. Pois não é justo que os pais se sintam unilateralmente postos no banco dos réus. Para serem motivados a pôr a si mesmos em discussão, eles devem sentir-se compreendidos pelo terapeuta e conquistar confiança na sua competência e neutralidade, a ponto de aceitar a reconstrução penosa que ele fez de sua história. Para esse fim, nem mesmo a dispensa do paciente identificado, nos termos da que descrevemos acima, parece-nos suficiente. É necessário que o terapeuta tenha conseguido também restituir ao núcleo familiar uma imagem "consertada" dos pais, como pessoas que cometeram erros, sim, mas sem consciência e, além do mais, sofrendo muito com eles.

No caso do adolescente encoprético, a primeira parte da segunda sessão tinha tido passagens muito tocantes sobre a solidão do pai dentro da sua família de origem e a imensa necessidade que ele sentia de receber afeto do novo núcleo familiar. Precocemente afastado de casa e colocado em um colégio interno, esse pai tinha sofrido muito. Tinha, portanto, namorado e se casado com uma mullher menos instruída e de posição social inferior à sua, para ter a certeza de que a teria só para ele, como um anjo do lar. Mas a mulher recusara-se a desempenhar esse papel de "prendas domésticas", refugiando-se em um modesto emprego público para fugir de um homem demasiado possessivo, que a controlava de forma muito pesada e a humilhava com a sua superioridade cultural. Portanto, a mãe também tinha sido descrita em sua necessidade de autodefesa, de modo a mostrar aos filhos o impasse do casal exatamente como ele era: uma armadilha na qual cada cônjuge, no esforço para se salvaguardar, acabava prendendo a si mesmo e ao companheiro.

Exceções Importantes Para a Dispensa do Paciente Identificado

A melhor forma de verificar se uma regra é boa é confirmá-la com as suas exceções. Com algumas famílias, dá-se o caso de, chegando à terceira sessão, a equipe decidir mudar a regra, isto é, *não* dispensar o paciente identificado. Vejamos por quê. O trabalho das primeiras sessões serve principalmente para que a equipe possa responder a muitos quesitos, entre eles um que é importantíssimo: avaliar a disponibilidade e a motivação dos vários membros da família para o tratamento.

Citemos o caso de uma família composta da mãe viúva e dois filhos, na qual a paciente, Lia, era uma anoréxica crônica já com vinte e cinco anos. No decurso das primeiras sessões, além de certos aspectos inerentes à síndrome, pareceu-nos que a paciente possuía recursos que tornavam acessível a sua autonomia em relação à família e a sua inserção econômica e social; além disso, ela estava autenticamente motivada a sair daquele seu estado miserável. Por essa razão, consideramos que dispensá-la (juntamente com o irmão) para continuar o tratamento só com a mãe seria demasiado infantilizante. Decidimos, por isso, convidá-la para uma conversa individual. Durante essa conversa, o terapeuta concentrou os seus esforços em mostrar-lhe que o seu comportamento exprimia uma só coisa: a sua raiva infantil por não ter sido escolhida como a confidente privilegiada da mãe, além de sua teimosa determinação em fazer com que ela pagasse por isso, assumindo, dentro de casa, o papel de estraga-prazeres. Já falamos extensamente deste caso (ver, no capítulo v, "*Imbroglio* e pai único"). Essa intervenção provocou em Lia uma mudança imediata.

Caso intervenções desse tipo não sejam eficientes, será possível prosseguir com uma terapia individual prolongada, como a que foi detalhadamente descrita por Selvini Palazzoli e Viaro (1988). Essa mudança em nossas regras ocorre, com certa freqüência, no caso de pacientes crônicos que já passaram dos vinte anos e respondem aos requisitos necessários. Em outras palavras, quanto mais o paciente é adulto e tem recursos pessoais e sociais, mais será infantilizante excluí-lo, prosseguindo o tratamento só com os seus pais. E essa diretriz torna-se obrigatória nos casos em que os pais não se mostrem motivados para o trabalho terapêutico. Em um único caso, até agora, após algumas sessões familiares, oferecemos a terapia individual a uma paciente muito jovem. Tratava-se de uma garota anoréxica bulímica excepcionalmente dotada, cujos pais, não-casados, morando separadamente e com características comportamentais insólitas, pareciam-nos indignos de confiança para o trabalho terapêutico; este passou a dar resultados a partir do momento em que se transformou num tratamento individual.

Famílias Hostis e Expulsivas

Queremos, finalmente, falar de um outro ponto que consideramos importante. A provocação da crise do paciente identificado deve *vir sempre depois* de se estabelecer a responsabilidade dos pais.

No contexto de um centro privado de terapia familiar, esse problema se coloca muito raramente. Os pais que recorrem a uma terapia familiar, além de não serem "expulsivos", isto é, de não rejeitarem os filhos, estão, pelo menos parcialmente, dispostos a admitir que cometeram erros. Em outros contextos, porém, principalmente nos institucionais, onde não há o pedido de terapia familiar, com freqüência os pais são hostis e até mesmo expulsivos em relação ao filho psicótico (com exceção dos casos de anorexia nervosa que, até mesmo nas camadas populares, costumam induzir nos pais poderosos sentimentos de culpa). Em casos desse tipo, o primeiro passo do processo terapêutico seria conseguir demonstrar aos pais como, sem que o tenham percebido, certas dificuldades de relacionamento que têm, seja no interior do casal, seja com as suas respectivas famílias de origem, infelizmente prejudicaram o desenvolvimento de seu filho. Só quando se chega a esse ponto é que se pode dirigir-se ao paciente identificado da maneira que acabamos de descrever. De outra forma, uma intervenção de dispensa efetuada diante de pais impassíveis, que se consideram estranhos ao problema e vítimas dos malfeitos do paciente, teria efeitos bilateralmente catastróficos: o de endossar a rejeição dos pais e o de atiçar a fúria do filho.

XVI

A CONSTRUÇÃO DE MODELOS SINCRÔNICOS

A Inclusão do Terapeuta no Impasse do Casal

A construção dos modelos diacrônicos — isto é, de esquemas gerais progressivamente mais detalhados correspondentes ao andamento histórica do processo evolutivo do jogo da família — resultou em uma grande ajuda na formulação das hipóteses e na condução da investigação. A necessidade de construir modelos sincrônicos — compreendendo-se com esse termo uma espécie de foto instantânea do jogo em ação — surgiu em seguida. Essa necessidade, é importante que se diga, fez-se emergir de situações particularmente difíceis no decorrer de tratamentos terapêuticos. Tratava-se de situações em que a ameaça de um fracasso tornava urgente a exigência de entender o que estava sucedendo. O progresso terapêutico caminha junto com o conhecimento.

A característica essencial desses modelos sincrônicos foi a de incluir necessariamente o terapeuta. Nascidos, de fato, de situações difíceis dos tratamentos em andamento, eles visavam tornar inteligível ao terapeuta o que ocorria na sessão em relação a ele. Uma tal compreensão tornaria possível inferir os fenômenos interativos subjacentes ao impasse, e encontrar o modo de superá-lo.

Vamos trazer algumas exemplificações que vão esclarecer o conceito. O primeiro exemplo foi também historicamente o primeiro caso em que conseguimos construir um modelo sincrônico.

Trata-se da família da alta burguesia que já apresentamos no capítulo V. Estávamos numa fase avançada do trabalho com os pais sozinhos. Eles já haviam colocado em prática a série invariável de prescrições e havia tempo levavam adiante, entre altos e baixos, a luta contra o poder patológico do filho Filippo. Essa luta, que felizmente até hoje é única no nosso conjunto de casos, havia feito registrar uma reação grave por parte de Filippo. Diante do projeto dos genitores (para esquivar-se de seus maus-tratos) de fechar o palacete onde moravam para colocarem-se em uma casinha no campo e abrigá-lo num apartamentozinho, Filippo, aproveitando-se de uma das ausências deles, tinha colocado fogo na cozinha do palacete. O vento espalhou o fogo para outros cômodos, causando prejuízo incalculáveis. Depois desse episódio, Filippo havia sido tratado por um breve período na ala psiquiátrica de um hospital e tinha saído quase totalmente lúcido. Vivia sozinho em um pequeno apartamento, ia quase regularmente trabalhar na fábrica do pai e mantinha-se com aquele salário: tinha até arranjado uma namorada, uma boa moça bastante apaixonada por ele.

Quando os pais aparecem à sessão, a reforma do palacete está concluída. Na ocasião, já é quase final de outono e é necessário tomar uma decisão. Tornar a morar lá ou vendê-lo. É importante ressaltar que, já nos meses anteriores, a terapeuta havia explicitamente expresso seu parecer. Se realmente estavam decididos a parar de bancar os enfermeiros piedosos de Filippo e prontos a se identificar com o papel de coterapeutas, deviam vender o palacete. Senão, uma vez de volta a ele, de onde tirariam a coragem de deixar fora aquele filho que teimava em morar lá?

As notícias que os pais dão do filho não são mais tão brilhantes como na sessão anterior. Está menos ativo no trabalho, prolonga as ausências sem justificar-se, parece sombrio.

Vamos ver as interações da sessão. Ela é caracterizável, para resumi-la aos aspectos essenciais, pela repetitividade de um determinado comportamento de cada um dos dois cônjuges.

Pai
Cada vez que fala de Filippo, e ele fala muitíssimo, seu rosto fica todo iluminado e se percebe uma expressão de intensa ternura em seus olhos. Tem palavras afetuosas também para a namorada do filho e sua família, que parecem dar a ele aquela atmosfera de que tanto necessita. Essa atitude de ternura não muda nem mesmo quando ele fala do filho em relação ao incêndio e da enorme despesa que teve para reparar os danos (fatos que não costumam provocar sentimentos de ternura). Esse

comportamento nos atinge a fundo, mesmo porque aquele pai sempre se havia expressado, em relação ao filho, com frieza evidente. De onde poderia vir esse fervor amoroso?

Mãe

Durante toda a sessão, a cada vez que o marido busca intervir nas falas da terapeuta, a esposa, sentada a seu lado pousa docemente sua mão sobre a coxa dele, pressionando. Esse gesto, repetido por boas oito vezes, não provoca no marido qualquer reação observável, nem o de evitar que ele se constranja de intervir, nem o de induzi-lo a um movimento de contrariedade.

Uma vez suspensa a sessão, a equipe reúne-se para discutir. No comportamento redundante de cada um dos cônjuges está a explicação do impasse terapêutico. O objeto imediato da batalha em ação entre os cônjuges parece ser a decisão do que fazer com o palacete já reformado.

A esposa, imaginamos, não quer voltar para lá. Apesar disso, resguarda-se e não o declara em seu próprio nome. Comunica-o pelo sacrossanto parecer da terapeuta, diante da qual o marido é incitado a calar-se em humilde posição de ouvinte. O marido é quem quer voltar. Apesar disso, resguarda-se e não o declara em seu próprio nome. Comunica-o por aquele sacrossanto (finalmente) reencontrado amor paterno pelo filho doente a quem quer oferecer, de novo, uma família e uma casa.

O efeito combinado das duas estratégias evidencia um jogo de impasse: mais você se "enamora" da terapeuta (e, conseqüentemente, toma partido do parecer dela de vender a casa), mais eu me "enamoro" de Filippo (e, conseqüentemente, sinto o dever de oferecer-lhe, de novo, uma família e uma casa) e vice-versa: mais você se "enamora" de Filippo (e, conseqüentemente, quer oferecer-lhe, de novo, contra o interesse dele, uma família e uma casa), mais eu me "enamoro" da terapeuta (e, conseqüentemente, tomo partido do parecer dela, segundo o qual está no interesse de Filippo nos desfazermos da casa).

A contraposição dos recíprocos "enamoramentos"(estratégicos) parece ser uma componente caracteristicamente recorrente nos impasses de casal. Quando um jogo desses vem à tona, como neste caso, na fase avançada de uma terapia, ela fica então condenada ao naufrágio. Mesmo se a equipe chega a delinear concretamente o esquema sincrônico do jogo, o terapeuta já está por demais englobado nele para conseguir mudá-lo. No caso aqui referido, era evidente que a equipe não havia entendido e desvendado em tempo o perigo que a terapeuta corria. Recomendando a mudança dos pais e a venda do palacete como o meio mais prático possível para desalojar Filippo e empurrá-lo, então, em direção à autonomia, a terapeuta havia-se colocado, sem sabê-lo, na linha da esposa, que se servia dela em sua batalha contra o marido, o qual, por sua vez, servia-se do filho em sua batalha contra a esposa.

Depois dessa dura lição, percebemos que era necessário construir modelos sincrônicos da interação em ação na sessão, para usá-los *precocemente* no tratamento terapêutico. Era evidente que tais esquemas, incluindo a terapeuta, teriam permitido: a) pôr em relevo a posição em relação à terapia e ao terapeuta dos vários membros da família; b) inferir a posição de cada um no jogo; c) perceber e fazer malograr o nascimento de estratégias perigosas.

Uma Intervenção Para Salvaguardar a Posição do Terapeuta

Agora, vamos ver se damos conta, ainda que por meio de um resumo extremamente sintético, de fazer entender como conseguimos conduzir, de forma feliz, uma terapia exatamente por haver captado e neutralizado na *segunda* sessão o maior perigo que ameaçava a terapeuta.

Trata-se de dois genitores, Vico e Gemma, de nível social baixo, cuja filha única de dezoito anos, Rina, tem um diagnóstico de distúrbio autístico surgido na primeira infância. Pedem ajuda já que a custódia e as atividades de Rina são muito pesadas para a mãe, auxiliada insuficientemente, em casa, por funcionários dos serviços psiquiátricos.

Primeira sessão. O esquema essencial dos comportamentos dos quatro participantes é o seguinte:

Pai
Em atitude de desconfiança e autodefesa. Suspeita que há crítica em cada uma das palavras da terapeuta e as retorce com acidez.

Mãe
Apresenta-se à terapeuta como vítima da ineficiência dos serviços psiquiátricos.

Filha

Em atitude catatonóide amímico. De quando em vez, cospe na mão que, em seguida, enxuga esfregando-a no vestido. Fica quase todo o tempo com a cabeça apoiada nos joelhos do pai. Não responde coerentemente às perguntas.

A terapeuta conduz a averiguação acerca das dificuldades presentes e acerca do processo histórico. Emergem de forma clara os laços extremamente potentes mantidos, durante algum tempo, entre Gemma e sua família de origem, sobretudo com a sua velha mãe, com a conseqüente marginalização de Vico. A terapeuta mostra, a todos, expressões de compreensão, inclusive a Vico e Rina.

Segunda sessão. O esquema essencial dos comportamentos é o seguinte:

Pai
Em posição cautelosa mas não mais hostil.

Mãe
Excitada, tensa.

Filha
Não mais catatonóide, nem mais debruçada sobre o pai. Recorre apenas duas vezes ao estereótipo provocatório da cuspida. Na segunda parte da sessão, caminha velozmente para a frente e para trás na saleta. Está atenta e responde normalmente às perguntas da terapeuta.

Nesta sessão, a terapeuta focaliza sua averiguação nas relações da mãe com os atendentes do serviço psiquiátrico (psicóloga e as pessoas que vão tomar conta no domicílio). Surge um fato recorrente de relações intensas de Gemma com tais pessoas, com resultados contraproducentes para o progresso de Rina.

Durante uma breve saída da terapeuta da saleta, um supervisor observa os seguintes fatos: Gemma exclama de forma entusiasmada: "Que mulher extraordinária!" Essa exclamação não provoca qualquer reação observável em Vico, que permanece calado e cabisbaixo, enquanto Rina continua com seu nervoso vai-e-vem. Uma observação desse tipo sugere ao supervisor uma imediata discussão em equipe. A interação é esquematizada da seguinte forma. Gemma já preparou a estratégia usual empregada por ela no impasse do casal; como sempre, vai apaixonar-se pela terapeuta e marginalizar Vico (e, sem aperceber-se, também Rina). Vico e Rina simpatizaram com a terapeuta e até se abririam a uma relação com ela, mas ele está cauteloso e Rina tensa e nervosa, talvez porque percebam crescer em Gemma o entusiasmo. Aproveitando a situação em si e o risco em que se encontrou, a terapeuta, de repente, se sente bem e decide-se logo a reparar tudo. De volta à sessão, realiza uma intervenção admirável. Dirigindo-se ao pai e a Rina, com ar brincalhão e jovial, declara estar já em apuros. Nem mais nem menos que as acompanhantes psiquiátricas que a precederam! Sente nas costas o perigo de fazer Gemma apaixonar-se, e de apaixonar-se por ela. Seria um verdadeiro desastre, afirma categoricamente, porque nesse caso Rina e o pai se veriam obrigados a odiá-la, e então... adeus colaboração! Como poderiam colaborar com uma terapeuta odiosa? Depois, a terapeuta mostra-se séria e entra em detalhes acerca do passado. Explica como aquelas pessoas honestas e bem-intencionadas causaram, sem que o quisessem, um grande dano à sua família. Retribuindo as "paixõezinhas" da Gemma, instigavam-na contra o marido. Como poderia ele confrontar-se com pessoas tão boas e compreensivas? Dessa forma, Vico tornava-se hostil em relação a elas, já que se sentia desaprovado e isolado. E Rina? Também para ela as visitas das acompanhantes terminava em desilusão e raiva... Via-se largada como uma boba por aquelas pessoas que diziam estar ali por causa dela mas, ao invés disso, estavam muito à vontade conversando com a mamãe...

As reações imediatas dos três, anteriormente de surpresa, convergem para um consenso. A mãe ri embaraçada mas concorda com a cabeça. O marido mostra uma fisionomia finalmente reabilitada. Quanto a Rina, essa não só entende perfeitamente o discurso da terapeuta, como satisfaz com exatidão o pedido dela de contar-lhe, um a um, os nomes das tais "amigas" da mamãe. No final, a terapeuta coloca-se a si própria em cena. Confirma encontrar-se no mesmo perigo que suas colegas e suplica a Vico que a ajude a não cair nessa.

Essa intervenção funcionou bem demais. A colaboração do marido foi conquistada de forma estável, e a da esposa acabou vindo também. O tratamento prosseguiu e deu frutos a toda a família.

A primeira vantagem derivada do fato de se dispor desses modelos sincrônicos do jogo em ação na sessão é a seguinte: prever o triste destino que o jogo de impasse do casal estipula para o terapeuta (se ele não o percebe e intervém logo). A segunda é constatar que esses jogos, esquematicamente considerados, não são infinitos. *Neles, de fato, cada cônjuge parece salvaguardar a própria sobrevivência na medida da própria (dissimulada) oposição simétrica ao outro*. Como conseqüência, também o terapeuta deveria destinar-se a ter com cada um dos cônjuges uma relação incompatível: quanto mais um o acolhe, mais o outro vai recusá-lo. Uma incompatibilidade cujo resultado anularia, de qualquer forma, qualquer efeito terapêutico.

Ter sempre presente esse risco dentro dos esquemas de impasse do casal (sem dúvida repetitivos mesmo se perturbados, de caso em caso, por comportamentos diversos) e intervir oportunamente para fazê-lo malograr salvaguardam enormemente a posição terapêutica do terapeuta.

Não apenas isso. Uma intervenção bem-feita, e em fase precoce, pode provocar um efeito potente de ruptura no próprio impasse do casal. De fato, nessa intervenção, o terapeuta desnuda a estratégia que um dos dois cônjuges está implantando em sua própria pele (do terapeuta), instrumentalizando-o contra o próprio parceiro! É uma revelação que corta a respiração e suscita intensa emoção. Bem diversamente de uma explicação acadêmica, abstrata, que não envolve a pessoa do terapeuta.

A construção de modelos sincrônicos junta-se à nossa proposta de *pensar em ziguezague* como forma de complexidade. Trata-se de pensar com uma espécie de movimento em roda-viva que entrelace uma trama envolvendo a aplicação do modelo diacrônico a uma família *de fora* e a aplicação do modelo sincrônico a um sistema terapêutico *aqui e agora* (que inclui a família e o terapeuta como atores, e a equipe como conceitualizador daquilo que está sucedendo). Mas, disso, falar-se-á ainda no capítulo xx.

XVII

AUTOTERAPIA DO CASAL GENITORIAL

O Casal Torna-se Co-Terapeuta: Da Responsabilidade Patogênica à Responsabilidade Terapêutica

As reflexões que acabamos de apresentar a respeito da triangulação do terapeuta dentro do impasse do casal nos introduzem ao tema — de grande relevância tanto teórica como prática — do potencial de cura do casal patogênico de genitores.

Nosso método clínico atual permite-nos converter um obstáculo em trampolim de lançamento, transformando o casal patogênico em um casal terapêutico: isto é, em um casal que faz curar o próprio filho, e, ao fazê-lo, *cura-se a si próprio*, transformando a própria modalidade da relação.

Chegamos a tal conceituação após haver atravessado diversas fases caracterizadas por diferentes soluções do problema de como evitar novos sentimentos de culpa dos genitores. De fato, sempre se soube que prescrever a psicoterapia de toda família para a recuperação de um garoto ou adolescente com distúrbios implica, inevitavelmente, uma acusação à relação dos pais. Já Braulio Montalvo e Jay Halley, em famoso artigo de 1973, tinham ressaltado a dificuldade, junto da necessidade, de não se deixar que os genitores se sintam acusados. A equipe do *Paradosso e contraparadosso,* na primeira fase de experimentação da terapia familiar entre 1972 e 1977, havia tentado de várias formas resolver esse problema angustiante, uma vez que os casos que chegavam (e chegam até hoje) eram constituídos, em mais de 90%, por famílias com crianças ou adolescentes com graves distúrbios.

A Fase da Conotação Positiva

A forma mais notável foi, certamente, a tática a que demos o nome de *conotação positiva,* que consistia não só em não se criticar, mas em exaltar o lado apreciável dos comportamentos de todos os membros da família, inclusive os do pai e os da mãe. Uma tática que abria a porta à prescrição assim chamada paradoxal do comportamento sintomático. Hoje, porém, refletindo *a posteriori*, podemos constatar como a manobra da conotação positiva, imaginada sobretudo para defender o terapeuta, seja de desencontros contraproducentes com as famílias, seja por *drop-out* (como já acenamos no capítulo I), tinha um fôlego estratégico bem curto. A exaltação explícita não bastava para cobrir a acusação implícita. É suficiente que se pense na "estrutura lógica" dos nossos paradoxos, como reformulação construída no louvor do sacrifício do paciente identificado que, com seus sintomas, impede que estourem graves problemas na vida dos pais (que, dessa forma, se mostram não exatamente em conotação positiva!).

Ao contrário, o que nunca mudou nesses vinte anos de pesquisa de terapia familiar é a nossa hipótese-guia fundamental: a conexão entre as disfunções das relações familiares e o sintoma do paciente. Visto que prevalece a família nuclear na estrutura social contemporânea, é claro que pesquisar uma etiologia relacional das assim chamadas doenças mentais significa, principalmente, buscar uma conexão entre o tipo de distúrbio da relação do casal e os comportamentos sintomáticos do filho. Hipótese que torna *concretamente* impossível não envolver e responsabilizar os genitores.

O problema, no caso, é como fazer isso.

A Fase da "Pacientização" do Casal de Pais

Na segunda metade da década de 1970, ainda antes da separação entre Selvini Palazolli e seus ex-associados, a equipe experimentou, com algumas famílias de pacientes anoréxicas, um método diferente da conotação positiva. O método consistia em nomear como "pacientes" os pais da paciente identificada, e em fazê-lo exatamente naqueles casos em que, após quatro ou cinco sessões com a família completa, não só não resultavam mudanças satisfatórias como vinha à tona, em primeiro plano, o incômodo de um antigo e, para todos penoso, conflito entre os genitores. Em tais casos, ao final de uma sessão com toda a família, o terapeuta mandava embora os filhos "que já tinham se preocupado bastante em ajudar seus pais", prometendo empenhar-se ele próprio para libertar os genitores de uma situação de infelicidade que os mantinha, contra a vontade deles, prisioneiros. Mas o que se encontrou entre as mãos, nas sessões seguintes? Um casal que se deixava ficar lá, passivo, comunicando de algum jeito, verbal ou não, que o empenho da equipe era tão generoso quanto fadado ao fracasso. Eles sabiam bem que eram, como casal, um caso desesperador. Aquela atitude acabou por fazer a equipe entender que tinha diante dela uma lógica perfeita. Os pais tinham intuído que, se o filho abandonasse o sintoma mas seu conflito permanecesse inalterado, a conexão causal entre conflitualidade conjugal e sintoma seria desmentida. É por isso que eles preferiam exibir-se como um casal irrecuperável, entregando à equipe o dever que competia a ela: curar o filho deles.

A repetição desse fenômeno, mesmo nas terapias em que o paciente identificado havia abandonado o sintoma, tinha deixado aquela equipe verdadeiramente perplexa. Teria feito um bom trabalho?[1]

A Fase da Prescrição Invariável: Um Jogo de Equilíbrio Entre Culpabilização e Valorização dos Pais

Graças à experimentação com a prescrição invariável, começamos a encontrar uma série de estratégias úteis *que contrabalançavam a inevitável culpabilização dos genitores inerente à nossa hipótese de base a respeito das psicoses.*[2] De fato, os genitores não são acusados e excluídos

---

1. Um exemplo típico desses é descrito no "Esempio di conduzione sistemica di un'intera terapia familiare" [Exemplo de condução sistêmica de uma terapia familiar completa] (Selvini, 1985). Veja-se a descrição da sétima sessão.
2. Outras aproximações, como a psicoeducacional com as famílias dos esquizofrênicos, certamente não se mostram culpabilizantes. Ao contrário, segundo Anderson os pais justificam-se de cada culpa: a esquizofrenia é um distúrbio biológico. O dever dos pais é tão-somente assistir o doente de modo a evitar o estresse que desencadeia as recidivas.

(como ocorre com outros procedimentos terapêuticos), nem paralisados pela rigidez das acusações que lhes fazem, mas, ao contrário, vão sendo valorizados e recuperados na colaboração ativa com um processo de mudança. Neste sentido, a denominação de co-terapeutas dada aos pais é uma jogada fundamental.

Os dois aspectos de culpabilização e de valorização devem ser contrabalançados enquanto dure toda a terapia.[3] Em sua primeira fase, a que precede a convocação dos pais sozinhos, o terapeuta empenha-se em colocar em relevo e mostrar três aspectos decisivos do jogo familiar:

1. o modo como os pais, eventualmente, foram "jogados" (manipulados) pelos membros das suas famílias de origem, com efeitos de deformação da sua personalidade. Isso deve ser feito, também, com a finalidade de suscitar uma compreensão e uma compaixão que abrandem tanto os rancores dos filhos como os recíprocos do próprio casal;
2. a instigação posta em prática por membros das famílias extensas influenciando um cônjuge ou, então, um filho, com efeitos de separação no casal de genitores e de intrigamento do futuro paciente contra um dos dois pais;
3. o papel ativo do paciente identificado, *estupidamente* resolvido a imiscuir-se nos problemas dos pais, com resultados danosos para estes e para si mesmo.

Sucessivamente, os aspectos contraditórios de culpa/valorização são inerentes também ao evento constituído da participação dos pais sozinhos nas sessões de terapia familiar. Esse evento pode, de fato, ser interpretado como afirmação da primazia do casal de genitores, mas também como designação dos "verdadeiros doentes". Nesta fase, portanto, o terapeuta utiliza a valorização dos genitores como co-terapeutas e a aliança deles na luta contra o poder patológico do paciente identificado, definindo, com clareza, que a execução das prescrições por parte deles e sua firmeza em relação ao poder patológico do filho são indispensáveis para salvá-lo. Ao mesmo tempo, porém, o terapeuta ataca os pais, até de forma bem dura, quando descobre que eles persistem nos antigos jogos patogênicos, como vai ficar claro pelo exemplo que se segue.

---

3. Ver, a propósito, o que está exposto em "Responsabilizzazione: il delicato equilibrio tra imputazione e inattinenza" (Selvini, 1985, pp. 110-5).

A Co-Terapia no Casal Como Autoterapia do Casal

Existe um dito antigo como o mundo que afirma que a tripulação de um navio, mesmo que devorada por grave conflito, coloca-se de acordo se o navio afunda. Mas a casuística que tratamos desafia até mesmo os ditos antigos. Os pais dos casos graves com os quais trabalhamos, principalmente se são crônicos, quase nunca se mostram igualmente motivados a sair do drama que os atingiu. No caso da anorexia, é clássico que seja a mãe a desejar, de todo jeito, seguir uma terapia, porque é ela quem se sente atingida pelo sintoma da filha. Porém, é nos casos de psicose, sobretudo de esquizofrenia, que, com a máxima freqüência, podemos nos encontrar diante de um impasse de casal que produz uma atitude diferente dos dois cônjuges em relação à terapia. Possuir o ânimo e as táticas para conquistar ambos para a colaboração e, conseqüentemente, romper o impasse de casal, é um dos tarefas terapêuticos mais árduos. Vamos citar aqui um caso cujo êxito nos comoveu.

Tratava-se de pais bastante ricos de um jovem de vinte e seis anos, Sérgio, filho único, internado numerosas vezes por causa de crises dissociativas com fases de delírio e mania de perseguição, e já considerado crônico. A longa carreira de doente mental em clínicas particulares caras e a seqüência de psiquiatras, psicólogos e psicoterapeutas que se sucederam em dar conselhos aos pais, não lhes haviam impedido de cair na situação penosíssima de serem escravos do filho, a essa altura, sem educação e intoleravelmente exigente. Já nas primeiras duas sessões de que Sérgio também participou, ficou bem claro como ele se colocava do lado do pai, e como 90% de seus maus-tratos pesavam sobre sua mãe, que, diante da tolerância do marido em relação ao pobre doente, não somente parecia inibida a rebelar-se, mas de alguma forma recarregava (como não é infreqüente nestes casos) a escalada com o filho: "Quanto mais você me atormenta, mais eu agüento e cumpro com o meu dever".

Os dois cônjuges chegaram àquele trágico impasse de casal por meio de uma longa e complexa história que remontava, como sempre, às famílias extensas. O marido, Giulio, filho de uma viúva que reinava num negócio grande, tinha-se casado com Wanda, uma moça linda e trabalhadora, proveniente de uma família miserável. A jovem esposa havia sofrido atrozmente as humilhações que a sogra lhe infligia e a quem seu marido não ousava se opor. Depois, com o tempo e a constância, soubera conquistar aquela terrível mulher e, em seguida, cuidou dela e assistiu-a até a morte. Wanda havia, assim, encontrado a realização no negócio, onde sucedera à sogra; tornou-se ela própria rainha, obscurecendo o marido, que começou a beber. Como conseqüência, Sérgio, que em criança tinha considerado a mãe uma vítima e tinha ficado a seu lado, enciumou-se com o trabalho dela e passou a tomar o partido do pai. O trabalho terapêutico continuou apenas com o casal de genitores e o que ocorreu foi que, quanto mais Wanda se entusiasmava, colaborava e tomava iniciativas, mais Giulio se tornava entorpecido e taciturno. Ficou claro, então, que o *desmascaramento do jogo operado nas primeiras sessões não tinha modificado, de forma alguma, o impasse do casal.*

Para sair daqueles enganos (e acossada pela equipe que a advertia que, também ela, estava enamorada de Wanda), a terapeuta teve de fazer coisas que muito lhe custaram: teve de criticar Wanda, mortificá-la, empurrá-la a sentimentos depressivos, não hesitando em mostrar-lhe todos aqueles comportamentos aos quais ela se viciara ao humilhar seu marido. Enquanto isso, pedia a Giulio que a ajudasse, que a impedisse de cair, como os clientes do negócio, nas seduções de Wanda: para ajudar seu filho, precisava, principalmente, dele. Bem devagarinho, silenciosamente, Giulio foi-se colocando para a frente. Foi ele quem decidiu as durações e os locais dos desaparecimentos. Mas a prova de fogo ocorreu quando se deu entrada na estrada da luta contra o poder patológico de Sérgio. Giulio não deu mais as costas à situação. Juntamente com Wanda ficou sempre na fila da frente: lado a lado lutaram e lado a lado padeceram, e padeceram muito, porque tiveram de tomar duríssimas decisões já que Sérgio, por sua vez, fez o que pôde para desencorajá-los a persistir. Porém, aquela imensa labuta teve uma conclusão positiva, e Giulio e Wanda tornaram-se e continuaram a ser um casal para valer.

Aqueles pais que chegam a lutar e a sofrer juntos para salvar o próprio filho tornam-se, além de co-terapeutas do filho, agentes de transformação da própria relação.

XVIII

TERAPIA E MUDANÇA

O Terapeuta Familiar Entre a "Caça" e a "Educação"

A compreensão do que "faz mudar" é, obviamente, crucial para a pesquisa na psicoterapia. Neste terreno, nosso pequeno grupo refletiu e desenvolveu-se de forma, com freqüência, bastante radical, influenciando-se reciprocamente uns aos outros. Pensou-se no abandono da clássica óptica psicanalítica e na passagem ao "comunicacionalismo", aproximação que, do ponto de vista de uma teoria da mudança, revelou-se logo em toda a sua ingenuidade: ensinar a comunicar de modo correto aparecia como uma prática verdadeiramente cheia de veleidades e vazia de respeito essencial à complexidade dos fenômenos psicóticos, dos quais o distúrbio de comunicação era apenas uma das manifestações. Em seguida, a teoria da mudança subentendida à óptica sistêmico-holística e aos métodos paradoxais, mesmo se muitas vezes não bem explicitada, rompe radicalmente com a clássica concepção da psicoterapia como importante relação interpessoal que regula novas percepções cognitivas e emotivas. Negada toda afinidade entre pedagogia e psicoterapia, o terapeuta vem assumir o papel provocatório de catalisador das mudanças (Selvini, 1985, pp. 76-8).

Na óptica intervencionista-paradoxal, a mudança é determinada pela desordem da visão de mundo da família. Trata-se de uma concepção descontínua da mudança: a mudança é um salto (Watzlawick et al., 1976).

Essa posição representa uma polêmica explícita com as concepções continuístas e gradualistas da mudança, entendida como crescimento pessoal, tomada de consciência, progressiva ação de aprender etc. Metaforicamente, podemos dizer que o terapeuta paradoxal é um terapeuta *caçador*. E, de fato, ele compara suas intervenções a um arpão: "Quando tratamos de uma família com uma análise paradoxal, é como se estivéssemos caçando uma baleia, e a baleia some, mas levando no corpo um arpão que continua, lentamente, a operar. Exatamente da mesma forma, o paradoxo na família continua sua obra e, ao fim da terapia, o processo não se conclui" (Selvini Palazzoli, in Selvini, 1985, p. 127). As terapias paradoxais, no sentido próprio, baseiam-se na *indução de crise* e negam ao terapeuta o papel de acompanhante ou guia de um processo de tratamento e cura (papel que o faria, sempre, metaforicamente, um *educador*). E, de fato, se olharmos o dado numérico de quantas sessões faziam-se, em média, com cada família, vamos achar um dado baixo demais, de cerca de três a quatro sessões por família.[1] Faz já muitos anos que, progressivamente, vamos advertindo a respeito do mal-estar de uma atitude tão extrema em relação às terapias (segundo a lógica "tudo ou nada"), que torna impossível um controle maior no processo terapêutico ao longo do tempo. A fusão entre intervenções paradoxais e intervenções prescritivas tinha representado uma primeira resposta a esse mal-estar.

Hoje acreditamos que a óptica paradoxal tenha sido excessivamente otimista, seja em respeito à "potência" do terapeuta e de suas mensagens, seja em respeito às capacidades autoterapêuticas das famílias. Neste sentido, a pesquisa atual vai em direção *a uma nova síntese entre terapeuta "caçador" e terapeuta "educador"*. Nas primeiras sessões, aquelas em presença da família toda, certamente prevalece a dinâmica da indução da crise (caça). Sucessivamente, com o ingresso dos pais como co-terapeutas e as primeiras prescrições, estabelece-se uma aliança terapêutica a médio prazo (educação). As reações de todos a essa aliança e às prescrições darão informações factuais úteis para a retomada da "caça" ao impasse do casal e ao jogo familiar. Essa nova indução da crise não deverá, porém, prejudicar a aliança terapêutica em ação.

---

1. Este é o dado da equipe de *Paradosso e contraparadosso*, confirmado por muitos discípulos. Na verdade, verificamos um número médio de sessões análogo ao citado tanto na experiência do Centro Psiquiátrico de Córsico (Matteo Selvini), como na experiência do estudo profissional privado de Stefano Cirillo e Anna Maria Sorrentino.

O problema fundamental do processo terapêutico surge em decorrência da capacidade da equipe de evitar uma interrupção precoce demais de sua interação com a família. Isso não só quando a família abandona o processo, como também quando a equipe dá alta depressa demais, como era típico nas terapias paradoxais. Ao mesmo tempo, a equipe terapêutica deve ser capaz de diagnosticar de modo oportuno uma sua eventual absorção na manutenção de um jogo familiar disfuncional, fugindo ao risco gravíssimo de persistir "estupidamente" na direção errada. A respeito desse tema voltaremos, em breve, mais detalhadamente. Aqui desejamos mostrar apenas como a nossa atual concepção de mudança terapêutica é a de um processo complexo, que não só vá ao encontro de verdadeiros saltos (a indução da crise), como passe também por evoluções graduais (por exemplo, a aliança terapêutica com os pais e os efeitos das transformações deles no paciente identificado).

Mudança e Metajogo

Utilizaremos a metáfora do jogo, coerentemente com a nossa modalidade de aproximação dos processos psicóticos vistos como fenômenos *"out there"* (externos), também para fazer reconhecer nosso trabalho. Vamos representar a nossa terapia como se ela fosse um jogo e, conseqüentemente, nós também como jogadores.

A reflexão, em termos de jogo, a respeito das jogadas do terapeuta e das mudanças produzidas por nossas terapias familiares comporta uma premissa fundamental. Qualquer jogada que tenha lugar em um jogo de relações funcionais *não* pode *não* pertencer a uma ou outra de duas categorias. Ou é uma jogada que continua o jogo ou é uma jogada que inaugura e convida a jogar *um outro* jogo (movimento metajogo).[2] Evidentemente, os movimentos decisivos do terapeuta devem fazer parte da categoria do metajogo.

O Pressuposto de Competência Individual

O nível elementar das *jogadas terapêuticas metajogo* consiste no fato de o terapeuta assumir uma atitude de base que contrasta com uma

---

2. Esta clareza é própria dos jogos funcionais. Nos jogos psicóticos, muitos comportamentos parecem confundir, enquanto poderiam ser vistos como pertinentes a ambas as categorias de metajogo e no-jogo.

crença fundamental da família: a de que o filho paciente identificado seja um doente. O terapeuta permanece coerente com o que Viaro e Leonardi (1986, p.63) definiram como *pressuposto de competência*. Com esta definição entende-se a recusa de se considerar o sintoma como "expressão de doença": "O terapeuta assume que qualquer comportamento é 'compreensível' sob o perfil interativo, na base de um conhecimento suficiente do contexto no qual o sintoma foi produzido. Diante de comportamentos que *parecem* incompreensíveis há um único movimento coerente com tal assunto: aprofundar a investigação sobre o contexto interativo".

Se, por exemplo, o paciente identificado não fala, o terapeuta vai comentar que essa é uma decisão livre que ele pretende respeitar. Se, ao contrário, o paciente identificado delira, o terapeuta poderá, secamente, tirar-lhe a palavra, afirmando que o tempo da sessão é precioso e não admite divagações, ou, então, se perceber o sentido do delírio vai explicitar a lógica oculta daquele discurso aparentemente insensato. E mesmo com as trocas específicas de cada sessão, o terapeuta procurará sempre demonstrar a voluntariedade e compreensibilidade dos comportamentos do paciente identificado.

A Jogada de Pedir uma Terapia Familiar

Além desse princípio de base, o nível seguinte de jogadas terapêuticas metajogo refere-se às primeiras decisões essenciais da equipe terapêutica diante da ficha feita ao telefone, ou seja, aquelas a respeito de "fazer ou não fazer esta terapia familiar" e a respeito de "quem convocar para as sessões". Para responder a esses quesitos, devemos já dispor de um esboço inicial de modelização (sincrônica) do jogo terapêutico com aquela família e, portanto, prever se nossas respostas serão movimentos metajogo ou dentro-do-jogo em relação a eventuais padrões históricos disfuncionais: o jogo do terapeuta introduz uma novidade, uma transformação no jogo familiar? Ou vem a ser absorvido nele, produzindo uma simples variante formal ou quantitativa em um esquema repetitivo?

Daí decorre a necessidade de uma formulação precoce de hipóteses a respeito do jogo familiar, assim como a importância de avaliar imediatamente os efeitos (retroações) da nossa pesquisa com a família. Na fase do holismo sistêmico tínhamos uma concepção bastante ingênua da "família que pede a terapia", como se a família fosse uma "pessoa", isto é, uma identidade única e indivisível. Hoje, parece-nos provável que o pedido de uma terapia familiar parta, muito freqüentemente, de um só dos membros da família, que traz atrás de si todos os outros, na esteira de uma estratégia que deve ser avaliada com atenção. Esse pedido pode ser, por exemplo, uma jogada que mire reforçar uma posição de liderança ou, então, uma jogada feita implicitamente para colocar sob acusação outros membros da família, ressaltando descuidos dessa família ou outras faltas em relação ao paciente. Em outros casos, o pedido pode representar o êxito de uma negociação interna entre os genitores que, exaustos com as provocações do paciente e com seus próprios conflitos, procuram um árbitro. E pode ocorrer que alguma unidade dos objetivos dos pais possa ter sido encontrada na estratégia de segurar um filho em fase de independência, responsabilizando-o pelo irmão "doente".

Não temos a intenção de passar em revista as possíveis configurações interativas que levam a um pedido de terapia familiar. Desejamos apenas mostrar como formular hipóteses como as anteriormente citadas consiste em esboçar um primeiro modelo sincrônico do jogo familiar em ação, partindo do pedido de terapia. Em nossa pesquisa, examinando retrospectivamente o conjunto de casos tratados, caracterizamos algumas situações típicas de cilada. Uma das mais emblemáticas foi descrita no artigo a respeito do irmão prestigiado que pediu a terapia (Selvini Palazzoli, 1985b.). Em jogos familiares como os que foram analisados nesse artigo, a psicose de um filho é alimentada em sua fúria escondida e confusa por um irmão/irmã; este/esta, aparentemente, quer ajudá-lo, de qualquer forma mas que, sem aperceber-se, o instrumentaliza para manter e reforçar a própria posição familiar de prestígio e de ultrapassagem hierárquica de um ou ambos os genitores. O paciente identificado porém, estará disposto a morrer mas não concederá àquele irmão/irmã o mínimo triunfo, isto é, o mérito da própria cura conseguida pela terapia familiar de que aquele irmão/irmã é o promotor. É por esse motivo que *dar continuidade à terapia familiar seria um erro irreparável.*

Jogo Terapêutico e Impasse de Casal

Mais freqüentemente, em diferentes fases dos processos familiares psicóticos, é um movimento de metajogo que atinge o impasse do casal de genitores e vai ser decisivo para a evolução de um jogo disfuncional. Em tais casos, se a jogada do pedido de terapia familiar tiver sido feita por um cônjuge contra o outro, existem riscos altos de que a terapia enverede por um beco sem saída. São típicas as situações em que o impasse do casal passa também pela atribuição de papéis opostos da assim chamada responsabilidade/irresponsabilidade. O cônjuge "responsável" pede a terapia familiar como parte de um seu esquema habitual de perseguição e culpabilização do outro, considerado um "irresponsável" porque ausente, fraco, egoísta, incapaz, privado do sentido de família, superficial etc. Neste caso, aceitar o prosseguimento da terapia sem se aperceber de fato desse jogo que, de novo, é expresso no pedido, significa ir ao encontro de um fracasso certo: o terapeuta, realmente, será absorvido no jogo de casal como aliado implícito do genitor "responsável", enquanto o genitor "irresponsável" vai sabotar a terapia (como de costume, utilizando sua habitual potentíssima arma da resistência passiva).

A Série Invariável de Prescrições

O segundo nível dos movimentos metajogo é constituído pelas prescrições. Mesmo após a fase inicial da consulta, a equipe deve sentir-se capaz de registrar atentamente os efeitos do jogo da terapia no impasse do casal e em todo o conjunto do jogo familiar. Desde que a série invariável de prescrições foi inventada e aplicada sistematicamente, nos perguntamos de que modo ela poderia produzir aquelas mudanças que, com freqüência, podíamos observar. Como sempre que não se possui, ou não se aplica, o "código" justo para decifrar um criptograma, nos perdemos nos emaranhados da complicação, da somatividade. Exatamente como ocorreu com Kepler, que teve de encher quase mil páginas de números para calcular a órbita de Marte, enquanto usava o código tolemaico das "esferas celestes". Quando, depois, usou como código a sua corajosa intuição das órbitas como elípticas, conseguiu calculá-la em poucas páginas. Refletindo a respeito da prescrição invariável em termos de jogo, também achamos que podemos dar respostas suficientemente simples e convincentes.

Na fase inicial do tratamento, o terapeuta, depois de umas duas sessões, já verificou a motivação e a disponibilidade dos pais e já trabalhou para trazê-las para fora e reforçá-las. Os pais, portanto, já aceitaram uma posição complementar e subordinada na relação com a equipe terapêutica. A equipe, fazendo uso da posição de reconhecida superioridade ao ordenar-lhes o pacto secreto, *faz um movimento de metajogo que convida os membros do casal a tomar parte de um jogo novo entre os dois e entre os dois e todos os outros.*

Entre os dois: no sentido de aceitar entre eles uma posição paritária não-competitiva; no sentido de aceitar entre eles uma cumplicidade integral que, demarcando-os como um casal, os separa de todos os outros.

Entre os dois e os outros: no sentido de aceitar serem marcados, no metassistema terapêutico, enquanto aliados do terapeuta, como separados de todos os outros membros da família, tanto da primeira quanto da terceira geração. Assim, a superioridade do terapeuta, por eles reconhecida, torna-se a matriz da autonomia deles em relação aos outros: no sentido de excluir os outros da participação direta no sistema terapêutico e no sentido de fornecer ao sistema terapêutico informações sobre os outros, mediante as anotações nas cadernetinhas que são entregues ao terapeuta.

Quando o terapeuta entrega aos pais (depois que eles já demonstraram ter realmente aceitado e ter realmente jogado o jogo conseqüente ao pacto e ao respeito do segredo) a segunda da série invariável das prescrições, isto é, os desaparecimentos à tardinha, ele não muda seu jogo. Prossegue no jogo já iniciado (no-jogo) e o incrementa. De fato, ele prescreve aos pais uma jogada subseqüente que não tem mais a ver com a relação entre eles e ele e nem com a relação entre ambos, já definidas com a jogada metajogo da sessão anterior. Incrementa só a marcação da relação *entre eles dois e todos os demais*. Mediante a posse, sem dar qualquer aviso prévio ou explicação a alguém, de um espaço-tempo deles mesmos, os dois reforçam sua independência em relação aos membros da primeira e da terceira geração.

Naturalmente, como todas as prescrições, também esta, certamente, não pode determinar de forma causal uma mudança de jogo somente pelo fato de ser ordenada (ou também formalmente realizada). A prescrição limita-se a fornecer a ocasião para experimentar a possibilidade de uma mudança: convida a jogar um outro jogo. Fica altamente imprevisível se a nova experiência permitida pela prescrição vai fazer "acender a faísca" da transformação dos relacionamentos. Por exemplo, aquelas cenas no restaurante, durante os desaparecimentos à tardinha, serão uma redescoberta da possibilidade de sentir-se bem juntos? Ou serão a enésima desilusão, um ritual artificial de um casal que não consegue entender-se de jeito nenhum? A prescrição invariável prefigura um jogo de relações bem distante daquele em ação nas famílias com um filho psicótico. Basta que se pense no desenredamento dos filhos das problemáticas do casal de genitores e na jogada fundamental metajogo da despedida dos avós e, depois, dos filhos, nas sessões iniciais de consultas. Uma longa terapia familiar com as duas gerações presentes na sessão poderia confirmar e reforçar aquele envolvimento que pensamos ser determinante para a gênese dos processos psicóticos familiares.

Como conseqüência, poder-se-á entender perfeitamente porque muitos pais se alarmam e se descontrolam somente com a perspectiva da prescrição. Por longos anos ficamos perplexos. Como é possível, nos repetíamos, uma desproporção tão grande assim? Por que diante do drama de um filho estragado e insuportável, freqüentemente recusam-se a realizar atos *tão pequenos, coisa tão pouca*? Mas eles sentem a prescrição exatamente como um tornado que corre o risco de desorganizar, de maneira imprevisível, o complicado equilíbrio dos relacionamentos deles.

A Revelação de Jogos Encobertos

Até agora, passamos em revista dois níveis da estratégia terapêutica:
1. o terapeuta evita deixar-se absorver no jogo familiar e, dessa forma, contribuir no reforço de modalidades disfuncionais e repetitivas que o caracterizam;
2. o terapeuta utiliza a sua influência para convidar a família, por meio das prescrições, a jogar um jogo diferente.

Constatamos, com freqüência, como esses dois níveis não são suficientes para produzir mudanças efetivas: somente nessas bases a intervenção terapêutica não é ainda bastante específica. Parece-nos essencial conseguir passar por um terceiro nível *metajogo* de estratégia terapêutica: o da *revelação do jogo*. Baseamo-nos na hipótese fundamental de que a característica essencial dos jogos psicóticos é dada pela *seu encobertamento* (ver capítulo XIX). Essa característica é expressa na forma mais extrema no relacionamento entre os genitores do psicótico: os protagonistas do impasse do casal podem apresentar-se como um casal perfeito ou, também, desencontrarem-se impiedosamente — mas, em todos os casos, não vão se expor um ao outro (e, quem sabe, nem a eles próprios), explicitando as verdadeiras razões de seu sofrimento. Antes de qualquer outra coisa, cada um preocupa-se em se salvar, e pensa poder fazê-lo tão-somente escondendo-se e utilizando táticas indiretas. Ambos perderam a esperança de confiar no outro, de abrir-se com o outro e ser compreendido.

Acreditamos (até prova contrária...) nas potencialidades terapêuticas de reuniões familiares em que "as cartas se abrem", provocando um remeximento global e um salutar desmantelamento de negociações e de vícios como o de se esconder, se deslocar etc.

Nosso esforço teórico de colocar em ordem modelos sempre mais detalhados dos vários tipos de processos que levam às diversas formas de psicose caminha paralelamente à verificação da eficácia terapêutica de tais modelizações para "adivinhar" e desmascarar os emaranhamentos dos jogos psicóticos.

As intervenções de explicitação do jogo podem ser vistas como provocações explícitas e diretas. Acreditamos, porém, que somente um grau suficiente de "aproximação da realidade" atribua uma eficácia terapêutica a essas intervenções (Speed, 1984).

No passado, caímos no erro de pensar que *a provocação e a surpresa* fossem em si e, por si, instrumentos essenciais da terapia. Uma intervenção acerta perfeitamente o alvo e, ao mesmo tempo, subverte emoções e conhecimentos dos vários familiares, quando revela algo que alguém procurava ocultar de si mesmo (falsa consciência) e, também, dos outros. Neste caso, os efeitos provocatórios e surpreendentes são altamente específicos, irrepetíveis com outros meios. As reações de surpresa da família são, portanto, um sinal interessante, pois nos indicam que, provavelmente, estamos no caminho certo. Todavia, não são certamente um fim em si mesmo que devamos perseguir.

Nesta fase de nossa pesquisa, como já dissemos anteriormente, estamos abandonando o espírito de disputa com as famílias. Na fase paradoxal, e por longo tempo também na fase prescritiva, tecnicizávamos muitíssimo nossa relação com os clientes: paradoxos e prescrições faziam as funções de distanciadores emotivos, eram jogadas de um jogo intelectual. Não nos sentíamos ao lado da família, não dizíamos o que pensávamos. *Sentíamo-nos unidos tão-somente à equipe* e protagonistas de uma disputa com a família, ainda que para ajudá-la.

Parece-nos que a intenção atual, a de construir uma caracterização mais articulada de modelos dos processos psicóticos, permite que nos aproximemos das famílias com um espírito sempre menos arrogante e sempre mais colaborador. Essa mudança tem efeitos bastante interessantes: as revelações do terapeuta soam bem menos acusativas. Sua mensagem acaba por soar da seguinte forma: "Ocorreu-lhes uma coisa lamentável que poderia ter acontecido a qualquer um na situação de vocês, inclusive eu". Um clima colaborativo favorece a elevação da capacidade de ouvir das famílias e, reciprocamente, permite que o terapeuta ouça não apenas com a cabeça mas, também, com o coração. Permite-lhe, ainda, que peça a ajuda da família para que possa compreender.

A vivência do terapeuta de estar buscando uma resposta com a família, a total queda de sua reticência, tudo isso transforma globalmente a disposição emocional.

XIX

A PORTA TRANCADA DO IMPASSE DO CASAL

Além do Conflito Manifesto

Aquele fenômeno a que demos o nome de "impasse ou empate do casal", isto é, a modalidade de relação dos pais que nos pedem ajuda por causa de um filho em grave distúrbio é, sem dúvida, o núcleo pesado, a passagem obrigatória mais árdua de toda essa nossa pesquisa clínica. E, no entanto, quanto mais aperfeiçoamos, com o aval de nosso modelo, as estratégias de inquérito e quanto mais multiplicamos as experimentações terapêuticas, mais nos reencontramos diante dessa porta trancada, a qual, estamos convencidos, devemos abrir. Exatamente porque pensamos que o essencial, a matriz do que estamos buscando, esteja atrás dela. Por isso, se não conseguirmos decifrar esse ponto essencial, nunca seremos capazes de fazer um bom trabalho no sentido de provocar uma transformação. Estamos cientes de que compreendemos muito pouco e que o que nos falta deve ser, daqui para a frente, nossa tarefa maior. De qualquer forma, vamos expor aqui o pouco que começamos a decifrar. O primeiro passo consiste, a nosso ver, *em perceber a diferença entre o impasse de casal e o conflito de casal*. O impasse fica escondido enquanto o conflito é o que aparece, o que é mostrado. Ou melhor, o conflito mostrado pelo casal de genitores é utilizado para ocultar a urgência dos sofrimentos autênticos, mas permitindo, nesse meio tempo, um desabafo indireto. Muitas vezes, no passado, tendo chegado ao conflito mostrado pelos pais de filhos esquizofrênicos nós paramos, convencidos de que então já sabíamos tudo e sem nos apercebermos de que o conflito mostrado cobria algo que estava por detrás e mantinha aberta a possibilidade das recaídas. Mas, se nós não entendíamos isso, muito menos o entendia o casal que, durante anos, padecia e se atormentava, emaranhado e confundido na embrulhada entre "manifesto" e "oculto".[1]

Mas vamos tentar definir, do modo menos difícil possível, como é que, ultimamente, chegamos a reconhecer esta embrulhada.

O eixo substancial do empate do casal é um enorme medo que um dos cônjuges nutre em relação ao outro, medo que não manifesta nem admite (por motivos que não conhecemos, quem sabe pelo temor de "colocar-se na mão" do outro, terror de que o outro se aproveite, incapacidade de confessar esse medo até mesmo a si próprio). Ao invés disso, ele esconde seu medo atrás de um problema-abrigo sobre o qual, ao contrário, fala até demais, atormentando o parceiro. Todavia, esse medo é intuído pelo parceiro que se conforma em não comentar sobre ele. De fato, comporta-se como se o problema-abrigo fosse exatamente aquele, e emperra ali (conflito de casal mostrado), desfrutando-o com a finalidade de recarregar, incessantemente, o medo escondido do outro. O que o empurra a fazer isso é o fato de estar ele também sendo devorado por algum medo, relativo provavelmente a uma outra esfera. Um caso típico é representado pelo marido que, escrupulosamente, esconde o próprio medo da traição da mulher. E ela, por sua vez atormentada pelo temor de não gozar da estima e do apreço do marido, sente-se parcialmente assegurada pelo medo dele e, por isso, torna a atiçá-lo.[2]

Paralelismo e complementariedade dos medos recíprocos poderiam explicar o equilíbrio persistente no impasse.[3] Vamos tentar nos explicar pelo exemplo clínico já citado no capítulo xv. Um casal de genitores pede ajuda por causa de um jovem encoprético crônico de quinze anos, com comportamentos maníacos. Na primeira sessão, vem à tona o seguinte conflito mostrado. Ao marido, que desejava construir

---

[1]. Um jogo aberto, mesmo se duramente conflituoso, em que os pais são capazes de expor a própria fraqueza, de "colocar-se na palma da mão do outro" explicitando desejos e medos, não causará, em nossa opinião, confusões e psicoses nos filhos.

[2]. Certamente não podemos saber quais são os níveis de conhecimento de tais organizações interativas. Quando, entretanto, as percebemos e as expomos ao casal, freqüentemente tivemos a impressão de suscitar reações de emoção e estupor, não tanto pela revelação em si mas pelo fato de termos conseguido decifrá-las.

[3]. Existe também uma espécie de casal, obviamente de genitores de filhos com graves distúrbios, que não recorre ao conflito mostrado como abrigo para o impasse. Ao contrário, ostenta pertinazmente uma fachada de perfeito acordo. Em tais casos, a tarefa terapêutica de abrir a porta do impasse é ainda mais árdua.

uma família a partir de uma esposa "anjo do lar", a mulher opunha seu apego ao emprego que, desde quando era noiva, havia prometido abandonar tão logo chegasse o primeiro filho. Como reação, no dizer dele, à falta de cumprimento da promessa dela, o marido a perseguia com obsessivas repreensões acerca do andamento da casa, a desordem, os botões que faltam nas camisas, acusando-a pelo tempo insuficiente que dedicava aos deveres domésticos. Também nesse caso, como de costume, foi o comportamento sintomático do paciente identificado que nos sugeriu que o verdadeiro problema estava em outro lugar. Embora o filho, na primeira e segunda sessões, bradasse, quase como se fosse o porta-voz do pai, contra a culpável negligência da mãe pelas coisas da casa, tratando-a de certa forma como uma "serva inadimplente", seu comportamento patológico era *forte demais por tão pequenas acusações*. Por que estava, a cada dia, emporcalhando de fezes as toalhas de mão e as paredes do banheiro, constrangendo a mãe ao humilhante encargo de limpar tudo? Um tratamento desses não é reservado a uma empregada negligente!

Nas sessões em que havíamos trabalhado com toda a família, fomos atingidos pela passionalidade erótica com que mãe e filho altercavam. Parecia-nos absolutamente provável que o filho se tivesse identificado com o pai não só pelo que concernia ao conflito mostrado mas, também, pelos ocultos e profundos medos de infidelidade que envenenavam a vida conjugal de seu pai. Medos dos quais o filho, com suas façanhas asquerosas, havia se autodenominado vingador. Na quarta sessão, já não presentes os filhos, a terapeuta havia, então, deixado pronto seu programa: tinha a intenção de bater respeitosamente à porta do impasse para deixar-se entrar. "Pensei e repensei bastante", disse ela, com empatia, dirigindo-se ao marido, "no que perguntamos e debatemos nas sessões passadas sobre o problema de vocês. Repensei muito e agora acredito, e acredito sem dúvidas, senhor engenheiro, que aquilo de que falamos na última vez não seja o verdadeiro problema. Acho que seu problema seja um outro... imagino que seja um temor, um grande temor, tão grande que o senhor nem mesmo o admite a si próprio, de que sua esposa possa não lhe estar sendo fiel... não sei... que naquele escritório haja algo, alguém que a atraia e a satisfaça mais do que o senhor... eu não usaria a palavra ciumento, ela é banal... e acho também que a senhora percebe isso, que a senhora vê este temor, e se agarra a ele como uma forma de certificar-se, de assegurar-se do amor dele... pelo que a senhora nada faz para eliminá-lo, aliás, instintivamente o alimenta, e não apenas no que se refere ao escritório... Mas há outra pessoa que tem esse medo, que o absorve do pai... que o transforma em ação... é o Marcello... é ele quem caga nas paredes... como se estivesse gritando: sua puta maldita!"

O que aconteceu, que efeito teve sobre os cônjuges aquela declaração aflita da terapeuta pôde ser vista no filme. Foi uma sucessão de expressões primeiro estupefatas, depois comovidas, a princípio de admissões relutantes e, em seguida, cada vez mais objetivas, até uma total confirmação sem qualquer sombra de dúvida.

Para que o leitor possa entender a significação e a passionalidade de tais situações, o que surge nesses momentos fortes do nosso trabalho, apresentamos uma curta transcrição da última parte daquela sessão.

Uma vez obtida dos cônjuges a confirmação da sua hipótese, a terapeuta saiu da saleta um pouquinho, para ouvir a impressão dos colegas. Mas quando voltou para a despedida, viu-se diante — quase a deram em sua mão — da prova irrefutável que lhe faltava.

Esposa: (com a fisionomia tensa, olhando nos olhos da terapeuta): Doutora, a senhora preocupou demais o meu marido, dizendo a ele que podem existir perigos... coisas de fora...
Terapeuta: A sua força provocatória sempre foi a de fazer sentir: fora daqui eu me excito, já com vocês... É uma mensagem pesada.
Marido: Freqüentemente houve, por parte dela, uma carência de correspondência nas nossas relações sexuais. Meus desejos ficaram insatisfeitos, na verdade por muito tempo.
Terapeuta: Ela queria que o senhor pensasse que talvez existisse um outro que...
Esposa: Eu sinto prazer quando ele tem suspeitas! É verdade! Infelizmente esse é o meu modo de ser.
Terapeuta (para o marido): Tudo isso é feito para deixar o senhor na corda bamba! Quem faz as coisas pra valer não provoca, fica quieto! A gente se revê daqui a seis semanas!

Com aquele fechamento ficou claro que a porta do impasse de casal abriu-se... até o ponto em que o marido conseguisse mostrar-se, à mulher, tão assustado (no intervalo em que os dois ficaram fumando sozinhos na ante-sala) que lhe manifestou a necessidade de saber o que a terapeuta estaria pessoalmente pensando (das possíveis infidelidades). A mulher tinha compreendido essa necessidade, solicitando o parecer da terapeuta, e a terapeuta pegou a questão no ato, desmontando com humor e segurança o medo tremendo daquele homem: "Tudo isso é feito para deixar o senhor na corda bamba", é um jogo pesado, mas não passa de um jogo.

A Confiança no Terapeuta Pode Destrancar a Porta do Impasse

Há apenas pouco tempo aprendemos a nos colocar diante daquela porta fechada de maneira decidida e respeitosa. Sabemos ter de recorrer a todas as nossas fontes para induzir os pais a destrancá-la. Antes que nos preparemos para fazê-lo, devemos ter superado, preliminarmente, outras provas. Uma delas é a de ter percebido *muito precocemente* o fato de a freqüente posição antitética dos cônjuges no que se refere à terapia e ao terapeuta poder colocar este último em posição insustentável. A segunda é a de ter transformado em ação todos os meios — ser participantes, honestos, modestos e, ao mesmo tempo, seguros de nós mesmos — para conquistar a confiança de ambos. Temos a impressão de que, *se cada um deles chega a confiar de verdade no terapeuta, conseguirá confiar também no parceiro*. Será somente então que, com naturalidade e numa atmosfera de terapia amigável e relaxada, poderão vir para fora coisas incríveis. O terapeuta vai poder levantar hipóteses explicitamente, será possível admiti-las e conversar-se à vontade sobre elas.

Um exemplo de termos chegado a isso com estupendos efeitos terapêuticos ocorreu no caso da família de Rina, apresentado de forma detalhada no capítulo XVI. A total confiança dos cônjuges, que a terapeuta bem mereceu, foi premiada por uma descoberta incrível. Aproveitando a sugestão das repetidas "paixões" que Gemma, mãe de Rina, havia mostrado em relação à psicóloga e às moças que tomavam conta da filha (uma psicótica grave desde o final da primeira infância), a equipe formulou a seguinte hipótese. Seria possível que aquelas "paixões" de Gemma pelas mulheres constituíssem *a ameaça* com que ela constantemente prendia o marido (um abandonado) em angustiante situação de alarme? Nesse caso, tão grave, a substância do impasse do casal nos aparecia ainda mais contorcida do que no caso anteriormente descrito. Aqui não havia primariamente um medo. O que havia parecia mais um desejo. Mas tão intenso, tão enorme, que continha implicitamente, por sua imperiosidade, o terror do desespero: o de não poder nunca se apagar.

O desejo de Vico, marido de Gemma, era o de receber dela uma ternura entusiasmada. Exatamente aquela ternura que ele avistava, espiando-a, no olhar e nos gestos dela a cada vez que chegavam *as mulheres*. E no entanto, foi exatamente uma mulher, a terapeuta, que tentou protegê-lo das paixões da mulher e que havia ousado, no início daquela última sessão, apresentar-lhes uma hipótese tão aflitiva (de infidelidades homossexuais, mesmo que a terapeuta jamais tenha pronunciado esse termo), que Vico abriu com doçura, com seu belo dialeto toscano, a porta do impasse do casal: "É exatamente o que a senhora está dizendo, doutora... eu estou sempre assustado... é por isso que me agrada que Gemma fique em casa com Rina... é isso, é como a senhora diz... *quando Gemma fica com as mulheres há sempre alguma coisa a mais...*".

Depois disso, foi Gemma quem adiantou-se. Contou como sua mãe a havia sempre desvalorizado, opondo-lhe sempre as qualidades da irmã mais velha. E no entanto, estranhamente, estava sempre sentindo ciúme de suas amigas. Não queria que ficasse com elas e, se elas apareciam em casa, chegava a ponto de maltratá-las. Na verdade, ficava era com raiva. Pode ser que aquele ciúme significasse para a Gemma o único sinal de afeto da sua mãe por ela.

QUINTA PARTE

ALÉM DO MODELO SISTÊMICO

XX

A AQUISIÇÃO DO PENSAMENTO MULTIDIMENSIONAL

Na verdade, noções como sistema, cibernética, informática, que me permitiam ir além do velho modo de pensar, comportavam uma nova simplificação de cuja espessura, no início, não nos apercebíamos [...]. Era necessário não se deixar fechar dentro de noções que, liberadoras na fase de desestruturação, transformavam-se em prisões na fase de reestruturação. Era necessário compreender que o perigo está exatamente naquilo que traz uma libertação provisória. Era necessário compreender que o próprio movimento que me havia feito passar por noções como sistema, cibernética, informática, impunha-me agora ultrapassá-las.
(Morin, 1977, p. 385) *

Em Busca de Uma Legitimação Epistemológica

O grande problema com que deparamos agora é o de ultrapassar o modelo sistêmico para aprender, cada vez mais, a pensar de maneira multidimensional. Mas é um trabalho duríssimo, levado adiante com esforços que já duram anos.

---

* Transcrito para o português a partir da tradução italiana de Mara Selvini Palazzoli.

Já em 1972, querendo deixar para trás o modo de pensar psicanalítico para aprender a pensar de modo sistêmico, tivemos de recorrer a artifícios (que escandalizaram tanto os pensadores mais tradicionais, incapazes de perceber a autenticidade de nosso esforço para liberar-nos do reducionismo causal) para aprender a desviar a nossa atenção das causas de um fenômeno *para* os seus efeitos pragmáticos. Obrigamonos a pensar (e o escrevemos) que o indivíduo que vinha nos procurar não *estava* realmente deprimido, mas apenas o aparentava com o objetivo de obrigar-nos a concentrar a nossa atenção nos efeitos que o fato de ele parecer deprimido tinha sobre os outros, deixando de nos interessar pelo motivo que o fazia estar deprimido. Essa reviravolta, aparentemente cínica, foi, pelo menos para nós, uma passagem obrigatória para condicionar-nos a observar os efeitos pragmáticos dos comportamentos, como o efeito do mau humor de um dos membros do grupo sobre os outros. É possível que outros, sem ter de recorrer a esses artifícios, consigam dar uma guinada em seu modo de pensar, passando desenvoltamente da revelação das causas de um certo comportamento ao levantamento de seus efeitos pragmáticos. Para nós, isso foi muito difícil, e não privado de algumas conseqüências indesejáveis (um certo distanciamento emocional). O lado positivo, porém, foi muito importante, pois foi essa guinada no foco de observação das causas para os efeitos que nos levou ao conceito pragmático de intercâmbio interativo (nos termos do qual o indivíduo que se mostrava mal-humorado esperava exercer um determinado efeito sobre os outros).

Depois de alguns anos, porém, percebemos termos trocado um reducionismo por outro. Saímos do reducionismo psicanalítico, que desligava o indivíduo das suas interações, para cair no holístico, que desligava o sistema (família) de seus membros individuais componentes. Na verdade, tendo tido medo de levar explicitamente em conta os indivíduos, suas intenções e objetivos, na ausência de pessoas vivas e verdadeiras, vemo-nos obrigados a personificar o sistema, com uma perda de flexibilidade mental e de potencial explicativo. O sistema família tinha-se transformado, por assim dizer, numa espécie de pessoazinha a quem eram restituídas as intenções e finalidades de que tínhamos destituído os indivíduos. Era o sistema que pedia a terapia, resistia à mudança etc.

Com o advento da série invariável de prescrições, e com a sistematização de seu uso, nosso modo de pensar passou por uma transformação importante, e só muito lentamente nos apercebemos de sua qualidade e relevância como *fato estabelecido*, se assim se pode dizer. Ter tido de aceitar que, diante de uma mesma série de prescrições, os diversos indivíduos reagiam de maneira diferente, levou-nos a recuperar, como já explicamos, a dimensão do *sujeito*. Ao lado dessa nova dimensão da realidade, descobrimos ter recuperado uma outra, igualmente importante: a dimensão tempo, que está na base de fenômenos como a escansão, a seqüência, o processo.

Tal constatação inspirou-nos, para começar, um certo medo. Como era possível que logo nós, supremos defensores do modelo sistêmico não fazia tanto tempo assim, o estivéssemos agora deixando para trás? Mas o que nos estava acontecendo? Talvez estivéssemos nos tornando ecléticos, desprovidos de bases conceituais coerentes? Devíamos dar a esse nosso novo modo de pensar e de operar uma justificativa epistemológica.

Dentre os epistemologistas, Edgar Morin pareceu-nos ser o que mais nos poderia ajudar. Mas de um modo que, para nós, pareceu insólito, especial, pode-se até dizer *a posteriori*. Vamos tentar explicá-lo.

Na época em que líamos o Bateson dos ensaios esparsos, mais tarde recolhidos em *Rumo a uma ecologia da mente* (1972), a nossa necessidade era diferente. Diante da novidade da óptica adotada, esforçávamo-nos em compreender aquele autor difícil, na esperança de podermos transferir seu modo de pensar para nosso trabalho clínico.

O encontro com Morin, ao contrário, ocorreu num momento diferente, sem reflexo algum sobre o nosso trabalho terapêutico. Já havia tempo que tínhamos desenvolvido o método fundamentado na série invariável de prescrições, que nos tinha sido inspirado por exigências clínicas puras. No entanto, a série de casos assim tratados tinha modificado e ampliado progressivamente o nosso conhecimento. Haviam surgido obervações originais, e fenômenos recorrentes tornados previsíveis podiam, então, ser distribuídos em categorias. Dessa forma, o "método" de Morin pareceu-nos um esclarecimento do que já tinha acontecido ou, melhor ainda, uma legitimação do que já tínhamos feito e continuávamos fazendo.

De certa forma, e sem apercebermo-nos disso, movidos por exigências clínicas e de conhecimento, já estávamos decolando para um pensamento multidimensional. Havíamos começado a fazer dialogar, embora mantendo-as distintas, concepções consideradas incompatíveis. De alguma maneira obscura, de forma alguma consciente, estávamos nos subtraindo ao que tínhamos orgulhosamente chamado de nosso rigor sistêmico, talvez por querermos evitar o perigo do enrijecimento e da ideologização.

Passemos, agora, a expor de que maneira, ao deparar com Morin, percebemos já estar pondo em prática o método que ele propunha. Para poder tornar mais clara a nossa exposição, decidimos dividi-la em breves seções, no início das quais colocamos, como título unificador, a formulação de *um caminho para a complexidade*, proposto por Morin (1928, pp. 200-1). *A exposição que se segue será feita para mostrar de que forma o nosso trabalho, inseparavelmente clínico e cognitivo, voltou-se — ou tende a voltar-se — para as modalidades de pensamento multidimensionais.*

Validade, mas insuficiência, do princípio da *universalidade*. Princípio complementar e inseparável da inteligibilidade, a partir do *particular* e do *singular*.

A nossa pesquisa, que tende, há muitos anos, a individualizar um esquema genérico dos processos interativos "psicóticos" dentro da família, teve de se confrontar com o esforço cotidiano de tornar inteligível tudo o que acontecia no *local* dos casos *individuais*. É mais oportuno usar, em vez do verbo compreender, a expressão *tornar inteligível*, pelo seguinte motivo: como até mesmo os casos individuais pareceram-nos enormemente complexos, fomos obrigados a aumentar a sua inteligibilidade mediante artifícios, tais como a adoção da metáfora do jogo e a recomendação da prescrição invariável. O primeiro artifício é de tipo predominantemente cognitivo e o segundo, de tipo predominantemente estratégico. Tratou-se de uma estratégia para o conhecimento, visto que a seqüência invariável de prescrições, provocando reações confrontáveis nos vários membros de uma mesma família, permitia-nos utilizá-las como informações relacionais, ligar uma à outra, integrá-las, organizá-las, reagrupá-las e até mesmo prevê-las, colocando-nos finalmente em condições de construir um esquema diacrônico do jogo da família. Mas ao chegarmos, após anos de trabalho local, à delineação de um esquema geral, pareceu-nos claro (como se fosse possível esquecermo-nos disso) que um tal esquema geral só poderia aumentar a inteligibilidade de cada caso individual se, por sua vez, viesse "encarnado" na específica e detalhada singularidade e localidade do próprio caso. Essa última operação poderia, por seu turno, confirmar, enriquecer ou invalidar o nosso esquema geral. O que nos permite concluir como a natureza e os limites de nossa inteligência nos obrigam a seguir o progresso do conhecimento com um percurso em espiral que faça continuamente dialogar aquilo que parece válido de forma geral com aquilo que é tópico e peculiar.

Necessidade inevitável de fazer com que a história e o acontecimento intervenham em todas as descrições e explicações.

Não é só na física e na biologia que um sistema só pode ser compreendido com referência à sua história e ao percurso, como o afirmou Prigogine, mas também em qualquer outro tipo de problemática organizacional. Aqui, o processo interativo (mesmo partindo de um momento arbitrário, embora atentamente avaliado) deveria ser detalhadamente reconstruído e datado passo a passo em seu percurso. Isso afasta o perigo de perder de vista a sua dinâmica extrema. Em nosso trabalho, tivemos sempre de nos lembrar como a análise de um processo interativo deve levar em conta não só os intercâmbios comportamentais, ou as manobras dos vários membros da família, mas também os *acontecimentos aleatórios*. A quantia que a mulher ganha inesperadamente na loteria é um acontecimento aleatório que pode imprimir a um problema relacional latente uma reviravolta das mais graves. Antes de serem ligados uns aos outros, os acontecimentos e comportamentos têm de ser cuidadosa e pacientemente datados, superando as confusões e os esquecimentos com que as famílias resistem a nós.

No entanto (é exatamente aqui que se evidencia a indispensável multidimensionalidade desse modo de pensar), apesar de nossa constante atenção ao percurso histórico de um processo, tivemos de permanecer fiéis ao *aqui e agora* como o momento privilegiado para fundamentar o procedimento cognoscitivo. Vejam, por exemplo, o caso em que a terapia é solicitada por um irmão ou irmã do paciente identificado, que desfrute de um prestígio especial dentro da família. Nesse caso, o aqui e agora do pedido, feito por esse irmão/irmã de prestígio, será a chave explicativa de toda a situação que teremos de reconstruir e datar. Porém, devemos continuar agarrados, para que não nos percamos, ao tempo presente, isto é, à modalidade do pedido.

Necessidade de ligar o conhecimento dos elementos, ou partes, ao dos conjuntos que estes constituem.

É preciso ter constantemente presente tanto os indivíduos quanto os sistemas aos quais eles pertencem. Em outras palavras, não se pode separar o indivíduo da família e a família dos indivíduos que a constituem.

No nosso caso, temerosos como tínhamos ficado, numa certa época, em transgredir a "observância" sistêmica, devíamos principalmente recuperar os indivíduos, distinguindo-os, sem no entanto separá-los, de seu sistema familiar. Por isso, nossa experimentação clínica com as famílias que possuíam filhos psicóticos não nos induziu a restaurar a referência privilegiada com a psicanálise. Para dizer a verdade, abandonamos o pressuposto psicanalítico de base da prioridade da estrutura intrapsíquica individual, substituindo-o por um pressuposto — igualmente arbitrário, se quiserem — que confere a prioridade aos processos relacionais. Trata-se de ver as relações (o "jogo familiar") como "reguladoras" das estruturas intrapsíquicas individuais, no sentido de que elas selecionam o aparecimento de determinadas qualidades (definidas, por exemplo, como psicóticas), em detrimento de outras qualidades que permanecem em estado potencial (submerso). Nossa esquematização deseja partir do jogo para chegar ao indivíduo e, em seguida, retornar ao jogo. Isso porque o recém-nascido, quando vem ao mundo, vem sempre inserido, com as suas próprias características preexistentes, num jogo familiar que ele influencia de imediato, e pelo qual é influenciado.

Trata-se, aqui também, de tender a uma maneira de pensar multidimensional. Recuperam-se os indivíduos como atores/sujeitos e identificamo-nos com eles na tentativa de compreender as intenções e sentimentos que os movem, e em que data e situação interativa. Mas, ao mesmo tempo, mantém-se a firme convicção de que o essencial do jogo está nas inter-retroações. Essa convicção mantém aberta a porta para uma visão do vir-a-ser individual, bastante mais articulada e complexa. No sentido de que "os efeitos das ações são freqüentemente 'perversos' em relação às suas intenções" e que "no vir-a-ser, os fins transformam-se em meios, os meios em fins, os subprodutos transformam-se em produtos principais, e os produtos principais em subprodutos" (Morin, 1982, p. 197).

Quantas vezes tivemos de constatar o aparecimento desses efeitos perversos nas dolorosas histórias de nossos pais de psicóticos... Basta pensar em Wanda, mãe de um esquizofrênico crônico (falamos dela no capítulo XVII). Moça bonita e inteligente, mas proveniente de uma família miserável, casou com um jovem comerciante que, juntamente com a mãe, dirigia uma loja importante de sua cidade. No esforço de fazer-se aceitar pela sogra, Wanda atirou-se de corpo inteiro aos negócios, durante anos. Quando a sogra morreu, tinha-se tornado tão competente que herdou dela o cetro de rainha, cercada e respeitada pelos clientes. Mas foi aqui que o vir-a-ser interativo escapou às suas intenções originais (as de uma moça inculta e paupérrima que teve de adaptar-se a uma situação difícil). O marido sentiu-se lesado e abandonado, e deu para beber; e o único filho, Sergio, com ciúme do sucesso que a mãe fazia nos negócios, bandeou-se para o lado do pai, começando por privá-la — logo ele, que era intelectualmente superdotado — dos bons resultados na escola. E Wanda? Como reação a frustrações tão graves, e não podendo mais contar com a ajuda do marido que, a maior parte do tempo, estava bêbado, não conseguiu fazer outra coisa senão dedicar-se cada vez mais aos negócios, agravando, assim, a escalada com o marido e o filho. O meio de Wanda, isto é, a dedicação aos negócios, tinha-se inadvertidamente "pervertido": transformara-se num fim.

Isso nos faz refletir sobre o fato de, no momento em que observamos um jogo familiar, não podermos estabelecer, com certeza, quais eram as finalidades originais dos atores individuais.

Impossibilidade de não levar em conta a problemática da auto-organização.

Aqui também a multidimensionalidade no modo de pensar mantém contemporaneamente presentes seja o indivíduo, com suas exigências, intenções e objetivos, seja a problemática específica da auto-organização sistêmica.

Um casal que decide conviver não pode deixar de se organizar, distribuindo as tarefas entre si. Tratando-se de sujeitos que, por definição, são diferentes, tanto biologicamente quanto pelos contextos respectivos de aprendizagem, a auto-organização, por causa do egocentrismo fisiológico de cada um, implica conflitos de interesse e negociações. Isso comporta levar em conta que os membros individuais da família negociam as vantagens e as desvantagens de sua cooperação. Mas a problemática da auto-organização também deve levar em conta acontecimentos aleatórios que possam fazer tanto os indivíduos quanto a organização entrar em crise. Assim, por exemplo, um acontecimento como a morte de um dos pais pode provocar, nos outros membros da família, problemas subjetivos de elaboração do luto, mas também problemas de organização sistêmica. A atenção que temos de atribuir a essa última nos sugere indagar se, por acaso, não se instaurou, entre os membros da última geração, uma espécie de guerra de sucessão mais ou menos dissimulada[1], para decidir quem poderá ocupar o lugar que o pai defunto deixou vago.[2]

Treinar-se Para Pensar em ZigueZague

Por respeito a Morin, queremos deixar claro que a proposta expressa no título desta seção não é dele e, sim, nossa. Apesar disso, parece-nos uma proposta interessante.

A ciência clássica tinha elaborado um método de pensamento fundamentado no princípio da disjunção. O objeto de observação era isolado do seu ambiente e do observador, na ilusão de assim conhecê-lo de modo "científico". O pensamento complexo, ao contrário, é a arte de distinguir sem separar e de fazer comunicar aquilo que se distinguiu.

"Durante longo tempo, muita gente acreditou — e muitos acreditam até hoje — que a carência das ciências humanas e sociais residisse em sua incapacidade de libertar-se da aparente complexidade dos fenômenos humanos, para elevar-se à dignidade das ciências naturais, ciências que estabeleciam leis simples, princípios simples, e faziam reinar a odem do determinismo. Hoje, porém, vemos que as ciências biológicas e físicas caracterizam-se pela crise da explicação disjuntiva simples. Conseqüentemente, o que pareciam ser resíduos não-científicos das ciências humanas — a incerteza, a desordem, a pluralidade, a complicação etc. — fazem parte da problemática básica do conhecimento científico" (Morin, citado em Bocchi e Ceruti, 1985, p. 49).

Quanto a nós, parece-nos mais provável que as ciências humanas (e ainda mais as pesquisas psiquiátricas) estejam atrasadas por ainda não terem sabido inventar estratégias para o seu próprio conhecimento. Elas limitaram-se a adotar os métodos disjuntivos da simplificação científica. Esses métodos, defrontados com a complexidade do universo real, que se percebe ser cada vez maior, acabaram por mostrar os seus limites até mesmo nas ciências físicas e biológicas. Com mais razão ainda as ciências humanas, quando deparam com a hipercomplexidade do universo hu-

---

1. No caso de uma família com filho esquizofrênico, podemos reconstruir de que forma essa guerra se iniciou depois que se diagnosticou que o pai tinha uma doença muito grave à qual, no entanto, sobreviveu. Uma espécie de morte erroneamente anunciada, cujas conseqüências foram dramáticas.

2. Falou-se disso no capítulo v.

mano: elas ficaram para trás em decorrência da inadequação do seu método para conhecer. Basta ler, para constatar o exemplo mais recente disso, a obra de Keeney (1983) e a de Shazer (1982), dois terapeutas familiares deslumbrados com o esplendor estético da Segunda Cibernética. Nesses dois volumes, não há lugar para o erro, ou melhor, para a advertência contra os possíveis erros irreparáveis do terapeuta. Na verdade, o erro do terapeuta é conceitualizado por esses autores exclusivamente como um caminho para o conhecimento mediante o processo de acerto e erro. Não se prevê uma outra conseqüência possível, o risco de gerar uma catástrofe no tratamento. E por que isso? Provavelmente porque os autores, dominados pela ideologização do sistema terapêutico (família + equipe terapêutica), deixaram de considerar a família e os seus membros também como indivíduos *out there*, possíveis atores de padrões nocivos e funestos que, como alçapões, atraem o terapeuta, privando-o de opções terapêuticas. Subvalorizar o erro parece-nos freqüente no modo de pensar redutivo, principalmente se ele é ideologizado.

Eis, portanto, um primeiro exemplo da necessidade de pensar em ziguezague, imagem pitoresca que sugere o incessante movimento exploratório de ir para a frente e para trás que o rato faz dentro de um labirinto desconhecido para ele, ou o movimento cadenciado da sovela do tecelão, que vai-e-vem incenssantemente, de um lado para outro da urdidura. A consciência do perigo de cair nos alçapões de certos padrões "históricos" disfuncionais da organização familiar há de nos obrigar a respeitar rigorosamente algumas normas, por exemplo, a precisão, seja ao tratar de fatos, seja dos dados relacionais, ao compilar a ficha clínica que precede o encontro do terapeuta com a família (Di Blasio et al., 1986). Já ter em mente um esboço do "jogo" existente na família permitirá ao terapeuta "ver" os alçapões e evitá-los.

Pensar em ziguezague refere-se também ao problema da lógica aristotélica. Não podemos fugir dessa lógica, que permeia toda a nossa vida cotidiana. Mas não podemos tampouco trancarmo-nos nela. Temos de transgredi-la e, na hora certa, voltar a ela. Desse modo, também a lógica da causalidade linear, como instrumento retrospectivo e seqüencial, entrará em diálogo com a causalidade complexa (endo-exocausalidade).[3] Esse retorno necessário à lógica aristotélica, nas idas e vindas do pensamento em ziguezague, convence-nos de que nada

---

3. Para esclarecer esse conceito de maneira direta e simples, voltamos ao caso de Wanda, exposto pouco antes. Em sua dedicação à loja, Wanda foi sendo atraída a fazer com os diversos clientes um jogo mundano que, com o tempo, adquiriu autonomia e, provocatoriamente, reforça o endojogo familiar e o exaspera.

está excluído do modo de pensamento multidimensional. Os próprios artifícios da simplificação fazem parte, mais do que nunca, da nossa estratégia para aproximarmo-nos do pensamento complexo. Desde que tenhamos presente, cada vez que recorremos a elas, que estamos usando as simplificações por razões práticas, e não para encontrar o núcleo quintessencial da realidade. Na verdade, adverte Morin, é aqui que está o perigo: descartar como epifenômeno tudo aquilo que entra no esquema simplificador, e decidir que só o simplificável merece a designação de científico.

Princípio de distinção, mas não de disjunção, entre o objeto e o seu ambiente. O conhecimento de qualquer organização física requer o conhecimento de suas interações com o ecossistema.

Em nosso trabalho, como já vimos no capítulo dedicado à condução das sessões, para individualizar as pistas do jogo relacional é fundamental o conhecimento do ecossistema e, portanto, das subculturas regionais (Calabria, Brianza etc.) ou sociais (aristocracia, pequena burguesia etc.)
De outra forma, corremos o risco de considerar provocatório ou anômalo um comportamento que, na verdade, é cultural e, inversamente, avaliar como normal um traço que contrasta com o contexto sociocultural.
Também do ponto de vista da nossa credibilidade em relação à família, é oportuno que o terapeuta esteja em condições de perceber quais são o fundo e a linguagem do jogo.
Pense-se nas pesquisas sobre os resultados das psicoterapias que demonstraram uma conexão entre eficiência e homogeneidade de códigos culturais de terapeuta e paciente.

Princípio de relação entre o observador/o que concebe, e o objeto observado/o concebido. Princípio de introdução do dispositivo de observação e de experimentação e, por essa via, do observador, em cada observação ou experimentação física.

No que diz respeito ao problema da reintegração do observador nos dados da sua observação, é difícil imaginar uma equipe mais comprometida do que a nossa com todo o processo da própria pesquisa. Programada por clínicos, com objetivos especificamente clínicos, essa pesquisa foi conduzida pela equipe mediante um dispositivo nitidamente clínico: a série invariável de prescrições, que se revelou um dispositivo não só de observação e de experimentação, mas também de perturbação interativa. E não é só isso. Ao lado desse dispositivo produtor de informações, a equipe colocou um artifício conceitual para organizá-lo, recorrendo à metáfora do jogo. O emprego combinado desses dois intrumentos poderia ser considerado uma metaestratégia para o conhecimento (complexo). A equipe, além disso, estando plenamente consciente de que, de vez em quando, entra ela própria num jogo global com cada família no interior do sistema terapêutico (equipe + família), serviu-se dessa consciência com um objetivo explicativo. Uma vez individualizados os comportamentos significativos apresentados pelos membros da família *de per si* dentro do jogo global do sistema terapêutico, eles foram considerados indícios úteis para inferir e reconstruir o jogo específico de cada uma das famílias. E, finalmente, caracterizando e datando passo a passo os intercâmbios comportamentais desses jogos, chegou-se a reagrupá-los e dissecá-los esquematicamente, ao longo de um itinerário interativo, ou processo, que desemboca no sintoma e em sua (eventual) transformação em uma manifestação crônica.

Existe um remédio para o compromisso do conceptualizador com as suas próprias construções?

A esse problema crucial, tentamos responder em vários níveis, todos eles tendo como finalidade *observar-nos enquanto observamos*. Os remédios podem ser:
1. a reflexão contínua sobre os pressupostos implícitos e explícitos ligados às referências teóricas gerais: a partir de Bateson até Morin;
2. procurar confrontar-nos constantemente com os pressupostos da nossa teoria local das psicoses. Trata-se de ter bem claras as origens e as raízes de nossas hipóteses básicas. Por exemplo, recentemente, tendo iniciado, mais aberta e sistematicamente, a formulação de hipóteses sobre o indivíduo e as suas estratégias, interrogamo-nos sobre as teorias clínicas da psicose (ou as concepções psicológicas gerais) que estávamos utilizando, ainda que fragmentariamente;
3. o duplo nível de observação permitido pela supervisão direta. Família e terapeuta constituem um conjunto em que o envolvimento direto é muito importante. Os supervisores estão em condições de observar o conjunto terapeuta-família num

estado emocional e cognitivo bem diferente das do terapeuta. A equipe terapêutica, com essa metodologia, põe em prática, de modo paradigmático, um processo sincrônico de auto-observação (Selvini, 1985, pp. 78-80);

4. quanto aos processos diacrônicos, também aqui pusemos em prática a tentativa de observar-nos a nós mesmos no tempo, na evolução de teorias e técnicas. Os instrumentos dessa auto-observação são dados pelas nossas publicações, pelos diários das terapias (isto é, pelas síntese das sessões redigidas pelo terapeuta direto), pelos videocassetes e a análise dos resultados imediatos e a distância das terapias.

Não cultivamos a ilusão de que podemos nos "anular" como indivíduos. Em vez disso, procuramos conhecer, pelo menos parcialmente, que distorções e simplificações, isto é, que elementos subjetivos trouxemos à observação dos fenômenos.

Mas há também um nível posterior, que vê o conhecimento da equipe como mente coletiva posta em processo do sistema terapêutico de que ela, junto com a família, é parte componente. Na verdade se, até aqui, se discutiu o controle do autoconhecimento utilizando a nós mesmos como observadores de nós mesmos, também mediante os instrumentos técnicos queremos, agora, levar em consideração uma outra idéia: um controle do autoconhecimento também pode utilizar uma interação que nos transcende (sistema terapêutico e comunidade científica). Isso nos foi sugerido por uma reflexão de Morin (1986, p. 17) a respeito da dificuldade e, talvez, da possibilidade de controlar a validade do conhecimento (do conhecimento). O conhecimento do conhecimento, diz ele, não demora a esbarrar em um paradoxo inevitável. Para compreendê-lo, temos de partir da aquisição da lógica de Tarsky e do teorema de Gödel. Para Tarsky, um sistema semântico não pode ser explicado totalmente por si mesmo. Para Gödel, um sistema formalizado complexo não pode encontrar em si mesmo a prova de sua validade. No entanto, tanto a lógica de Tarsky quanto o teorema de Gödel dizem-nos que talvez seja possível remediar a insuficiência autocognitiva de um sistema mediante a constituição de um metassistema que, incluindo-o, possa considerá-lo como sistema objeto e possa, por isso, confirmar ou falsificar o seu conhecimento.

Na esteira dessa reflexão, nos perguntamos: o sistema terapêutico, como metassistema que inclui tanto a família quanto a equipe terapêutica, poderia considerar esta última como um sistema objeto que submete a processo o seu conhecimento? Essa é uma hipótese que pode parecer tanto banal quanto obscura. Procuraremos esclarecê-la expondo, em síntese, o percurso das nossas dúvidas e dos nossos esforços para resolvê-las.

A construção (projeção) do esquema geral do processo interativo familiar que desemboca no sintoma de um membro tinha aberto uma série de perguntas novas. Para começar, parecia uma meta alcançada, circundada pela aura do triunfo. Por tanto tempo não nos tinham dito que era necessário desenhar "mapas" que facilitassem ao terapeuta compreender como se armam os jogos psicóticos?

Mas agora que tínhamos dado todos esses passos para a frente, estávamos ainda tão inclinados a pensar que compreender um jogo equivalesse (ou quase) a saber interrompê-lo? Para dar resposta a essa pergunta, tínhamos de arregaçar as mangas e, de certa maneira, recomeçar do começo. A primeira coisa é que, com cada nova família que vinha nos consultar, tínhamos de fazer o imediato controle de nosso modelo geral. De que maneira? Precisamente tentando encarnar o nosso modelo na especificidade daquela família. A reação verbal e não-verbal da família, ou melhor, de seus membros individuais, à explicitação do nosso conhecimento de seu jogo teria funcionado como controle desse conhecimento. Em outras palavras, comprometidos como estávamos com as nossas construções, não podíamos certamente convalidar o nosso conhecimento (do conhecimento) apenas mediante os nossos meios de conhecimento. Em vez disso, organizando com a família um metassistema terapêutico, este, pelo fato de nos incluir, podia considerar-nos como objeto e, assim, controlar o nosso conhecimento com alguma objetividade. A verificação nos teria chamado mais pelas relações comportamentais imediatas dos indivíduos do que pelas suas reações verbais. E ainda restava ver se essas reações, caso carecessem de confirmação, acarretariam efeitos de mudança.

Mas haveria um outro remédio à nossa insuficiência autocognitiva: a eventual retroação de colegas interessados em controlar o nosso modelo. É um remédio cuja perspectiva há algum tempo vem nos fascinando e nos incita a colocar todo esse panorama a que chegamos por escrito — um panorama que, embora com luzinhas no final do túnel, é ainda pleno de escuridão e incertezas: que outras equipes, em várias partes do mundo, adotem o nosso modelo como guia, em seu trabalho com as famílias de psicóticos e, com isso, o controlem.

Falta-nos a inteligência para seguir o redemoinho das influências recíprocas e dos compromissos que essa perspectiva abriria. Mas se o esquema do processo familiar — a exemplo do mais detalhado e, por isso mesmo, mais falsificável,[4] e do processo anoréxico — pudesse ser "verdadeiro" também para os outros e produzir mudanças, o que poderíamos deduzir?

Possibilidade e Necessidade De Uma Teoria Científica do Indivíduo

Como já explicamos na primeira parte deste volume, o uso sistemático da série invariável de prescrições, ao obrigar-nos a constatar que os vários membros da família reagiam de modo diferente à prescrição, conduziu-nos pouco a pouco a redescobrir os indivíduos. Na verdade, diante de comportamentos diferentes e, às vezes, estranhos ou inesperados, éramos forçados a encontrar uma explicação. E de que maneira? Praticamente fazendo cada indivíduo surgir do jogo coletivo, e procurando formular a hipótese de quais seriam, naquele jogo e naquele determinado momento, as suas expectativas, intenções, objetivos e estratégias. Porém, estamos também convencidos de que, para superar o modelo conceitual sistêmico, é necessário observar o sujeito de acordo com uma óptica multidimensional. A esse propósito, Morin lançou a idéia dos macroconceitos, em oposição aos conceitos disjuntivos e atomizados da ciência clássica (Morin, 1980, p. 371). Ele afirma, por exemplo, que um conceito como o de indivíduo só pode ser recuperado no, e por meio do, reconhecimento de sua complexidade fundamental. A noção de indivíduo, diz ele, deve ser necessariamente definida de maneira complexa, como macroconceito multidimensional, que comporta em si o macroconceito de sujeito, o qual comporta em si o macroconceito de cálculo, que se articula de modo indissolúvel com o conceito de auto-referência e com o conceito de dependência ecológica.

---

4. Referimo-nos, aqui, à afirmativa de Popper de que a cientificidade de uma afirmação é inseparável da sua falsificabilidade. Um conceito, uma afirmação, uma teoria podem ser considerados científicos visto que sua formulação é suficientemente inequivocável para poder ser demonstrado que é errônea, falsa. No que se refere ao nosso esquema do processo anoréxico na família, esse, embora mantendo um caráter geral aplicável a múltiplas variações específicas, aspira, por detalhamentos e datações seqüenciais, a sair da genericidade *onivalente* e, portanto, dificilmente falsificável, de vários modelos das ciências humanas. Além disso, a individualização dos numerosos fatores da ecologia sociocultural, indispensáveis para que se produza um sintoma anoréxico dentro da família, frisa a multidimensionalidade da realidade antropossocial que se quer levar em conta. Essa realidade, de fato, comporta sempre uma dimensão biológica, uma dimensão psicológica e uma dimensão social.

Entre esses macroconceitos, todos eles confluindo para o de indivíduo, interessa-nos, aqui, analisar brevemente o de *cálculo*, que consideramos estimulante e importante para refletir sobre o nosso trabalho. Morin dedica ao cálculo, que chama de *computation*, um longo capítulo da terceira parte de *La Méthode* (1986), em que trata do "conhecimento". Como devemos entender o conceito de cálculo? O termo em si transmite, intuitivamente, a idéia de *uma operação centrada em seu próprio interesse*. Até mesmo o ser vivo mais elementar, como uma bactéria, está dotado dessa capacidade auto-referencial e egocêntrica, voltada, a todo momento, para a resolução dos problemas de viver e sobreviver. *"O cálculo vivente é um cálculo de si, a partir de si, em função de si e sobre si"* (1986, p. 43). O cálculo vivente é vital, é para viver. Essa idéia do cálculo permite-nos conceber o indivíduo como situado no centro de seu próprio mundo, para calcular esse mundo e calcular a si mesmo, operando uma disjunção entre o si e o não-si, em vista da vantagem própria. Desse modo, constitui-se e institui-se o auto-egocentrismo, isto é, o caráter primário e fundamental da subjetividade, inseparável do próprio enraizamento físico e biológico. O cálculo surge como a forma primária elementar do conhecimento, que é certamente autocognitivo, isto é, um conhecimento do ser sobre si mesmo. A bactéria conhece-se no ato mesmo em que se nutre (sabendo com que se nutrir), regenera-se (sabendo como se regenerar), defende-se (sabendo como se defender), reproduz-se (sabendo como se reproduzir) operando, dessa forma, escolhas e cálculos dos riscos que corre. Em outras palavras, até mesmo o ser vivo mais elementar possui, ao nível de cálculo, estratégias adequadas para a sua própria sobrevivência e a da espécie. E, no entanto, não sabe que conhece essas estratégias. A capacidade de cálculo constituiria o conhecimento de base indispensável à vida. A idéia do cálculo como conhecimento, diz Morin, deriva, por evocação, do *cogito* cartesiano ("penso, logo existo"), o qual, no entanto, supõe a autocomunicação pensante de si para si. Isso constitui um processo reflexivo de auto-informação do "eu penso" para o "eu sou", que é próprio apenas do ser humano. O cálculo, ao contrário, pode ser considerado um conhecimento elementar de si que não se conhece como conhecimento, no sentido de que não pode ser dissociado das *operações concretas* de reorganização, autoprodução, reprodução (sobrevivência de si mesmo e da espécie).

A equipe discutiu longamente a distinção, deixada muito clara por Morin, entre o conhecimento elementar de si mesmo (como cálculo) e o conhecimento do próprio conhecimento (como *cogito*). Essa distinção parece-nos ter importantes conseqüências sobre os modos de interpretar as observações recolhidas em nosso trabalho com as famílias.

A família humana é, sem dúvida alguma, uma organização para a vida e para a sobrevivência, em todos os sentidos, do indivíduo e da espécie. A sua organização interna interativa consiste em um intercâmbio seqüencial de comportamentos que se influenciam reciprocamente. Se, adotando a metáfora do jogo interativo, consideramos cada um desses comportamentos interativos uma jogada individual, efeito de uma escolha e de uma decisão e, portanto, de uma estratégia, a que nível de conhecimento poderemos atribuir cada um desses comportamentos? Que comportamentos atribuiremos ao nível de *cálculo*? E quais ao de *cogito*?

Já o termo estratégia, com sua etimologia belicosa, alude a uma diretriz egocêntrica, utilitarista, competitiva até mesmo ao nível do pensamento consciente. Poderemos, assim, supor que existam estratégias pertencentes ao nível do *cálculo* ou ao do *cogito*. Mas podemos também supor que as primeiras são as mais numerosas e importantes e as que mais interessam ao nosso trabalho. Na verdade, é mais do que evidente que os membros da família põem em ação estratégias vencedoras aparentemente habilíssimas de que, no entanto, não têm conhecimento real (no sentido cartesiano), que na verdade não teriam condições de descrever e com as quais, quando elas são reveladas durante a sessão, só concordam depois de um momento de verdadeiro choque. Isso é importante por diversos motivos. O primeiro é o de esclarecer que, quando nós terapeutas descrevemos um jogo familiar, não estamos apresentando gente animada por determinações lúcidas e, às vezes, pérfidas. O segundo, que deriva do primeiro, é o de impedir que tenhamos acessos moralistas de indignação, induzindo-nos, ao contrário, a uma posição de respeito, de compreensão e de compaixão. O terceiro, muito mais importante, é o que nos induz a constatar a freqüência com que o ser humano se auto-engana (falsa consciência). Esse é, talvez, nos jogos familiares, o fenômeno mais freqüente.

É esse o caso do pai de uma anoréxica crônica que, na primeira sessão, foi acusado por seu jovem genro de telefonar todos os dias às oito e meia da noite, no exato momento em que o casal ia se sentar à mesa do jantar, para bater um papinho (embora trabalhassem juntos e tivessem se separado duas horas atrás apenas). Essa revelação deu à terapeuta condições de comentar como esse homem, que sofrera muito por causa da forte ligação que a mulher tinha com o seu próprio pai, não conseguia evitar de reproduzir esse jogo com o genro, como uma forma de lhe mandar, todas as noites, o mesmo recado: "Fique sabendo que o homem de Donata sou eu!" E como Donata, por sua vez, tinha boas razões estratégicas para aceitar que o pai interferisse, dessa maneira, em seu relacionamento com o marido. Mas o que aconteceu, na sessão seguinte? Descobriu-se que o pai, apesar do que tinha sido dito na primeira sessão, continuava a telefonar todas as noites para Donata. Já não o fazia mais às oito e meia e, sim, às dez, para não perturbar o jantar do genro. Soube-se também que, quando essa hora estava chegando, era a sua mulher quem lhe aconselhava: "Ligue para Donata antes que fique muito tarde!" Foi essa evolução do comportamento paterno que deixou claro um fato: a rivalidade do pai com o genro era o falso problema. O verdadeiro problema era que ele queria fazer com que a mulher que, tempos atrás, o tinha preterido em favor do próprio pai, também sentisse a ligação apaixonada que ele tinha pela filha mais velha. Mas, em troca, qual era a reação que ele recebia da mulher? Traduzida em linguagem explícita, é a seguinte: "Eu te peço para telefonar para Donata não só porque não tenho com ela essa ligação que você tem, mas também porque considero que, para você, coitadinho, esse afeto é um prêmio de consolação". O verdadeiro objetivo, o impasse "feroz" no jogo do casal de pais, estava escondido por trás de um objetivo falso mas "admissível", pois todo mundo sabe que o pai sempre sente ciúme de um genro jovem.

A realidade é enorme e desmesurada em relação à nossa inteligência. Se quisermos avançar, nesse universo humano hipercomplexo, sem desesperar, devemos, antes de mais nada, nos colocar em uma posição de humildade. Inventar, passo a passo, pequenas estratégias para o conhecimento e para a solução de problemas temporais, individuais e locais, utilizar as informações produzidas pelas ações, integrá-las para formular novos esquemas de ação, confrontar os seus efeitos, e assim por diante. Para nós, talvez seja apenas esse o caminho possível para avançar pacientemente no conhecimento.

Modelos teóricos eminentemente simplificadores, como o psicanalítico ou o sistêmico, não estão em condições de enfrentar o desafio da extrema complexidade das psicoses e, principalmente, da esquizofrenia. Se o ser humano é um ser hipercomplexo num universo complexo, processos de organização interativa tais como um processo esquizofrênico na família espalham-se por níveis de complexidade extremos. O esforço para ir adiante no *conhecimento* dessas organizações deve, portanto, ser capaz de elaborar um método de conhecimento um pouco mais adequado do que o linear ou o sistêmico. Um método que fuja das simplificações mutilantes, no esforço contínuo de estabelecer o diálogo da multiplicidade, da multidimensionalidade, da heterogeneidade.

BIBLIOGRAFIA

ANDERSON, C., HOGARTY, G., REISS, D. (1980) "Family treatment of adult schizophrenic patients: a psychoeducational approach". In: *Schizophrenia Bulletin*, 6, pp. 490-505.
American Psychiatric Association (1980) DSM III. *Manuale diagnostico e statistico dei disturbi mentali*. Tr. it. Masson, Milão, 1983.
American Psychiatric Association (1987) DSM III R. *Diagnostic and Statistical Manual of Mental Disorders*.
ARIETI, S. (1955) *Interpretazione della schizofrenia*. Tr. it. Feltrinelli, Milão, 1963.
ASHBY, W. R. (1954) *Progetto per un cervello*. Tr. it. Bompiani, Milão, 1970.
BATESON, G. (1972) *Verso un'ecologia della mente*. Tr. it. Adelphi, Milão, 1976.
BERNE, E. (1964) *A che gioco giochiamo?* Tr. it. Bompiani, Milão, 1967.
Bertalanffy, L. von (1968) *Teoria generale dei sistemi*. Tr. it. ILI, Milão, 1971.
Bocchi, G., Ceruti, M. (org.) (1985) *La sfida della complessità*. Feltrinelli, Milão.
Bogdan, J. (1986) "Do families really need problems?" In: *Family Therapy Networker*, jul.-ago., pp. 30-5, 67-9.
BOSZORMENYI-Nagy, I., Framo, J. (a cura di) (1965) *Psicoterapia intensiva della famiglia*. Tr. it. Boringhieri, Turim, 1969.
Bowen, M. (1966). *L'uso della teoria della famiglia nella pratica clinica*. Tr. it. in Haley (1971).
Calvino, I. (1979) *Se una notte d'inverno un viaggiatore*. Einaudi, Turim.
CANCRINL, L. (org.) (1977) *Verso una teoria della schizofrenia*. Boringhieri, Turim.
CERUTI, M. (1986) *Il vincolo e le possibilità*. Feltrinelli, Milão.
CIRILLO, S. (1986) *Famiglie in crisi e affido familiare*. La Nuova Italia Scientifica, Roma.
COVINI, A., FIOCCHI, E., PASQUINO, R., SELVINI, M. (1984) *Alla conquista del territorio*. La Nuova Italia Scientifica, Roma.
CROZIER, M., FRIEDBERG, E. (1977) *Attore sociale e sistema*. Tr. it. Eras Libri, Milão, 1978.
DELL, P. (1981) "Some irreverents thoughts on paradox". In: *Family Process*, 20, pp. 37-42.

DE SHAZER, S. (1982) *Chiavi per la soluzione in terapia breve.* Tr. it. Astrolabio, Roma 1986.
DI BLASIO, P., FISCHER, J.M., PRATA, G. (1986) "La cartella telefonica: pietra angolare della prima intervista con Ia famiglia". In: *Terapia Familiare,* 22, pp. 5-17.
FISCH, R., WATZLAWICK, P., WEAKLAND, J., BODIN, A. (1972) *Come non diventare terapeutici della famiglia.* Tr. it. in WATZLAWICK E WEAKLAND (1976).
FRAMO, J. (I 965) *Programma e tecniche della psicoterapia familiare intensiva.* Tr. it. in: BOSZORMENYI-NAGY E FRAMO (1965).
FROMM-REICHMANN, F. R. (1950) *Principi di psicoterapia.* Tr. it. Feltrinelli, Milão, 1965.
GUNTRIP, H. (1961) *Struttura della personalità ed interazione umana.* Tr. it. Boringhieri, Turim, 1971.
HALEY, J. (1959) *The family of schizophrenic: a model system. J. Nerv. Ment. Dis.,* 129, pp. 357-74. Tr. it. in PIZZINI (1980).
HALEY, J. (1963) *Strategie della psicoterapia.* Tr. it. Sansoni, Firenze, 1977.
HALEY, J. (1977) *La terapia del problem solving.* Tr. it. La Nuova Italia Scientifica, Roma, 1983.
HALEY, J. (org.) (1971) *Fondamenti di terapia della famiglia.* Tr. it. Feltrinelli, Milão, 1980.
HOFFMAN, L. (1981) *Principi di terapia della famiglia.* Tr. it. Astrolabio, Roma, 1984.
HORNEY, K. (1937) *The Neurotic Personality of Our Time.* Norton, Nova York.
JACKSON, D.D. (1965) *Lo studio della famiglia.* Tr. it. in WATZLAWICK E WEAKLAND (1976).
———., HALEY, J. (1963) "Transference rivisited". In: *J. Nerv. Ment. Dis.,* 137, pp. 363-71.
———. (a cura di) (1960) *Eziologia delu schizofrenia.* Tr. it. Feltrinelli, Milão, 1964.
KAYE, K. (1977) *Toward the origin of dialogue.* Tr. it. in SCHAFFER (1977).
KEENEY, B. (1983) *Estetica del cambiamento.* Tr. it. Astrolabio, Roma, 1985.
LE MOIGNE, J. L. (1985) *Progettazione della complessità e complessità della progettazione.* Tr. it. in BOCCHI e CERUTI (1985).
LIDZ, T., FLECK, S., CORNELISON, A. (1965) *Schizophrenia and the family.* International Universities Press, Nova York.
LUHMANN, N. (1975) *Potere e complessità sociale.* Tr. it. Il Saggiatore, Milão, 1979.
MC FARLANE, W.R. (Ed.) (1983) *Family Therapy in Schizophrenia.* Guilford Press, Nova York.
MATURANA, H. R., VARELA, F. S. (1980) *Autopoiesi e cognizione. La realizzazione del vivente.* Tr. it. Marsilio, Veneza, 1985.
MINUCHIN, S. (1974) *Famiglie e terapia della famiglia.* Tr. it. Astrolabio, Roma, 1976.
———, S. (1984) Intervista. *Family Therapy Networker,* nov./dez., pp. 26-31, 66-8.
MONTALVO, B., HALEY, J. (1973) "In defense of child therapy". In: *Family Process,* 12, 3, pp. 227-44.
MORAWETS, A., WALKER, G. (1984) *Brief Therapy with Single Parent Families.* Brunner Mazel, Nova York.
MORIN, E. (1973) *Il paradigma perduto.* Tr. it. Bompiani, Milão, 1973.
———, E. (1977) *La Méthode I. La nature de la nature.* Seuil, Paris. (Tr. it. parziale *Il Metodo,* Feltrinelli, Milão, 1983.)
———, E. (1980) *La Méthode II. La vie de la vie.* Seuil, Paris.
———, E. (1982) *Scienza con coscienza.* Tr. it. Franco Angeli, Milão, 1984.
———, E. (1985) *Le vie della complessità.* Tr. it. in BOCCHI e CERUTI (1985).

MORIN, E. (1986) *La Méthode III. La connaissance de la connaissance,* Seuil, Paris.
NEUMANN, J.V. VON, MORGENSTERN, O. (1947) *Theory of Games and Economic Behaviour.* Princeton University Press, Princeton.
PAO, P. N. (1979) *Disturbi schizofrenici.* Tr. it. Raffaello Cortina, Milão 1984.
POPPER, K. (1934) *Logica della scoperta scientifica.* Tr. it. Einaudi, Turim, 1970.
PIZZINI, F. (org.) (1980) *Famiglia e comunicazione.* Feltrinelli, Milão.
PRIGOGINE, I., STENGERS, I. (1979) *La nuova alleanza.* Tr. it. Einaudi, Turim, 1981.
RABKIN, R. (1977) *Strategic Psychotherapy.* Basic Books, Nova York.
RICCI, C. (1984) "Complessità e giochi sociali". In: QUADRIO, A. (a cura di) *Questioni di psicologia politica.* Giuffrè, Milão.
RIGLIANO, P. (1988) *Riflettendo sul modello dei giochi della Selvini* (in corso di stampa).
RORBAUGH, M., TENNEN, H., PRESS, S., WHITE, L., RASKIN, P., PICKERING, M. R. (1977) *Paradoxical strategies in psychotherapy.* Relazione presentata al congresso dell'American Psychological Association, São Francisco.
SAVAGNONE, E. (1978) "Il caso di Claudia". In: *Rivista Sperimentale Freniatria,* pp. 1408-30.
SAVAGNONE, E. (1982) "Onora il Padre-Dio". In: *Il Ruolo Terapeutico,* 30, pp. 14-8.
SCHAFFER, H. R. (org.) (1977) *L'interazione madre-bambino: oltre la teoria dell'attaccamento.* Tr. it. Franco Angeli, Milão, 1984.
SCHEFLEN, A. (1981) *Levels of Schizophrenia.* Brunner Mazel, Nova York.
SEARLES, H. (1985) "The effort to drive the other person crazy: an element in the etiology and psychotherapy of schizophrenia". In: *British J. Med. Psychology,* 32, pp. 1-18.
SELVINI, M. (a cura di) (1985) *Cronaca di una ricerca.* La Nuova Italia Scientifica, Roma.
SELVINI, M., COVINI, A., FIOCCHI, E., PASQUINO, R. (1987) "I veterani della psichiatria". In: *Ecologia della Mente,* 4, pp. 60-76.
SELVINI PALAZZOLI, M. (1963) *L'anoressia mentale.* Feltrinelli, Milão.

———,. (1972) "La famiglia con paziente anoressica: un sistema modello". *In: Archivio Neurologia Psichiatria Psicologia,* 4, 23, pp. 311-44.

———,. (1981) *L'anoressia mentale,* 2ª ed. Feltrinelli, Milão.

———,. (1983) "Jeu instigateur et symptôme psychotique". In: *Terapia Familiare e Comunitaria,* Lisboa, pp. 48-52.

———,. (1984) Prefazione all'edizione tedesca di *Sul fronte dell'organizzazione (Hinter den Kulissen der Organisation,* Klett-Cotta, Stuttgart). Parzialmente tradotta in SELVINI (1985).

———,. (1985a) "Anorexia nervosa: a syndrome of the affluent *society".*In: *Journal of Strategic and Systemic Therapy,* 4, 3, pp. 12-7.

———,. (1985b) "Il problema dell'inviante: quando è un fratello a chiedere la terapia". Tr. it. in *Ecologia della Mente,* 3, 1987, pp. 84-103.

———,. (1986) "Verso un modello generale dei giochi psicotici nella famiglia". Tr. it. in *Terapia Familiare,* 21, 1986, pp. 5-21.

———,. BOSCOLO, L., CECCHIN, G. F., PRATA, G. (1975) *Paradosso e controparadosso.* Feltrinelli, Milão.

———,. PRATA, G. (1980) "Die Macht der Ohnmacht". In: DUSS, J., WERDT, V., WELTER ENDERLIN, R. (org.) *Der Familienmensch.* Klett-Cotta, Stuttgart.

SELVINI PALAZZOLI, M., BOSCOLO, L., CECCHIN, G. F., PRATA, G. (1980a) "The problem of the referring person". In: *J. Mar. Fam. Therapy,* 6, pp. 3-9. Tr. it. in SELVINI (1985).

———. (1980b) "Ipotizzazione, circolarità, neutralità". Tr. it. in *Terapia Familiare,* 7, 1980, pp. 7-19.

SELVINI PALAZZOLI, M., ANOLLI, L., DI BLASIO, P., GIOSSI, L., PISANO, I., RICCI, C., SACCHI, M., UGAZIO, V. (1981) *Sul fronte dell'organizzazione.* Feltrinelli, Milão.

SELVINI PALAZZOLI, M., PRATA, G. (1983) "A new method for therapy and research in the treatment of schizophrenic families". In: SIIERLIN, H., WYNNE, L. C., WIRSCHING, M. (Eds) *Psychosocial Intervention in Schizophrenia. An International View.* Springer, Berlim.

SELVINI PALAZZOLI, M., CIRILLO, S., SELVINI, M., SORRENTINO, A. M. (1985) L'individuo nel gioco. *Terapia Familiare,* 19, pp. 65-73.

SELVINI PALAZZOLI, M., VIARO, M. (1988) The andrectic process in the family. "A six stage model as a guide for the individual therapy". In: *Family Process,* june 1988.

SLUZKI, C. E., RANSOM, D. C. (1976) *Il doppio legame.* Tr. it. Astrolabio, Roma, 1979.

SORRENTINO, A. M. (1987) *Handicap e riabilitazione.* La Nuova Italia Scientifica, Roma.

SPEED, B. (1984) "How really real is real". In: *Family Process,* 23, pp. 511-20.

STANTON, D. (1981) "Strategic approaches to family therapy". In: GURMAN, A. S., KUYKERN, D. P. (Eds) *Handbook of Family Therapy.* Brunner Mazel, Nova York.

STIERLIN, H. ET AL. (1987) *Familiar Realities.* Brunner Mazel, Nova York.

SULLIVAN, H. S. (1940) *La moderna concezione della psichiatria.* Tr. it. Feltrinelli, Milão, 1962.

———. (1953) *Teoria interpersonale della psichiatria.* Tr. it. Feltrinelli, Milão, 1962.

VIARO, M., LEONARDI, P. (1982) Le insubordinazioni. *Terapia Familiare,* 12, pp. 41-62.

———. (1983) Getting and giving information. Analysis of a family interview strategy. *Family Process,* 22, pp. 27-42.

———. (1986) "The evolution of the interview technique: a comparison between former and present strategy". In: *Journal of Strategic and Systemic Therapies,* 5, 1-2, pp. 14-30. Tr. it. in *Ecologia della Mente,* 4, 1987, pp. 80-102.

WATZLAWICK, P., BEAVIN, J. H., JACKSON, D. D. (1967) *Pragmatica della comunicazione umana.* Tr. it. Astrolabio, Roma 1971.

WATZLAWICK, P., WEAKLAND, J. H., FISCH, R. (1974) *Change.* Tr. it. Astrolabio, Roma, 1974.

———. (org.) (1976) *La prospettiva relazionale.* Tr. it. Astrolabio, Roma, 1978.

WEAKLAND, J., FISCH, R., WAZTLAWICK, P., BODIN, A. (1974) "Brief therapy: focused problem solution". In: *Family Process,* 13, pp. 141-68.

WEEKS, G., L'ABATE, L. (1982) *Psicoterapia paradossale.* Tr. it. Astrolabio, Roma, 1984.

WYNNE, L. C., THALER SINGER, A. (1963) "Thought disorders and the family relations of schizophrenics". In: *Archives of General Psychiatry,* 9, pp. 191-206 e 12, pp. 187-200, pp. 201-12.

ZAPPELLA, M. (1984) *Non vedo, non sento, non parlo.* Mondadori, Milão.

OS AUTORES

Mara Selvini Palazzoli é autora de vários textos já considerados clássicos em terapia familiar. Por sua contribuição nesse campo, recebeu o prêmio internacional da American Association for Marriage and Family Therapy em 1985, ano da criação do prêmio.

Stefano Cirillo é um dos fundadores do primeiro centro público italiano dedicado ao combate à violência contra a criança no contexto familiar.

Matteo Selvini participou de uma experiência de aplicação inovadora do modelo sistêmico no serviço psiquiátrico para adultos. É autor de uma reconstrução crítica da evolução da pesquisa de Selvini Palazzoli e seus colaboradores na primeira fase do trabalho.

Anna Maria Sorrentino tem longa experiência no campo da reabilitação e psicoterapia de crianças portadoras de deficiências.

www.gruposummus.com.br